Veröffentlichungen
der Vereinigung der Deutschen Staatsrechtslehrer

Heft 9

Die Grenzen der Verfassungsgerichtsbarkeit

Die Gestaltung des Polizei- und Ordnungsrechts in den einzelnen Besatzungszonen

Berichte

von

Erich Kaufmann · Martin Drath
Hans Julius Wolff · Otto Gönnenwein

Verhandlungen der Tagung der Deutschen Staatsrechtslehrer
zu München am 20. und 21. Oktober 1950

Mit einem Auszug aus der Aussprache

Berlin 1952

Walter de Gruyter & Co.

vormals J. Göschen'sche Verlagshandlung — J. Guttentag, Verlagsbuchhandlung
Georg Reimer — Karl J. Trübner — Veit & Comp.

Archiv-Nr. 24 89 52
Satz und Druck: Buchkunst, Berlin W 35

Inhalt:

I. Erster Beratungsgegenstand

Die Grenzen der Verfassungsgerichtsbarkeit

1. Bericht von Professor Dr. Erich Kaufmann, Bonn

Wenn ich Ihnen heute ein Referat über die Grenzen der Verfassungsgerichtsbarkeit halten soll, so kann ich Ihnen keine Gedanken vortragen, die ich nicht schon irgendwie am Rande meiner Publikationen in den letzten Jahrzehnten gebracht habe. Aber dies Referat ist mir eine erwünschte Gelegenheit, sie zusammenzufassen. Das Problem ist mir zuerst im Jahre 1919 lebendig geworden, als ein Staatsgerichtshof zur Aburteilung der Schuldfragen, die sich auf Kriegsausbruch und Kriegführung bezogen, eingesetzt werden sollte. In meiner Schrift: „Untersuchungsausschuß und Staatsgerichtshof" habe ich einen ersten Versuch gemacht, die Grenzen für jede Gerichtsbarkeit zu bestimmen. Die damaligen Gedanken und Formulierungen habe ich dann an der Hand vieler weiterer Erfahrungen und Problemstellungen immer wieder durchdacht. Ich will auch nicht unerwähnt lassen, daß meine Erfahrungen und Erwägungen nicht nur aus der staatsrechtlichen Sphäre stammen, sondern daß ich besonders viel wertvolle Anregungen aus der internationalen Theorie und Praxis empfangen habe. Denn die Frage, wo die Grenzen einer Gerichtsbarkeit über staatliche Angelegenheiten liegen, ist sowohl eine Frage des Staatsrechts wie des Völkerrechts. Ich betrachte es daher als eine glückliche deutsche Einrichtung, daß wir im Prinzip keine besonderen Professoren für Völkerrecht haben oder gar das Völkerrecht mit dem internationalen Privatrecht zusammenkoppeln. Meine Erfahrung hat mich gelehrt, daß auch derjenige, der sich überwiegend mit völkerrechtlichen Fragen zu beschäftigen hat, in engster Fühlung mit den staatsrechtlichen Problemen bleiben muß. Die Kenntnis der völkerrechtlichen Problematik und der völkerrechtlichen Praxis ist aber auch von außerordentlichem Wert für die Behandlung der entsprechenden verfassungsrechtlichen Fragen. Mein Ausgangspunkt von den Problemen des Verfassungsrechts war mir stets von besonderem Nutzen für meine theoretische und praktische Arbeit auf dem Gebiete des Völkerrechts.

Wenn ich von den Grenzen der Verfassungsgerichtsbarkeit sprechen will, so denke ich nicht an irgendein besonderes positives Recht, sondern an die Grenzen, die der Verfassungsgerichtsbarkeit schlechthin gezogen sind, an Grenzen, die für jede positive Rechtsordnung maßgebend sein müssen. Daher richten sich meine Gedanken nicht nur an den Richter, sondern vor allem auch an den Gesetzgeber. Sie richten sich jedoch insofern auch an den Richter, als es gilt ihm Mut zu machen, unkeusche Zumutungen von seiten des Gesetzgebers abzulehnen, ja gegebenenfalls ein Urteil zu verweigern, wenn der Gesetzgeber die Grenzen, die der Gerichtsbarkeit wesensmäßig gezogen sind, überschritten hat.

Grenzfragen sind stets von entscheidender Bedeutung. Ich möchte sagen, die Erkenntnis von Grenzen gehört zum Wesen des Menschen; denn der Mensch ist das einzige Wesen, das sich seiner Grenzen bewußt werden und so ein Bewußtsein dafür haben kann, daß es etwas jenseits seiner Grenzen gibt. Das „transcende te ipsum" von Augustinus ist eine Mahnung und eine Forderung, die mit dem Wesen des Menschen gegeben ist. Viele Juristen sehen dies Problem nicht, weil sie dazu erzogen werden, jedes ihnen vorgelegte Gesetz anzuwenden. Die Frage nach dem inneren Werte des Rechts oder die Frage nach den Grenzen, die dem Recht seinem Wesen nach gezogen sind, stellt sich ihnen nur selten. Der rein positivistisch geschulte Jurist ist geneigt, sich ausschließlich im Käfig der Gesetzestexte, die ihm vorgelegt werden, zu bewegen, ohne sich der Gitter des Käfigs, die ihn von der Außenwelt trennen, bewußt zu werden. Der Gesetzgeber kann ihm aber Aufgaben stellen und Fragen zuweisen, die er nicht stellen oder zuweisen sollte. Er kommt gelegentlich in die Versuchung, delikate Fragen auf den Richter abzuschieben, und der rein positivistisch erzogene Richter ist bereit, das, was ihm in Gesetzesform dargeboten wird, einfach anzuwenden, zu verspeisen, was ihm zu verspeisen geboten wird. Je mehr der Jurist aber die ihm wesensmäßig gezogenen Grenzen sieht, um so mehr ist er erst wirklicher Jurist, ja wirklicher Mensch, dem die Erkenntnis seiner Grenzen als Aufgabe gestellt ist; und nur ein Mensch in diesem Sinne sollte Richter sein.

Nun, die Grenzen für das, was legitimerweise in den Rechtskreis fällt, sind einerseits enger als das, was der Gesetzgeber dem Richter gelegentlich vorlegt, anderseits aber auch wesentlich weiter, als vielfach angenommen wird. Es gibt eine Fülle von Sätzen des ungeschriebenen Rechts. Wenn es einerseits vorkommt, daß Richtern die Beantwortung von Fragen zugemutet wird, die vor ein anderes, oft höheres Forum gehören, so gibt es anderseits vielfach echte Rechtsfragen auch da, wo ein an den Text der Gesetze gebundener Jurist glaubt, am Ende seines Lateins angelangt zu sein. Beide Gesichtspunkte werden wir bei unserer Betrachtung über die Grenzen der Verfassungsgerichtsbarkeit im Auge zu behalten haben.

Ich will auf die viel erörterte Frage, was ein „Verfassungsstreit" ist, nicht eingehen; das kann von den höheren Gesichtspunkten aus, von dem ich unser Problem aufrollen möchte, vom positiven Recht so oder so geschehen. Auch will ich mich nicht über das Problem der Rechtsprechung im Sinne einer bestimmten Rechtsordnung äußern, nachdem wir gerade eine interessante Arbeit von Friesenhahn hierüber erhalten haben. Ich will vielmehr, ganz unabhängig von jeder konkreten Rechtsordnung, von dem Satze ausgehen, daß grundsätzlich Gegenstand der Verfassungsgerichtsbarkeit jede Frage des Verfassungs r e c h t s sein kann. Jede echte Verfassungs r e c h t s - frage kann gerichtlich entschieden werden, d. h. entschieden werden von Personen, die in dem Sinne unabhängig sind, daß sie total und exklusiv abhängig sind von Rechtsnormen. Völlige Unabhängigkeit gibt es in menschlichen Verhältnissen nicht. Unabhängig kann der Mensch nur von bestimmten Dingen sein; und das bedarf immer des Korrelats der Abhängigkeit von anderen.

Damit berühre ich, ohne es im einzelnen vertiefen zu wollen, die Frage der Zusammensetzung von Verfassungsgerichten. Natürlich müssen in den Verfassungsgerichten vor allem durchgebildete Juristen sitzen. Aber das schließt nicht aus, daß daneben auch besonders erfahrene Kenner des Verfassungslebens Platz finden. Der Jurist ist bei uns meist einseitig ausgebildet, einseitig nicht nur in der Methode seines Denkens, sondern auch im Hinblick auf die ihm vertrauten Lebensverhältnisse; dadurch schwebt er in der Gefahr, gegenüber ihm nicht vertrauten Lebensverhältnissen lebensfremd zu sein. Ich will diese Frage nur darum streifen, weil von ihrer Lösung die Gesundheit der Verfassungsgerichtsbarkeit im Bund und in den Ländern abhängt. Es wäre bedenklich, im wesentlichen am bürgerlichen und Strafrecht geschulte Juristen in die Verfassungsgerichte zu entsenden, weil ihnen die Lebensverhältnisse, die dem bürgerlichen und Strafrecht zugrundeliegen, aber nicht die des Verfassungslebens vertraut sind. Auf der anderen Seite aber wird es freilich schwer sein, unabhängige, d. h. ausschließlich vom Recht abhängige Personen zu finden, die dem Verfassungsleben nahe, aber dem Rechte fern stehen; bei ihnen können leicht Abhängigkeiten von politischen Faktoren, Parteien oder Ideologien, ja von politischen Opportunitäten eine Rolle spielen. Die Männer, die berufen sind, die Verfassungsgerichte des Bundes und der Länder zu besetzen, müssen sich des Ernstes dieser Problematik und der darin liegenden Verantwortlichkeit voll bewußt sein und aus einem so geläuterten Bewußtsein handeln.

Die Abgrenzung der Rechtsstreitigkeiten von politischen Streitigkeiten ist ein dem Verfassungsrecht und dem Völkerrecht gemeinsames Problem; ja es ist insbesondere in der völkerrechtlichen Theorie und Praxis untersucht worden. Man kann diese Abgrenzung von der Seite des objektiven Rechts oder von der der subjektiven Rechte her vornehmen. Den ersten Weg ist das Statut des Haager Gerichtshofes gegangen, in dem Artikel 38 die verschiedenen Arten von Rechtsnormen aufzählt, die der Gerichtshof bei seinen Entscheidungen anzuwenden hat. Den zweiten Weg haben die Schiedsverträge von Locarno in ihrer bekannten und vielfach nachgeahmten Formel beschritten: „différends au sujet desquels les parties se contesteraient réciproquement un droit". Da subjektive Rechte jedoch auf objektiven Rechtssätzen beruhen, so verweist letztlich auch diese Formel auf die Anwendung und Auslegung von objektiven Rechtssätzen. Sie fügt dem nur den besonderen Gedanken hinzu, daß nur der klagen darf, der ein eigenes Recht geltend machen kann. Es hieße Eulen nach Athen tragen, wenn ich mich vor Ihnen über den Begriff des subjektiven Rechts verbreiten würde. Ich bin, sicher in Übereinstimmung mit vielen anwesenden Kollegen, für eine weite Auslegung, nach der ein subjektives Recht überall da vorliegt, wo den Individuen durch objektive Rechtssätze eine gesicherte Position geschaffen werden sollte. Wo die Grenze im einzelnen verläuft, kann generell und abstrakt nicht gesagt werden. Es ist Aufgabe der Gerichte, mit dem erforderlichen Takt und der erforderlichen Erfahrung eine Tradition aufzubauen und auf Grund dieser am Einzelfall geschulten Tradition neue Fälle zu entscheiden. Jeder Versuch, diese Formel näher zu umschreiben oder zu konkretisieren, kann nur zu Tautologien führen.

Damit haben wir die erste Grenze der Verfassungsgerichtsbarkeit bezeichnet: von ihr sind alle politischen Fragen ausgeschlossen. Ein viel gebrauchter, aber auch viel mißbrauchter und schillernder Begriff, den für unsere Zwecke zu klären mir wesentlich erscheint. Ich würde ganz banal sagen: politisch sind die Fragen, für deren Entscheidung keine Rechtsnormen bestehen. Das ist auch das Ergebnis, zu dem der Haager Gerichtshof gekommen ist, wenn er vor die Frage gestellt war, die Grenzen seiner Zuständigkeit zu bestimmen, wie z. B. in dem Zonenstreit zwischen Frankreich und der Schweiz. Insbesondere hat sich der amerikanische Richter Kellogg in seiner Concurring Opinion zu dem Urteil in dieser Angelegenheit ausführlich zu diesem Grenzproblem geäußert, mit dem Ergebnis, daß für alles, was der freien Entscheidung der Staaten überlassen ist, eben darum keine Rechtsnormen bestehen und die Frage eine politische Frage ist. Unter diesen Gesichtspunkten hat der Gerichtshof den Kompromiß zwischen Frankreich und der Schweiz ausgelegt und sich darauf beschränkt, die Fragen zu entscheiden, die er für Rechtsfragen hielt. In der karelischen Angelegenheit hatte der Gerichtshof die Erstattung eines Rechtsgutachtens, um das der Völkerbund ihn ersucht hatte, abgelehnt, weil er auch bei der Erstattung von Rechtsgutachten ein Gerichtshof bleibe und an den prozeßrechtlichen Grundsatz „audiatur et altera pars" gebunden sei. Es handelte sich um die Auslegung eines Vertrages zwischen Finnland und der Sowjet-Union, dessen Text vorlag; aber die Sowjet-Union war nicht erschienen. In der Angelegenheit der Zollunion zwischen Deutschland und Österreich hatte Anzilotti in seinem Sondervotum die Meinung vertreten, daß der Gerichtshof die Erstattung des Rechtsgutachtens ablehnen müßte, da die Frage, ob das Zollunionregime die Unabhängigkeit Österreichs gefährde, eine politische Frage sei. Die Kritik an der Entscheidung des Hofes ging im allgemeinen dahin, daß das Gericht den Fehler begangen habe, bei der politischen Natur der Frage eine Entscheidung zu fällen.

Der Begriff der politischen Frage wird aber auch in einem ganz anderen Sinn gebraucht. Es wird nämlich gesagt: politische Fragen unterscheiden sich von den juristischen durch die Intensität, mit der gestritten wird, oder dadurch, daß ein besonderes Schlaglicht auf einen Fall fällt; es könne daher jede Frage je nach der berühmten „konkreten Situation" eine politische Frage werden. Das kann auch bei einem Strafprozeß, ja sogar bei einem Zivilprozeß der Fall sein, auch solche Prozesse können „politisch" werden, einen politischen Beigeschmack oder Nachgeschmack haben, um einen Ausdruck des Präsidenten Dr. Simons aufzunehmen. In diesem Sinne haben Verfassungsstreitigkeiten stets einen politischen Beigeschmack oder Nachgeschmack. Aber das ist nicht der Sinn, in dem wir hier von politischen Fragen im Gegensatz zu Rechtsfragen sprechen. Für uns ist allein wesentlich, ob auf einen Streitfall Rechtsnormen oder Normen anderer Art anzuwenden sind, unabhängig von jedem politischen Beigeschmack oder Nachgeschmack. Denn es geht gerade darum, diesen Beigeschmack oder Nachgeschmack auszuschalten und nur das Recht zum Worte kommen zu lassen.

Daraus folgt etwas, was man sich nicht immer klar zu machen pflegt. Es kann eine Partei „Recht" haben, aber politisch unrichtig gehandelt haben; und es kann umgekehrt eine Partei politisch richtig, aber juristisch unrichtig gehandelt haben. Die nach Rechtsnormen erfolgte Entscheidung eines Verfassungsgerichts besagt nichts über die politische Weisheit der bestrittenen Maßnahme. Das wird in der rauhen Wirklichkeit des politischen Kampfes oft miteinander vermengt. Es kommt nicht ganz selten vor, daß eine Partei versucht, das von ihr politisch Bekämpfte juristisch anzugreifen, und daß, wenn sie juristisch unrecht bekommt, sie das Gericht verdächtigt, parteiisch und aus politischer Befangenheit geurteilt zu haben, oder daß der Sieger in einem Rechtsstreit glaubt, daß damit auch etwas über die politische Weisheit dessen, was er getan hat, gesagt ist. Denn das Recht, auch das Verfassungsrecht, will in erster Linie Freiheit und Verantwortlichkeit. Es sanktioniert daher geradezu den Irrtum und das Fehlgreifen im Ziel und in den Mitteln. Nur ein kleiner und bescheidener Teil des staatlichen Lebens ist rechtlich normiert und rechtlich normierbar; die eigentlichen Verantwortlichkeiten nimmt das Recht den zu politischen Entscheidungen berufenen Organen nicht ab. Das Verfassungsrecht enthält überwiegend Ermächtigungsnormen und Verfahrensnormen, im Gegensatz zum Privatrecht, bei dem Verhaltensnormen überwiegen. Die Verhaltensnormen des Verfassungsrechts bezeichnen meist nur die Grenzen der Ermächtigungen zu freien Entscheidungen. Zur Erläuterung des hier Gemeinten möchte ich mit Ihnen den Aufbau dessen, was man die vollziehende Gewalt nennt, etwas näher betrachten.

Die vollziehende Gewalt ist im Staate des 19. und 20. Jahrhunderts in den meisten Staaten Europas dreifach gegliedert: Staatshaupt, Regierung, Verwaltung.

Zunächst das Staatshaupt: der Monarch oder der Staatspräsident. Seine Bedeutung beruht mehr auf auctoritas als auf potestas. Er soll nicht selbst regieren; aber er bleibt, wenn die Regierungen wechseln; er hat eine die Regierungen überdauernde Erfahrung und ein längeres Gedächtnis. Sein Rat und seine Mahnungen haben eine spezifische Funktion, die nur eine ein über den Regierungen stehendes und von ihr unabhängiges „pouvoir neutre“ erfüllen kann. Er ist, was auch im Text der Verfassung stehen mag, der oberste Regulator der staatlichen Willensbildung. Wenn alles normal verläuft, bleibt er im Hintergrunde, tritt aber hervor, wenn Hemmungen und Störungen im normalen Verlauf der staatlichen Willensbildung eintreten. Er ist ein selbständiger und politisch nicht verantwortlicher Faktor der staatlichen Willensbildung, der der Gegenzeichnung verantwortlicher Minister bedarf, ohne den aber gewisse letzte Entscheidungen nicht gefällt werden können, Entscheidungen, die den Staat als über den wechselnden Regierungen stehende Einheit nach außen und innen betreffen, und die eines die Regierungen überdauernden Ansehens bedürfen. Ihre Emanation

Staatshaupte verleiht ihnen einen Glanz und eine Autorität, die Regierungsakten nicht innewohnt.

Die Regierung hat die Aufgabe, in Verantwortlichkeit gegenüber der Volksvertretung und, von ihr getragen, der gesamten Staatstätigkeit eine bestimmte Richtung zu geben und für die Einhaltung dieser Linie durch die ihr unterstellten Instanzen zu sorgen. Ihr obliegt es, die Mannigfaltigkeit der Interessen und Bedürfnisse des staatlichen und gesellschaftlichen Lebens zu erkennen und mit den eigenen Erkenntnissen und Zielen zur Einheit eines Programms zu verarbeiten, die für dessen Durchführung erforderlichen Impulse zu geben und so die allgemeine Richtung der Staatstätigkeit zu bestimmen und sie in lebendigen Gang zu halten. Ihre Zusammensetzung aus dem ihre Geschäfte leitenden, die Richtlinien bestimmenden, Gegensätze ausgleichenden und alles zusammenfassenden Chef und aus den Leitern der einzelnen Geschäftszweige, sowie ihre ständige Fühlung und Zusammenarbeit mit der Volksvertretung, ermöglichen ihr die integrierende, aktivierende und dirigierende Aufgabe, zu der sie berufen ist.

Für die dem Staatshaupt und der Regierung verfassungsmäßig erteilten Ermächtigungen gibt es grundsätzlich keine Rechtsnormen für den Inhalt ihrer Tätigkeit. Rechtsfragen können sich nur erheben über die Frage der Zuständigkeit, d. h. über die Frage, wer zu diesen rechtsnormfreien Entscheidungen ermächtigt ist, sowie über die Frage, ob sie die in den Grundrechten jeder staatlichen Tätigkeit gezogenen Grenzen überschritten haben.

Das dritte Glied der vollziehenden Gewalt ist die Verwaltung. In ihr differenziert und spezialisiert sich die einheitliche Staatstätigkeit wieder in ihre verschiedenen Zweige und öffentlichen Dienste, die der Staatsapparat in seinem hierarchischen Aufbau von der in der Regierung verankerten Spitze bis nach unten hin zu verrichten hat. Auch die Verwaltung ist in sich wieder dreifach gegliedert. Die oberste Schicht möchte ich die Ressortpolitik nennen. Als uns naheliegendes Beispiel darf ich die Universitätspolitik nennen; so die Frage, ob eine vierte Landesuniversität in Bayern gegründet werden soll oder nicht. Die Entscheidung dieser Frage ist nicht nur von größter allgemeiner Bedeutung, sondern berührt auch intensiv die Interessen der bestehenden Landesuniversität. Aber es ist eine Frage der Ressortpolitik, für die es nur eine politische Verantwortlichkeit vor den politischen Instanzen gibt und keine Rechtsfrage. Ein anderes Beispiel wäre etwa die Ressortpolitik der Verkehrsministerien. Ihre Eisenbahn-, Wasserstraßen-, Landstraßenpolitik; dazu kommen weiter etwa die Beschaffungsfragen, welcher Typ von Lokomotiven bestellt werden soll und wo die Bestellungen unterzubringen sind.

Unter dieser obersten Schicht der Verwaltung steht die organisatorische Arbeit, in der sie ihre eigentliche Tätigkeit entfaltet, in der frei zu „walten“ berufen ist. Ihr Verhältnis zum Recht ist hier ein besonderes. Natürlich wirkt sie nicht in einem rechtsfreien Raum; aber sie handelt zunächst einmal auf Grund des allgemeinen Amtsauftrages, die Geschäfte der einzelnen Dienstzweige aufzubauen und zu besorgen. Der Amtsauftrag ist meist nicht in Gesetzesform festgelegt, sondern ergibt sich aus der Natur der Sache und ist gewöhnlich nur in allgemeinen Anweisungen, Geschäftsverteilungsplänen, Ressortreglements usw. niedergelegt. Wie die Behörden z. B. die Polizei aufbauen und organisieren, ist von entscheidender Bedeutung, nicht nur für Ordnung und Sicherheit, sondern für das ganze Leben der Gesellschaft und der Individuen. Voraussehen, Planen, Beobachten, Berichten, Verhandeln, Ausgleichen, Raten, Fördern, Hemmen, Abwägen von Interessen, Regulieren des Tempos, festeres oder loseres Anspannen der gesetzlich zulässigen Forderungen, Kundendienst im weitesten Sinne, Geschäftsverteilung, Dienstaufsicht usw. sind spezifische Aufgaben der Verwaltung, bei deren Erfüllung es auf Takt, Umsicht, Erfahrung usw. ankommt. Solcherart sind die Normen, die das Verhalten der Verwaltungen regeln und ihrem Ermessen weitesten Spielraum lassen. Rechtsnormen kommen für diesen wesentlichen Teil der Verwaltung kaum in Betracht.

Erst bei der dritten Schicht der Verwaltung, bei den Verwaltungsakten, beginnen die Rechts- und justiziablen Fragen; erst diese unterste Stufe im Bereiche der Verwaltung ist rechtlich faßbar. Unsere Vorlesungen über Verwaltungsrecht — ich will keinem Kollegen zu nahe treten — sind im wesentlichen abgestellt auf Verwaltungsakte, als ob die Verwaltung nichts weiter zu tun hätte, als Verwaltungsakte zu erlassen, wie das Gericht Urteile fällt. Vom Recht der Verwaltung ist in unseren Vorlesungen vielfach nicht die Rede, und darum erwecken wir bei unseren Studenten vielfach ein falsches Bild. Es ist tief in unserer soziologischen, wirtschaftlichen und politischen Entwicklung begründet, daß die Aufgabe der Juristen bei der Fülle der im staatlichen, gesellschaftlichen und wirtschaftlichen Leben zu erfüllenden Aufgaben eine sehr viel bescheidenere geworden ist, als sie im 19. Jahrhundert war. Das juristisch Nichtmeßbare spielt im heutigen überbelasteten Staat eine immer größere Rolle. Auf diese Tatsache habe ich bereits im Frühjahr in einem Vortrage in Hamburg gelegentlich der Völkerrechtstagung hingewiesen; wir Juristen sollten uns unserer geringeren Bedeutung bewußt werden und bescheiden die Grenzen erkennen, die wir in fachlicher Hybris leicht übersehen.

Während die Regierung auf die oberste Leitung der durch Rechtsnormen nicht gebundenen Gesamtpolitik und auf die Zusammenfassung der Ressortpolitik ausgerichtet ist, ist die Verwaltung ihrem Wesen nach spezialisiert und differenziert nach den Gesichtspunkten der verschiedenen öffentlichen Dienstzweige. Aber die volle Konkretisierung und Spezialisierung und darum die rechtliche und aus gerichtliche Faßbarkeit liegt erst bei der untersten Stufe der Verwaltungstätigkeit, beim Verwaltungsakt, vor. Erst er kann durch gesetzliche Verhaltensnormen geregelt werden; aber auch. wo gesetzliche Bestimmungen fehlen, sind die Ermächtigungen so spezialisiert, daß es möglich ist, ein rechtliches Urteil zu fällen, ob z. B. ein détournement de pouvoir vorliegt, ob die Verwendung von Ermächtigungen zu sachfremden, d. h. von den speziellen Ermächtigungen nicht gedeckten Zwecken gebraucht worden ist. Ich brauche in diesem Kreise auf keine Beispiele hinzuweisen. Hier erst ist die Rationalisierung, die Technisierung und Spezialisierung so weit vorgetrieben, daß von rechtlich faßbarem Ermächtigungs- und Ermessensmißbrauch gesprochen werden kann. Natürlich gibt es mannigfaltige Differenzierungen in der Weite der Verwaltungsermächtigungen, die den Richter vor delikate Fragen der Differentialdiagnose stellen. Die Verwaltungsrechtssätze enthalten oft sogenannte „unbestimmte Begriffe"; und, wenn wir sagen, daß auch sie rechtlich nachprüfbar sind, so doch nur in dem Sinn, daß gewisse äußerste Grenzen bei ihrer konkreten Anwendung nicht überschritten werden dürfen; die unbestimmten Begriffe sind gewählt worden, um die Verwaltungsbehörden relativ rechtsnormfreie Entscheidungen zu ermöglichen. Wir denken dabei an Begriffe wie „Bedürfnis", „öffentliches Interesse", „öffentliche Ordnung" und dergleichen mehr.

Also überall, wo nicht eine Spezialisierung der Ermächtigungen auf bestimmte technische Zwecke und eine gewisse Rationalität des staatlichen Handelns vorliegt, vielmehr eine Vielfalt von Interessen und Gesichtspunkten im Spiel ist und eine freie Abwägung dieser mannigfaltigen Interessen und Gesichtspunkte notwendig ist, hört die rechtliche und gerichtliche Prüfbarkeit auf. Hier fehlt es an der rationalen Einfachheit, die für die Evidenz gerichtlicher Entscheidungen notwendig ist. Ich finde diesen Gedanken sehr gut ausgedrückt in der Joint Dissenting Opinion von Basdevant, Winiarski, McNair und Read zu der Entscheidung des Haager Gerichtshofes vom 28. Mai 1948, bei der es sich um die Voraussetzungen für die Zulassung eines Staates zur Mitgliedschaft in den Vereinigten Nationen handelte*); da heißt es (Recueil des Arrêts, Avis Consultantifs et Ordonnances S. 85):

> "The main function of a political organ is to examine questions in their political aspect, which means examining them from every point of view. It follows that the Members of such an organ who are responsible for forming its decisions must consider questions from every aspect..."

Da die Ermächtigungen an die politischen Organe der Verfassung Ermächtigungen zu politisch verantwortlichem Handeln sind, d. h. daß sie berufen sind, die Fülle der Interessen und Gesichtspunkte zu berücksichtigen und gegeneinander abzuwägen, kommt eine gerichtliche Nachprüfung ihrer Entscheidungen nicht in Betracht, es sei denn, daß es um die Frage der Zuständigkeit geht, d. h. um die Frage, welches der verfassungsmäßigen Organe mit der politischen Entscheidung betraut ist, oder um die Frage, ob spezielle Normen, insbesondere die Grundrechte, dem politischen Ermessen gebietend oder verbietend Schranken ziehen. Aber auch hierbei darf nicht vergessen werden, daß es sich um Ermächtigungen an politische Organe handelt, die bei der Abwägung der Vielfalt der zu berücksichtigenden Gesichtspunkte eine gewisse Freiheit genießen müssen. Ich denke dabei auch an den Gesetzgeber. Sie wissen, daß ich bereits früher dafür eingetreten bin, daß auch der Gesetzgeber sich die gerichtliche Kontrolle über die Einhaltung der Grundrechte gefallen lassen muß. Die höchst delikaten Fragen, die sich ergeben können, lassen sich nicht durch eine abstrakte Formel lösen, sondern es wird eine sorgfältige Differentialdiagnose der Einzelfälle erforderlich sein. Ich denke dabei vor allem auch an die Überprüfung der Gesetze unter dem Gesichtspunkt der Gleichheit vor dem Gesetz, d. h. letztlich unter den Gesichtspunkten der materiellen Gerechtigkeit. Zum Wesen des Rechts gehört, daß Gleiches gleich und Ungleiches ungleich zu behandeln ist. Aber ich hatte auch in meinem viel kritisierten Münsterer Vortrage zum Ausdruck gebracht, daß es sich auch bei dieser Nachprüfung immer nur um die Frage der Einhaltung der äußersten Schranken der gesetzgeberischen Freiheit handeln kann, d. h. ob die Entscheidung des Gesetzgebers auf vernünftigen Erwägungen beruht, und die Differenzierungen, die er vornimmt, der Natur der Sache entsprechen und nicht willkürlich sind. Die Rechtsprechung des Supreme Court der Vereinigten Staaten spricht von der „rule of reasonableness".

*) Für die Mehrheit des Gerichtshofes hatte sich die Frage nicht gestellt, da sie meinte, daß die Voraussetzungen für die Zulassung enumerativ und limitativ geregelt seien.

Nur politischer und juristischer Takt kann für Fragen dieser Art eine gesunde Tradition aufbauen. Es besteht keine Möglichkeit genereller und abstrakter Formulierungen. Auch die amerikanische Judikatur hat es abgelehnt, eine Definition der „political questions" zu geben; nur durch am Einzelfall orientierte Entscheidungen kann eine sinnvolle und überzeugende Judikatur aufgebaut werden.

Ich bin überzeugt, daß, wenn die hier entwickelten Gesichtspunkte und Schranken beachtet werden, die Gefahr einer Juridifizierung der Politik und einer Politisierung der Justiz nicht besteht. Um der politischen Öffentlichkeit Wesen und Grenzen der Verfassungsgerichtsbarkeit überzeugend erkennbar zu machen, kommt es viel auf die Begründung der Urteile an. Die Seele der Urteile liegt, wie Max Huber in seiner Inauguralrede als Präsident des Haager Gerichtshofs gesagt hat, in ihrer Begründung. Ist sie überzeugend, so wird sie den Urteilen den politischen Beigeschmack und Nachgeschmack nehmen und die politischen Leidenschaften zu dämpfen vermögen.

Das Bonner Grundgesetz hat die Entscheidung über die Frage, ob eine Partei wegen Verstoßes gegen die freiheitliche demokratische Grundordnung zu verbieten sei, dem Bundesverfassungsgericht übertragen. Wenn es im Rahmen eines Gerichts bleiben will, wird es die politische Frage von der rechtlichen reinlich scheiden müssen. Damit meine ich folgendes. Man hat die subversiven Parteien mit einem großen im Meer treibenden Eisberg verglichen, von dem nur eine kleine Spitze über den Meeresspiegel hinausragt, während die eigentlich gefährliche Masse unter dem Meeresspiegel liegt. Die Fragen, ob es zweckmäßig ist, die Partei wegen ihrer offenkundigen Betätigung zu verbieten oder sie wegen ihrer unterirdischen Tätigkeit bestehen zu lassen und weiter zu beobachten, welche politischen Konsequenzen das Verbot im Rahmen der Gesamtlage hat, sind politische Fragen, für deren Entscheidung eine Fülle von Gesichtspunkten und eine Abwägung der verschiedensten Interessen maßgebend sind, für die es aber rechtliche Normen nicht gibt. Das Bundesverfassungsgericht wird daher den Standpunkt einzunehmen haben, daß es in dem Antrage der Regierung, die betreffende Partei zu verbieten, die politische Entscheidung über die genannten Fragen sieht, und nur die rechtliche Frage zu beantworten hat, ob die in dem Antrage liegende Entscheidung im Hinblick auf den Tatbestand innerlich begründet, vernünftig und nicht willkürlich ist. Dadurch würde, dem Wesen der Sache entsprechend, die politische Verantwortlichkeit allein bei der Regierung liegen und das Bundesverfassungsgericht nur die Verantwortlichkeit dafür tragen, daß diese politische Entscheidung rechtlich begründet und nicht willkürlich war.

Ich habe bisher von den Grenzen der Verfassungsgerichtsbarkeit in dem Sinne gesprochen, daß ich den im Verhältnis zur gesamten Staatstätigkeit bescheidenen Raum abgesteckt habe, auf den Verfassungsgerichten beschränkt bleiben müssen, wenn sie das hohe Gut ihrer spezifischen Autorität als Gerichte wahren wollen. Ich schulde Ihnen nunmehr noch wenigstens einen Überblick über das weite Feld, das Sie in diesem Raum zu bearbeiten haben. Das Verfassungsrecht stellt den Juristen, der mit der Verantwortlichkeit für seine Auslegung und Anwendung betraut ist, vor Aufgaben besonderer Art. Die Verfassungsurkunden sind keine Kodifikation des Verfassungsrechts von derselben Art wie die Kodifikationen des bürgerlichen Rechts. Dessen Begriffe und Sätze sind in einer Arbeit von mehr als 2000 Jahren von Wissenschaft und Praxis geprägt worden. Eine vergleichbare Vorarbeit fehlt für die „jüngere Schwester" der rechtlichen Disziplinen. Die Lebensverhältnisse, die unser Verfassungsrecht normiert, sind modernen Ursprungs und sind dem Wechsel der Zeiten und örtlichen Verhältnisse in anderer Weise unterworfen als die Lebensverhältnisse, die den Gegenstand des Privatrechts, insbesondere des bürgerlichen Verkehrsrechts bilden. Dem Begriffsapparat, den der Verfassungsrechtler zu handhaben hat, fehlt daher die technische Vollendung in geschriebenen Verfassungstexten, wie sie in hohem Maße bei den bürgerlich-rechtlichen Kodifikationen erreicht ist. Das ungeschriebene Recht spielt daher eine wesentlich größere Rolle als im bürgerlichen Recht. Dies zu finden und zu entwickeln, macht die besonderen Schwierigkeiten, aber auch den besonderen Reiz des Verfassungsrechts aus.

Ich habe bereits erwähnt, daß das Verfassungsrecht vor allem Ermächtigungsnormen enthält. Für sie muß der Grundsatz gelten, daß jede Kompetenzzuweisung so auszulegen ist, daß sie alle Machtbefugnisse umfaßt, die für eine wirkungsvolle Durchführung der den betreffenden Organen anvertrauten Aufgabe erforderlich ist. Zuständigkeitsnormen sind nicht restriktiv auszulegen; sie bedürfen einer „broad interpretation", wie sie der Supreme Court der Vereinigten Staaten seit seinem ersten großen Chief Justice Marshall geübt und so eine Erstarrung des amerikanischen Verfassungslebens verhindert hat. Das Verfassungsleben stellt oft Probleme, an die der Verfassungsgeber nicht gedacht hat und nicht denken konnte; nur eine elastische „broad interpretation" kann diese Lagen meistern und einen Engpaß vermeiden. Es ist nicht nur ein Scherz und vielleicht nur etwas auf die Spitze getrieben ausgedrückt, wenn ich glaube, fordern zu sollen, daß erstens kein Mitglied des Parlamentarischen Rates in das Verfassungsgericht kommt und daß zweitens die Materialien des Parlamentarischen Rates, wenn nicht verbrannt, so doch in einem verschlossenen Schrank gehalten und nur zu rein historischer Arbeit herangezogen werden (Beifall). Auch die von bestem Willen beseelten Verfassungsgesetzgeber in Bonn waren Menschen und als solche dem Irrtum unterworfen und konnten nur beschränkte und zeitgebundene Einsichten haben. Was daher dieser oder jener Abgeordnete zu dieser oder jener Frage gedacht und gesagt hat, ist historisch interessant, wenn auch nicht entscheidend; aber was alle Abgeordneten bei ihrer Abstimmung, auf die es letztlich ankommt, gedacht oder nicht gedacht haben, ist nicht festzustellen. Wie dem aber auch sei, es gibt eine Fülle von Problemen, es wird in der Zukunft noch mehr geben, an die keiner gedacht hat und die keiner in allen Konsequenzen übersehen konnte. Wenn man an die Kommentare, die bereits alle diese Materialien vor uns ausbreiten, denkt, dann fürchte ich, daß man dem „Willen des Gesetzes", der nicht identisch ist mit dem Willen dieser oder jener Gesetzgeber, nicht gerecht wird. Der Wille des Gesetzes, oder vielleicht richtiger, der Sinn des Gesetzes ist eine ideelle Größe, die mit dem psychologischen Willen der Parlamentarier nichts zu tun hat. Nur dadurch konnte der Verfassung der Vereinigten Staaten ein 175jähriges Dasein beschieden sein, daß die Weisheit einer „broad interpretation" sich mit einer Kenntnis der wechselnden Bedürfnisse des Verfassungslebens paarte.

Damit berühre ich die Lehre von den „implied powers", die die Judikatur des Supreme Court entwickelt hat. Wir Deutsche verdanken ihre Kenntnis der schönen Arbeit von Triepel über „Die Kompetenzen des Bundesstaats und die geschriebene Verfassung", eine Arbeit, die heute in besonderem Maße des Lesens und Studiums würdig ist. In der Weinheimer Tagung des Instituts zur Förderung öffentlicher Angelegenheiten im Oktober 1949 ist in den interessanten Vorträgen und Diskussionsreden das Problem der „implied powers" eingehend behandelt worden. Ich darf diesen wertvollen Beitrag zur Auslegung des Grundgesetzes bei Ihnen als bekannt voraussetzen. Als Ergebnis der Tagung wurde festgestellt, daß es „ungeschriebene Bundeskompetenzen" gibt: einerseits Zuständigkeiten, die sich aus dem Wesen und der verfassungsmäßigen Organisation des Bundes ergeben, „natürliche Bundesaufgaben" und anderseits Zuständigkeiten aus dem notwendigen Sachzusammenhang mit ausdrücklich verliehenen Zuständigkeiten.

Bei dem fragmentarischen Charakter der Verfassungsurkunden erheben sich weitere Rechtsfragen, für deren Beantwortung ein geschriebener Rechtssatz nicht zur Verfügung steht, so daß auf ungeschriebenes Recht zurückgegriffen werden muß. Ich denke z. B. an die Frage der Inkompatibilität der Mitgliedschaft in Bundestag und Bundesrat, bekanntlich ein altes Problem des deutschen Bundesstaatsrechts, das eine wertvolle Untersuchung nach dem Bonner Grundgesetz durch K. J. Partsch und W. Genzer im Archiv des öffentlichen Rechts gefunden hat. Ich denke sodann an die Frage der Organisationsgewalt, wer über die Fahnen, Wappen und Siegel des Bundes, über die Nationalhymne, über die Einrichtung und den Aufbau der Bundesministerien zu bestimmen hat. Wir werden endlich unter Umständen in einiger Zeit vor der Frage des Militärwesens und der militärischen Dienstpflicht stehen. Ergeben sich aus der Natur der Sache oder des sachlichen Zusammenhanges hierfür von dem Grundgesetz vorausgesetzte oder implizierte Rechtssätze über eine „natürliche Bundesaufgabe" und eine der Natur der Sache entsprechende Kompetenzverteilung?

Ich darf in diesem Zusammenhange eine weitere grundsätzliche Frage nicht unerwähnt lassen. Alle Verfassungen, und so auch das Bonner Grundgesetz, sind zugeschnitten auf das normale Funktionieren aller Organe. Was ist aber Rechtens, wenn einmal das eine oder andere dieser Organe nicht funktionsfähig ist? Hört dann jede rechtliche Beurteilung auf oder gibt es auch hierfür ungeschriebene Normen, die sich aus der Natur der Sache, aus dem Wesen der Stellung des Parlamentes oder des Präsidenten oder der Regierung ergeben? Ich habe diese Frage einmal im Jahre 1931 gestellt. Gibt es da nicht auch ein dem organischen Leben analoges Rechtsgesetz, nach dem ein funktionsfähiges Organ sich in die Funktionen eines funktionsunfähig gewordenen Organs substituiert? Besteht in solchen Lagen ein im Naturrecht begründetes Notrecht, ja eine Notpflicht verantwortlicher funktionsfähiger Organe? Ein weiteres Beispiel: es gibt für alle Verfassungen eine ungeschriebene, aber als selbstverständlich vorausgesetzte Norm, die bestimmten Organen die Pflicht zur Zusammenarbeit und damit die Pflicht zu Kompromissen auferlegt. Wir kennen das Problem aus der Periode der konstitutionellen Monarchie; in Preußen hatte es seinerzeit zu dem bekannten Verfassungskonflikt geführt. Das Bonner Grundgesetz hat die damalige Konfliktsfrage durch detaillierte Vorschriften geregelt; wenn Bismarck das Bonner Grundgesetz gehabt hätte, wäre es zu dem Konflikt nicht gekommen. Ähnliche Fragen können sich auch nach dem Bonner Grundgesetz stellen, z. B. in dem Verhältnis zwischen dem Bundespräsidenten, dem das Grundgesetz gewisse Entscheidungen vorbehält, ihn aber zugleich an die Gegenzeichnung des Bundeskanzlers bindet. Dem Bundespräsidenten obliegt die Ernennung und Entlassung der Bundesminister, während der

Bundeskanzler hierfür ein Vorschlagsrecht hat. Hinter dieser geschriebenen Norm steht die ungeschriebene, die es beiden zur Pflicht macht, sich zu einigen und loyal zusammenzuarbeiten, indem jeder die sachlichen Erwägungen des anderen würdigen und nicht kompromißlos auf dem eigenen Standpunkt verharren soll. Diese ungeschriebene Pflicht zur Einigung kann auch für den Bundeskanzler von großer Bedeutung sein, indem sie ihm die Möglichkeit gibt, bei der Kabinettsbildung gegenüber unberechtigten Forderungen der Parteien zu sagen: diese oder jene Person kann ich dem Bundespräsidenten nicht vorschlagen, der sagt sicher Nein. Die Frage freilich, wer von beiden staatlichen Faktoren im Einzelfall Recht hat, ist keine Rechtsfrage, da für sie keine Rechtsnormen bestehen. Das mit einem solchen Konflikt etwa befaßte Bundesgericht müßte sich darauf beschränken, auf die ungeschriebene Rechtsnorm zu verweisen, die beiden die Pflicht zu verständnisvoller Zusammenarbeit auferlegt.

Ich darf auch nicht unterlassen, Sie noch auf einen letzten Komplex ungeschriebener Rechtsnormen hinzuweisen. Es gibt gewisse oberste Rechtsprinzipien, an die auch das staatliche Leben gebunden ist. In der völkerrechtlichen Theorie und Praxis bezeichnet man sie als „principes généraux de droit reconnus par les nations civilisées". Solche Rechtsprinzipien gibt es auch für das Verfassungsrecht. Auch der Staat ist bei allen seinen Handlungen an den Grundsatz von Treu und Glauben gebunden. Dazu kommen die Normen der Verfahrensgerechtigkeit, deren Bedeutung vielfach noch nicht voll erkannt ist. Auch fließen aus dem Prinzip, daß unser Staat Rechtsstaat sein will und sein soll, eine Fülle von ungeschriebenen Normen, über deren Einhaltung zu wachen eine der vornehmsten Aufgaben der Verfassungsgerichtsbarkeit ist. Es darf endlich nicht vergessen werden, daß auch die Individuen und Gesellschaft gewährten Freiheitsrechte rechtliche, vielfach ungeschriebene Schranken haben, die sich teils aus besonderen Gewaltverhältnissen, teils aus dem auch für sie geltenden Verbot des Mißbrauchs ergeben.

Ich habe Ihre Geduld wohl bereits übermäßig in Anspruch genommen, bitte Sie jedoch, mir zu gestatten, zum Schlusse noch kurz auf eine letzte Frage von besonderem Ernst eingehen zu dürfen. Eine Grenze für jede Gerichtsbarkeit muß auch da vorliegen, wo es um moralische Fragen geht. Es wäre die schlimmste Überschreitung der Grenzen, die jeder Gerichtsbarkeit gezogen sind, wenn Fragen, die ihrem Wesen nach vor das forum internum gehören, vor ein forum externum gezogen werden. Nur zwei Hinweise: manche Urteile der Nürnberger Militärgerichte und manche Denazifizierungsentscheidungen. Hier geht es um eine der bedeutendsten Fragen, vor die wir heute überhaupt gestellt sind. Denn wenn die höheren Normenarten vor ein Forum gezogen werden, das für die niedere Normenart des Rechts — womit ich deren Bedeutung in keiner Weise unterschätze — geschaffen ist, so werden damit die höheren Normen- und Schuldarten ihrer Höhe und Würde entkleidet. Auch hier geht es um Fragen, bei denen eine Fülle von verschiedenen Gesichtspunkten zu erwägen ist, die sich daher der juristischen Spezialisierung und Rationalisierung entziehen, bei denen der einzelne in der tragischen Situation steht, sie nicht ohne Schuld lösen zu können, freilich eine Schuld, die keine rechtliche ist*). Und doch handelt es sich letztlich auch hier um eine Rechtsfrage. Denn wenn der Grundsatz von dem Wert und der Würde der menschlichen Persönlichkeit einen Sinn hat, so jedenfalls auch den, daß der Mensch bei diesen Fragen einen Rechtsanspruch darauf hat, in der Sphäre der moralischen und theologischen Schuld nicht vor ein menschliches Gericht gezogen zu werden.

Ich bin am Ende meiner Ausführungen und hoffe und erwarte von der Diskussion mannigfache Korrekturen, Ergänzungen und Belehrungen.

---

*) Anmerkung: Der Rat der Evangelischen Kirchen in Deutschland hat sich in einem Schreiben an die Regierungen vom 6. Dezember 1950 um die Frage der Grenzen menschlicher Gerichtsbarkeit bemüht und ist dabei zu folgender Formel gekommen:

> „Die Gerichte wurden vielfach vor Tatbestände gestellt, die untrennbare Bestandteile eines politischen und mil tärischen Gesamtgeschehens darstellten, in das der einzelne verstrickt war. Es bedeutete eine unlösbare Aufgabe, die äußerst verwickelten Zusammenhänge eines ganzen Abschnittes moderner Geschichte in der Form eines Gerichtsverfahrens zu erfassen und zu beurteilen. Mußten nicht hierbei die Grenzen menschlicher Gerichtsbarkeit überschritten werden?"

Die Grenzen der Verfassungsgerichtsbarkeit

2. Mitbericht von Professor Dr. Martin Drath,
Freie Universität Berlin.

Die umfangreiche Materie, die unser Thema zu behandeln hat, kann nicht in einem Vortrag erschöpft werden. Ich habe daher von der Freiheit der Auswahl Gebrauch machen müssen, kann heute auch nur das Wichtigste vortragen und muß im übrigen auf den gedruckten Bericht verweisen. Die Leitsätze in Ihren Händen und einige Bemerkungen zur Überleitung an den Stellen, an denen ich den Bericht kürze, sollen den roten Faden bieten. Auch der gedruckte Bericht kann aber eine dringend nötige monographische Bearbeitung unserer heutigen V. nicht ersetzen.

Die V. hat schon im Jahre 1928 auf der Tagesordnung einer Versammlung unserer Vereinigung gestanden[1]). Damals handelte es sich um „Wesen und Entwicklung der Staatsgerichtsbarkeit". Wenn man mit den damaligen Referenten Triepel und Kelsen davon ausgeht, daß „Staatsgerichtsbarkeit" und „Verfassungsgerichtsbarkeit" Synonyma sind[2]), so möchte man aus dem Unterschied der Themenstellung entnehmen, daß heute über das Wesen der V. Klarheit besteht. Diese Annahme erscheint mir jedoch zu optimistisch. Es ist wohl so:

Die Themenstellung von 1928 war leicht erklärlich: Die Begründung zahlreicher Zuständigkeiten der Staatsgerichtshöfe und ähnlicher hoher Gerichte[3]) nach der Enumerationsmethode erforderte damals eine einheitliche Erfassung. Schon deshalb war es wichtig, nach Entwicklung und Wesen der V. zu fragen. Dies um so mehr, als die V. damals sehr bedeutungsvolle Funktionen neu erhalten hatte[4]). Ferner war vor allem der wichtige Begriff „Verfassungsstreitigkeiten" zu untersuchen, der in Art. 19 WRV vorausgesetzt, tatsächlich aber — wie die Recht-

[1]) Veröffentlichungen der Vereinigung der deutschen Staatsrechtslehrer, Heft 5, mit den Referaten von Triepel und Kelsen.

[2]) A.a.O. S. 4 u. 30. Dabei ziehe ich mit Triepel und Kelsen die Bezeichnung „Verfassungsgerichtsbarkeit" vor, weil sie auf das Wesen dieser Gerichtsbarkeit hinweist.

[3]) Vor allem des RG und des RFH in den Fällen des Art. 13 WRV, des Wahlprüfungsgerichts in den Fällen des Art. 31 WRV.

[4]) Über ihre Entwicklung vgl. bes. das Referat von Triepel sowie später Stolzmann im A. ö. R. N.F. Bd. 16 S. 355 ff.; ihre hohe Bedeutung war neu.

sprechung und ihre Kritik gezeigt haben — keineswegs so klar war; man konnte erwarten, daß er auch aus Wesen und Entwicklung der ganzen V. weiter geklärt werden könnte. Das waren Gründe genug für die damalige Themenstellung. Tatsächlich aber scheint, wie die spätere Behandlung der V. durch Friesenhahn zeigt, der überzeugende Nachweis der wesensmäßigen Einheit der Aufgaben der Verfassungsgerichte nicht gelungen zu sein[5]), während allerdings der Begriff der „Verfassungsstreitigkeiten" wenigstens grundsätzlich befriedigend über Art. 76 aRV hinaus fortentwickelt wurde[6]).

[5]) Nach Friesenhahn (Hb. d. d. St.R. Bd. II S. 526) gibt es keinen „einheitlichen Begriff von Staatsgerichtsbarkeit"; dies sei vielmehr eine „Sammelbezeichnung für verschiedene Arten von Rechtsprechung, die allerdings diese Zusammenfassung dadurch rechtfertigen, daß sie die ‚höchsten' Stufen der Rechtsprechung innerhalb des Staates darstellen". Danach wäre es also nur der Rang, der die Zusammenfassung rechtfertigte, aber eine Zusammenfassung unter einer „Sammelbezeichnung", nicht in einem das Wesen ausdrückenden Begriff. Dann erhebt sich aber die Frage, weshalb die Zusammenfassung an höchster Stufe der Rechtsprechung erfolgt ist! Diese Frage erhebt sich heute doppelt, da das damals schon von Friesenhahn getadelte vermeintliche System der Systemlosigkeit noch erheblich ausgebaut worden ist. Da ich eine grundsätzliche wesensmäßige Einheit aller Zuständigkeiten der Verfassungsgerichte annehme und zu belegen hoffe, verwende ich den Begriff „Verfassungsgerichtsbarkeit" im umfassenden Sinn, während Friesenhahn ihn auf die „Verfassungsstreitigkeiten" beschränkt.

[6]) Der Begriff „Verfassungsstreitigkeiten" war unter der aRV mehr für die konkrete Verfassungslage als grundsätzlich geklärt (vgl. vor allem die von Friesenhahn a.a.O. S. 528 Anm. 18 angeführte Literatur, Jerusalem, Die Staatsgerichtsbarkeit S. 113 ff., bes. S. 115 f. und Triepel, Die Kompetenzen des Bundesstaats und die geschriebene Verfassung, Festschr. f. Laband S. 329). Überwiegend wurde angenommen, daß Verfassungsstreitigkeiten nur zwischen Volksvertretung und Regierung bestehen könnten. Der Begriffsumfang stand im Vordergrund, nicht der Begriffsinhalt. In dieser Weise verstanden, konnte der Begriff „Verfassungsstreitigkeit" auf Verfassungen mit parlamentarischer Abhängigkeit der Regierungen nicht übertragen werden, weil solche Streitigkeiten so gut wie ganz entfielen, andere aber neu oder stärker als früher auftauchten. Hierauf haben schon der Reichsstaatsgerichtshof in seiner Entscheidung vom 12. 7. 21 St 5/21 (Lammers-Simons, Die Rechtsprechung des Staatsgerichtshofs für das Deutsche Reich . . . Bd. I S. 363) und später Carl Schmitt, Verfassungslehre S. 115 sowie Triepel a.a.O. S. 20 f. hingewiesen. Tatsächlich sind in den ersten vier Bänden der Sammlung von Lammers-Simons nur fünf Entscheidungen über Streitigkeiten zwischen Volksvertretung und Regierung enthalten. Drei davon betreffen die Verfassungsmäßigkeit von Gesetzesbeschlüssen des Parlaments (vom 12. 7. 21 St 4/21 Bd. I S. 379 ff., vom 14. 6. 22 St 6/21 Bd. IV S. 288 ff. und vom 5. 3. 26 Bd. III S. 357 ff.); die vierte Entscheidung betrifft das Verhältnis einer geschäftsführenden Regierung zum neu gewählten Parlament (vom 20. 6. 27 Nr. 3 Bd. III S. 306 ff.), die fünfte die Auflösung des Parlaments nach Ablehnung eines Vertrauensantrags der Regierung (vom 21. 4. 25 Bd. III S. 364 ff.). Alle diese Entscheidungen zeigen gewiß „neuralgische Punkte" des Verhältnisses zwischen Volksvertretung und Regierung auch bei parlamentarischer Abhängigkeit. Neuralgische Punkte ergeben sich aus der verschiedenen Ausgestaltung der parlamentarischen Abhängigkeit und selbst bei ausgeprägter Abhängigkeit aus mancherlei einzelnen Befugnissen der Regierung gegenüber dem Parlament und umgekehrt, z. B. aus dem Auflösungsrecht, dem Einspruchsrecht gegen Gesetzesbeschlüsse, dem Verordnungsrecht, der Prüfung der Verfassungsmäßigkeit von Gesetzesbeschlüssen anläßlich der Ausfertigung usw. Gerade die deutschen Konstruktionen eines in vielfältigen Formen ausgestalteten Gegenspielertums zwischen Regierung und Volksvertretung schaffen Konfliktsmöglichkeiten dieser beiden Organe. Praktisch konnten übrigens unter der WRV auch hinter den Entscheidungen des RG oder des RFH nach Art. 13 WRV Differenzen zwischen Volksvertretung und Regierung eines Landes stehen. Trotzdem erscheint mir das oben angegebene Bild überzeugend: Ein echtes, gewachsenes Gegenspielertum existierte bei parlamentarischer Abhängigkeit der Regierungen nicht mehr. Insofern liegt am Ende der Monarchien mit seiner Veränderung der Regierungsposition ein grundsätzlicherer Einschnitt als beim Übergang vom Ständestaat zur konstitutionellen Monarchie.

Wie steht es nun mit unserem heutigen Thema? Zunächst sind die Zuständigkeiten der Verfassungsgerichte heute so erweitert, daß man fragen muß, ob und wo die Aufgaben, die einer besonderen Verfassungsgerichtsbarkeit zukommen, überschritten worden sind; ich behandle diese Frage der Sachgebiete der V. im I. Abschnitt des Referats. Dann sind allgemeine Grenzprobleme materiell-rechtlicher und verfahrens-rechtlicher Art zu erörtern (Abschnitt II). Schließlich ist (Abschnitt III) nach der Einhaltung der Grenzen echter Gerichtsbarkeit und damit nach dem Wesen der V. als Gerichtsbarkeit zu fragen.

Die Themenstellung für heute scheint mir also darauf zu beruhen, daß die Begrenzung der V. nach diesen drei Seiten ein dringliches Anliegen geworden ist. Dabei werden sich selbstverständlich die Grenzen auch aus dem Wesen, aber auch das Wesen aus den Grenzen der V. ergeben[7]). Nur liegt es im Thema begründet, daß heute die Grenzen im Vordergrund stehen und daß wir zum Wesen nur aus diesem Zusammenhang heraus etwas zu sagen haben werden.

[7]) Daher hat auch auf der Tagung von 1928 die Frage der Grenzen zur Bestimmung des Wesens der Verfassungsgerichtsbarkeit eine Rolle gespielt.

I.

Angesichts der eingangs erwähnten Kritik von Friesenhahn an den Zuständigkeiten der Verfassungsgerichte[1]) unter der WRV fragen wir also zuerst, ob die heutigen, noch erweiterten Zuständigkeiten im Rahmen der Aufgaben liegen, die einer besonderen Verfassungsgerichtsbarkeit zukommen, ob sie diesen Rahmen überschreiten und ob sie ihn ausfüllen. Diese Frage erhebt sich ja gegenüber jeder Enumerationsmethode und kann deshalb auch heute nicht umgangen werden. Die Antwort setzt Klarheit über das Wesen der V. voraus.

Die V. i. f. S., d. h. die Institution besonderer Verfassungsgerichte mit ihren Zuständigkeiten ist zur Ergänzung der anderen Gerichtsbarkeiten geschaffen worden. Solche Ergänzungen entstehen nicht zufällig, sondern weil neue, besondere Aufgaben gesetzt oder zur Lösung alter Aufgaben neue, besondere Mittel gewählt werden. Wenn man Zuständigkeiten für verschiedene Sachgebiete enumerativ konzentriert, so gehören sie doch zusammen, weil nach den herrschenden Auffassungen und der maßgeblichen Entscheidung des Gesetzgebers entweder eine einheitliche Aufgabe vorliegt oder aber sich wenigstens ein ein-

[1]) Ich gebrauche diesen Begriff übereinstimmend mit Friesenhahn, Über Begriff und Arten der Rechtsprechung, Festschr. f. Thoma, S. 34 Anm. 1, einheitlich für alle Staats- und Verfassungsgerichtshöfe.

heitliches Mittel für verschiedenartige Aufgaben empfiehlt. Handelt es sich bei der V. um das Erste oder um das Zweite? Meiner Ansicht nach um das Erste. Aus den modernen Verfassungsgebungen entstand — nicht ohne Anknüpfung an ständische Verhältnisse — die einheitliche Aufgabe, für die diese besondere Institution geschaffen wurde. Diese Aufgabe war einheitlich in ihrer bisherigen Entwicklung und ist es auch heute geblieben, trotz der „verwirrenden Vielfalt"[2]) der Regelungen seit 1945. Ich möchte also den Gedanken ablehnen, daß etwa — wie bei der freiwilligen Gerichtsbarkeit — die einmal geplanten oder bestehenden Verfassungsgerichte nur benutzt worden sind, um ihnen auch Kompetenzen zuzuweisen, die nicht ihrem Wesen nach zu der eigentlichen Aufgabe dieser Institution gehören, und hoffe, das belegen zu können.

Das bedeutet — entgegen Friesenhahns Ansicht[3]) — die These des einheitlichen Begriffs der V. i. m. S., also die Ablehnung einer bloßen „Sammelbezeichnung"; es bedeutet die Auffassung, daß die enumerative Zusammenfassung verschiedener Zuständigkeiten doch nichts Verschieden a r t i g e s betrifft, sondern aus innerer Zusammengehörigkeit zu erklären ist.

Diese einheitliche Aufgabe, die Funktion der V. in unseren Verfassungssystemen, ergibt sich aus dem Begriff der V. i. m. S. Hierunter verstehe ich den gerichtlichen Schutz des Verfassungsrechts zur Gewährleistung des verfassungsgemäßen Funktionierens des Staates[4]).

---

[2]) So Friesenhahn a.a.O. S. 55. Dort wird völlig klar, daß diese Feststellung sich darauf bezieht, daß vielfach den Verfassungsgerichten nicht nur echte Gerichtsbarkeit übertragen ist, worauf ich erst in Abschnitt III eingehe. Aber Friesenhahn charakterisiert die Verfassungsbeschwerde (a.a.O. S. 49), die Entscheidung über die Verwirkung von Grundrechten und über das Verbot von Parteien (a.a.O. S. 50) sowie die Entscheidung über Kompetenzkonflikte (a.a.O. S. 54) als V e r w a l t u n g s gerichtsbarkeit, das Verfahren bei Richteranklage als eine besondere Form des Dienststrafverfahrens (a.a.O. S. 47); dies spricht dafür, daß er auch die Zuweisung rechtlich so verschiedener Aufgaben als „verwirrend vielfältig" betrachtet. Endlich scheint sich diese seine Kritik auch darauf zu beziehen, daß die Regelungen in den Verfassungen und Ausf.Ges. bei der Ausgestaltung im einzelnen, z. B. hinsichtlich der Konfliktsträger, sehr variieren (vgl. hierüber Text unter I. A a. E.). Aber auch Friesenhahn sieht doch die Einheitlichkeit der Aufgabe, den „Schutz der Verfassungen" (a.a.O. S. 55). Diese halte ich für entscheidend: Das geschützte einheitliche Rechtsgut muß im Vordergrund der Wesenserkenntnis stehen, keinesfalls die Einordnung in das traditionelle Rechtssystem an Hand der Bedeutung für den Einzelnen usw., nämlich auf Grund des allgemeinen „verwaltungs"-rechtlichen, des besonderen „dienststraf"-rechtlichen oder „straf"-rechtlichen Eingriffs in die Sphäre des Einzelnen. Denn wenn aus politischen Gründen neue Institutionen geschaffen oder bestehende erheblich und grundsätzlich ausgebaut werden, so würde eine Betrachtung, die sich entscheidend am überkommenen Rechtssystem orientiert, dem Neuen nicht immer gerecht. Ein so prinzipiell gedachter Verfassungsschutz läßt sich nicht auflösen in Einzelheiten, die jede für sich als vermeintlich ihrem Wesen nach verwaltungs-, disziplinar- oder strafrechtlich charakterisiert werden sollen. Verfassungsrechtsschutz überhaupt ist nicht dasselbe wie Rechtsschutz auf Grund einzelner Verfassungssätze.

[3]) Hb. d. d. St.R. II S. 526.

[4]) Ähnlich Triepel a.a.O. S. 6, Kelsen a.a.O. S. 30 und Friesenhahn in Festschr. f. Thoma S. 55 sowie die Überschriften der Abschnitte, in denen die Verfassungen von Rheinland-Pfalz (vor Art. 129) und Baden (vor Art. 122) die V. behandeln, u. a. m. Der Reichsstaatsgerichtshof hat sich selbst als „Hüter der Reichsverfassung" bezeichnet

In dieser Aufgabe einerseits und in der Institution einer besonderen Gerichtsbarkeit zu ihrer Erfüllung andererseits besteht m. E. das Wesen der V. überhaupt.

Aus ihm und seinen beiden Komponenten — der Aufgabe und dem gerichtlichen Mittel zu ihrer Erfüllung — ergeben sich jedoch keine festen Grenzlinien für die Zuständigkeitsregelungen im einzelnen: Es können nur die für einen Verfassungszustand wesentlichen, d. h. die typischen oder besonders kritischen rechtlichen Konfliktsmöglichkeiten der V. unterstellt werden[5]). Diese sollen aber auch möglichst vollzählig erfaßt werden, sobald man aus dem tastenden Anfangsstadium der Entwicklung herausgekommen ist und soweit nicht besondere Bedenken entgegenstehen. Aus der Aufgabe folgt also nur ein grundsätzlicher Zuständigkeitsbereich, dessen Abgrenzung im einzelnen von der Entscheidung des Verfassungs- oder Gesetzgebers abhängt, der sich an die herrschenden gesellschaftlichen Auffassungen anlehnen wird. Es lassen sich aber Zuständigkeiten unterscheiden, die im Gefüge einer Verfassung sozusagen „notwendig" sind, während man andere als „gewillkürt" bezeichnen könnte[6]). In jedem Fall bedeutet die Einbeziehung

(Zwischenentsch. v. 15. 10. 27 StGH 4/26, Lammers-Simons Bd. I S. 295). Schon die württembergische Verfassung von 1819 bestimmt in § 195: „Zum gerichtlichen Schutz der Verfassung wird ein Staatsgerichtshof errichtet". Von Mohl, Das Staatsrecht des Königreiches Württemberg I. Bd. 2. Aufl. 1840, behandelt den Staatsgerichtshof als Erstes unter der Überschrift des 4. Kap. „Die Garantien der Verfassung". Bei einer großen Zahl einzelner Zuständigkeitsregelungen wird der Verfassungsschutz auch im positiven Recht ausdrücklich betont. Hierauf wird noch einzugehen sein.

[5]) Insofern möchte ich über Triepels Auffassung (a.a.O. S. 21) hinausgehen, der den „politischen Charakter" als die Grundlage der Einbeziehung in die Zuständigkeit der Verfassungsgerichte ansieht. Carl Schmitt, Das Reichsgericht als Hüter der Verfassung, in: Die Reichsgerichtspraxis im deutschen Rechtsleben Bd. I S. 156 spricht von „der besonderen Richtung, aus welcher eine Gefahr droht" und behandelt als solche für heute die Parlamentsmehrheit. So schon Redslob, Die Staatstheorien der französischen Nationalversammlung von 1789 S. 200 als Ansicht Robespierres; aber das Problem des Gemeinwillens, der Interessen der Minoritäten usw. war schon damals erkannt, schon von Rousseau und partiell von Montesquieu. Es lag also nicht an fehlender Erkenntnis, sondern wohl eher an der relativen Bedeutungslosigkeit der Parlamentsmehrheiten, daß gegen sie bei uns erst später verfassungsrechtlicher Schutz gesucht wurde, der früher notfalls zugunsten der damals als schutzwürdig betrachteten Interessen einer möglichen Minderheit schon anderweit — oft durch ungenierte Privilegierungen — gesichert erschien. Hier kommen selbstverständlich in Betracht Macht- und andere Interessen, mehr oder minder grundsätzliche Tendenzen zum Rechtsstaat auch auf dem Gebiet des Verfassungsrechtsschutzes und Verschiedenheiten des rechtsstaatlichen Entwicklungsprozesses, Vertrauen zu verfassungsmäßigem Verhalten auch ohne Verfassungsgerichtsbarkeit, Bedenken gegen eine Erstarrung der Verfassungsentwicklung, gegen eine Machtposition der Verfassungsrichter u. a. m. Das Verbot des Art. 106 II der Preußischen Verfassung von 1850 ist nur ein Beispiel dafür. Auch für Bismarck war im neu errichteten Deutschen Reich eine Verfassungsgerichtsbarkeit nicht akzeptabel, einerseits wohl aus politischen und Machtgründen, andererseits aber auch um der Gefahr der frühzeitigen Erstarrung des Verfassungsrechts zu entgehen; der große Beitrag, den die staatsrechtliche Theorie zur Entwicklung des Reichsverfassungsrechts hat leisten können, scheint mir das zu bezeugen.

[6]) Zum Teil lassen sich „notwendige" Zuständigkeiten heute davon ablesen, was das GG später den Ländern zwingend an V. auferlegt, und davon, welche Zuständigkeiten in den heutigen deutschen Verfassungen besonders häufig sind.

in die V., daß ein Konflikt als ein wesentlich **verfassungs**rechtlicher angesehen wird oder werden soll, d. h. daß er für das Bewußtsein des Gesetzgebers selbst an dem Wesen aller V. i. m. S. teilhat oder nach seiner maßgeblichen Entscheidung daran teilhaben soll[7]).

A. M. E. können wir feststellen, daß heute grosso modo den Verfassungsgerichten nur Sachgebiete zugewiesen sind, die wichtige Konfliktsmöglichkeiten unserer Verfassungen enthalten, d. h. daß sich diese Sachgebiete mit einer vertretbaren Auffassung der V. i. m. S. decken, und daß die Regelungen an den Randgebieten ihre Erklärung finden. Das bedeutet: Die aus der Aufgabe hervorgehenden wesensmäßigen Grenzen der V. sind grundsätzlich von den Verfassungen und Ausf.Ges. nicht überschritten.

Bei aller Verschiedenheit der Ausgestaltung im einzelnen sind diese Sachgebiete, auf denen die Verfassungsgerichte heute in Deutschland zuständig sind, schon nach den ursprünglichen Regelungen der Länder relativ einheitlich. Da die Verfassungsgefüge selbst sich ähnlich sind, wie das innerhalb eines Bundesstaats natürlich ist, konnte auch die Bewertung der Konfliktsmöglichkeiten durch die Verfassungs- und Gesetzgeber relativ einheitlich ausfallen[8]). Ich bitte, das nicht so zu verstehen, als ob **alle** Länder den Verfassungsgerichten annähernd die gleichen Sachgebiete zur Entscheidung übertragen hätten, sondern nur so, daß wir gleichartige Sachgebiete meistens bei mehreren Ländern finden, daß kein Land ganz und selten ein Land mit einer Einzelheit völlig außerhalb der Reihe der übrigen Länder steht. Es handelt sich um folgende Sachgebiete:

(In der nachstehenden Übersicht beziehen sich die Art. auf die Verfassungen, die §§ auf die Ausf.Ges. Auf Ausf.Ges. ist nur Bezug genommen, soweit diese die Sachgebiete der V. gegenüber der Verfassung erweitern. — Die allgemein bekannten Regelungen des GG sind nur ausnahmsweise erwähnt.)

1. **Anklage gegen Minister** in Baden (Art. 80, 87 f, 112 III), Bayern (Art. 59, 61 I, II), Bremen (Art. 111), Hessen (Art. 115), Rheinland-Pfalz (Art. 131), Württemberg-Baden (Art. 80 I), Württemberg-Hohenzollern (Art. 57 I, 65), Nordrhein-Westfalen (Art. 63, 75), Berlin (Art. 72), auch im Saar-

[7]) Deutlich ist das Beispiel der Rechtsbeugung: Angesichts der heutigen verfassungsrechtlichen Stellung der richterlichen Gewalt wird sie in einigen Ländern als Verfassungskonflikt, nicht mehr nur als strafrechtliches Delikt eines einzelnen Richters, gewertet. Manche Länder machen engere Voraussetzungen für die Betrachtung der Rechtsbeugung als Verfassungskonflikt. Das GG hat in Art. 98 V diese Wertung als Verfassungskonflikt auch insoweit aufrechterhalten und damit anerkannt, als Länderverfassungen weiter gegangen sind als das GG selbst.

[8]) Das GG hat die Einheitlichkeit noch vergrößert, bes. durch Auferlegung einer V. für alle „Verfassungsstreitigkeiten" in den Ländern (ein Begriff, der einheitlich aufgefaßt werden muß, Art. 100 I, 99) und durch die Begründung einer subsidiären V. für alle öffentlich-rechtlichen Streitigkeiten in den Ländern, soweit sie nicht Verwaltungsstreitigkeiten gem. Art. 19 IV GG sind (Art. 93 I Z. 4 GG; vgl. Abschn. II unter B 1).

gebiet (Art. 96). Im Bund Anklage nur gegen den Bundespräsidenten (Art. 61).

2. Anklage gegen Abgeordnete in Bayern (Art. 61 I, III) und im Saargebiet (Art. 87).

3. Anklage gegen Richter in Bremen (Art. 136 III, 138), Hessen (Art. 127 IV), Rheinland-Pfalz (Art. 132), Nordrhein-Westfalen (Art. 73), Schleswig-Holstein (Art. 36 II) und Berlin (Art. 72).

4. Anklage gegen den Präsidenten des Rechnungshofs in Berlin (Art. 72).

5. Erzwingung des ordentlichen Strafverfahrens wegen Hochverrats in Hessen (Art. 147 II) und Verhängung polit. Sanktionen bei Verletzung der Pflicht, für den Bestand der Verfassung einzutreten, durch den Staatsgerichtshof selbst in Hessen (Art. 146 II und § 33).

6. Verbot politischer Parteien in Baden (Art. 118 I, III), Bayern (Art. 15 II, 62), Hessen (Art. 146 II u. § 36), Rheinland-Pfalz (Art. 133 II, 135), Nordrhein-Westfalen (Art. 32).

7. Aberkennung des Wahlrechts in Baden (Art. 118 III), Hessen (Art. 146 II u. § 33 II Ziff. 5), Nordrhein-Westfalen (Art. 32).

8. Aberkennung von Grundrechten in Baden (Art. 124), Hessen (Art. 17, 146 II u. §§ 33 II, 45 ff), Rheinland-Pfalz (Art. 133 I i. Verb. mit 130 III) und im Saargebiet (Art. 10).

9. Verfassungsbeschwerde in Bayern (Art. 48 III, 66, 120), Hessen (Art. 131 I u. §§ 45 II, 48), Rheinland-Pfalz (Art. 130).

10. Verfassungsbeschwerde gegen Sozialisierungsmaßnahmen in Rheinland-Pfalz (Art. 61, 130 II).

11. Wahlprüfung in Bayern (Art. 33, 63), Hessen (Art. 131 I), Württemberg-Baden (Art. 55 III), Württemberg-Hohenzollern (Art. 27 II, 65), Nordrhein-Westfalen (Art. 33, 75).

12. Kompetenzkonflikte in Baden (§ 3).

13. Richterliches Prüfungsrecht in Baden (Art. 95 f, 114 II, IV, 123), Bayern (65, 75 III, 92, 98), Bremen (Art. 142), Hessen (Art. 131—133), Rheinland-Pfalz (Art. 129 f, 135 f), Württemberg-Baden (Art. 85 I, 92 II), Württemberg-Hohenzollern (Art. 62, 65), Nordrhein-Westfalen (Art. 75), Schleswig-Holstein (Art. 37), in Berlin nur gutachtlich (Art. 72).

14. Geltung von Gesetzen in Baden (Art. 114 IV).

15. Fortgeltung älteren Rechts nach Inkrafttreten der Verfassung in Baden (Art. 127), aber auch im Bund (Art. 126).

16. Verfassungsstreitigkeiten und Verfassungsauslegung in Baden (Art. 109), Bayern (Art. 64), Bremen (Art. 140), Hessen (Art. 131 I), Rheinland-Pfalz (Art. 130), Württemberg-Baden (Art. 91 III), Württemberg-Hohenzollern (Art. 65), Nordrhein-Westfalen (Art. 75), Schleswig-Holstein (Art. 37) und mangels besonderer Verfassungsgerichte in den übrigen Ländern der Brit. Zone bei den Verwaltungsgerichten (§ 27 lit. d der VO 165).

Diese Übersicht über die Sachgebiete der V. zeigt, daß dem deutschen Verfassungsdenken seit 1945 nicht nur eine einheitliche Konzeption der V. i. m. S., sondern sogar eine m. E. überraschend große Einheitlichkeit der grundsätzlichen Auffassungen von den wesentlichen, den typischen oder kritischen Konfliktsmöglichkeiten zugrunde liegt. Dies wird noch unterstrichen durch die in vielen Ländern bestehende Vorschrift, daß den Verfassungsgerichten noch weitere Konflikte durch einfaches Gesetz zugewiesen werden können, offenbar um die Erfahrungen, auch die der anderen Länder, zum weiteren Ausbau verwenden zu können.

Ich bin der Ansicht, daß man die verfassungsrechtliche Natur aller dieser Konfliktsmöglichkeiten und damit die Einhaltung der Grenzen der V. i. m. S. nachweisen kann, und wir werden sogleich hierzu übergehen.

In der näheren Ausgestaltung dieser Sachgebiete weichen die Länder allerdings — z. T. erheblich — voneinander ab; hier zeigt sich die Unsicherheit, manchmal auch die zurückhaltende Vorsicht der Verfassungsgeber, die aber durch die eben erwähnten Vorbehalte der Ergänzung durch Ausf.Ges. z. T. aufgewogen werden kann und offenbar auch soll, zeigt sich aber andererseits auch ein Bemühen um eine einwandfreie Erfassung der wesentlichen Konfliktslagen und -träger[9]).

---

[9]) Von der Einführung einer Generalklausel etwa für alle „Verfassungskonflikte" sind wir also noch recht entfernt. Die Entwicklung aber dürfte bei Bewährung der Verfassungsgerichte dahin gehen. Schließlich konnte auch die partielle Generalklausel für „Verfassungsstreitigkeiten" hinreichend befriedigend wirken. Auf dem Gebiet der Verwaltungsgerichtsbarkeit war die Entwicklung nicht so grundlegend anders: Die Problematik der partiellen Generalklausel für die Anfechtung von „Polizeiverfügungen" ist uns heute auch hinsichtlich des ersten Bestandteils dieses Begriffs (der „Polizei") wieder bewußt geworden. Bei der umfassenden Generalklausel bieten allein schon die subjektiven öffentlichen Rechte noch Probleme genug. Dennoch läßt sich mit der verwaltungsgerichtlichen Generalklausel arbeiten. Bei einer verfassungsgerichtlichen Generalklausel würden die Wirkungen von Fehlentscheidungen (auch solchen über die Zulässigkeit des Verfassungsrechtsweges) viel bedenklicher sein; wenn sich aber in längerer Praxis eine genügend einheitliche Auffassung herausgebildet hat, kann diese Gefahr sehr vermindert werden. Selbst soweit es sich nicht um echte Gerichtsbarkeit handelt (s. unten Abschnitt III), läßt sich eine Zuständigkeit kraft Überlieferung denken.

B. Es ist also notwendig, jetzt auf diese einzelnen Sachgebiete verfassungsgerichtlicher Zuständigkeiten einzugehen. Das wird uns zugleich auf diejenigen Stellen führen, an denen die Zuständigkeit der Verfassungsgerichte mehr oder weniger weit erstreckt werden konnte; hier wird sich vor allem zeigen, daß die Aufgaben der Verfassungsgerichte auch nach positivem Recht dort endigen, wo die V. i. m. S. ihr Ende hat. Soweit das geltende Recht für die Zuständigkeitsregelung allgemeine Begriffe verwendet, die der Auslegung nach der Natur der Sache bedürfen, versteht sich das ohnehin von selbst; denn solche allgemeinen Begriffe müssen im inneren Sachzusammenhang mit dem Begriff der V. i. m. S. gesehen und auch aus ihm ausgelegt werden.

Umgekehrt freilich steht es nicht so günstig: Die Enumeration der Konfliktsfälle, der Konfliktsträger u. a. m. hat dazu geführt, daß das positive Recht oft nicht so weit geht, daß alle wesentlichen Konflikte auch wirklich in jedem Fall vor die Verfassungsgerichte kommen können.

Diese Untersuchung der einzelnen Sachgebiete kann ich heute nur an einigen wichtigen Punkten durchführen, obwohl Auslegungsfragen hier immer Grenzfragen sind. Ob die Punkte, die ich ausgewählt habe, sich als bedeutsam erweisen werden, kann erst die Zukunft lehren. Wollten wir erschöpfend sein, so müßten wir die Auslegung des gesamten heutigen Rechts der V. in allen Einzelheiten, in allen Verfassungszusammenhängen und auch im Verhältnis zwischen Bundesrecht und Landesrecht versuchen. Ich beschränke mich daher auf einiges wenige und breche Fragen auch dann ab, wenn ihre Weiterführung interessant wäre, zumal sicherlich auch die Diskussion noch manches hierzu beitragen wird.

Dagegen möchte ich in diese Behandlung der Einzelkomplexe von Zuständigkeiten solche Punkte einbeziehen, die uns auf allgemeine Probleme bringen, von denen ich im Abschnitt II spreche, oder die für den grundsätzlichen Standort der heutigen V. wichtig sind, den ich im III. Abschnitt des Referats behandeln werde.

Zu 1. Die Ministeranklage ist stets als Verfassungskonflikt betrachtet worden, hat stets zur V. i. m. S. gehört. Zwar wird in der Literatur erörtert, ob sie straf- oder disziplinarrechtlichen Charakter trage oder wenigstens eine Parallele dazu sei[10]). Allein diese Würdigung führt nicht auf das eigentliche,

---

[10]) Gegen die disziplinarrechtliche und für eine strafrechtliche Auffassung z. B. Meyer-Anschütz, Lehrbuch des deutschen Staatsrechts, 7. Aufl. S. 801, 803; für die Annahme einer disziplinarrechtlichen Parallele Friesenhahn, Hb. d. d. St.R. Bd. II S. 526. Vgl. auch Seydel-Piloty, Bayerisches Staatsrecht Bd. I S. 345 und Otto Mayer, Das Staatsrecht des Königreichs Sachsen S. 220.

verfassungsrechtliche Wesen, sondern betrifft die rechtstechnische Gestaltung der Anklage, ihres Verfahrens oder der möglichen Sanktionen. Ihr Wesen ergibt sich aus dem Zweck, den schon Montesquieu klar dargestellt hat, als ein Kontrollmittel des Parlaments über die Regierung zur Sicherung des Verfassungsprinzips von der Gesetzmäßigkeit der Verwaltung und damit zur Sicherung der Verfassung überhaupt[11]). Solange nur der Monarch zur Entlassung eines Ministers befugt war, besaß die Volksvertretung in der Anklage das Mittel, wenigstens bei einer Verfassungsverletzung den Minister aus seinem Amte zu entfernen oder — falls das Gericht nur zur Feststellung der Verfassungsverletzung befugt war — immerhin einen Druck auf seine Entfernung auszuüben.

Kommen diese Gesichtspunkte heute noch in Betracht, handelt es sich hier wirklich um einen wesentlichen Konflikt? Die Frage hat eine tatsächliche und eine rechtliche Seite: Man kann sich daran erinnern, daß von der Anklage in der deutschen Geschichte selbst dort, wo sie möglich war, fast nie Gebrauch gemacht worden ist[12]), wenn wir auch eine prohibitive Wirkung der Anklagebefugnis nicht völlig bestreiten wollen[13]). Wo aber ein parlamentarisches Mißtrauensvotum besteht, verliert die Ministeranklage ihre ursprüngliche Bedeutung sehr[14]). Die annähernd gleichzeitige Einführung des parlamentarischen Mißtrauensvotums der einfachen Mehrheit[15]) und der Ministeranklage in der WRV kann daher als ein Anachronismus erscheinen, wenn er auch politisch verständlich sein mag. Anders wäre es, wenn man damals den ursprünglichen Zweck fortentwickelt und einer Minderheit, die praktisch kein Mißtrauensvotum durchbringen konnte, wenigstens bei Verfassungsverletzung das Recht gegeben hätte, den Minister durch Anklage und gerichtliches Urteil zu entfernen. Dies hätte der Entwicklung entsprochen, die an die Stelle des früheren Gegensatzes Regierung — Volksvertretung längst den Gegensatz Mehrheit — Minderheit und an die Stelle der Abhängigkeit der Minister vom Monarchen ihre Abhängigkeit von der Mehrheit

---

[11]) De l'esprit des lois, 11. Buch, 6. Kap. im 46. Abs.

[12]) Vgl. Marschall von Bieberstein im Hb. d. d. St.R. Bd. I S. 523 Anm. 8. Früher schon z. B. Seydel-Piloty a.a.O. S. 235 f. Anm. 22 a. E. und S. 346 Anm. 1, Jellinek, Allgemeine Staatslehre 3. Aufl. S. 793, Poetzsch-Heffter, Kommentar zur WRV Anm. 1 zu Art. 59, Triepel a.a.O. S. 21.

[13]) Daß z. B. in Preußen kein Ausf.Ges. zu Art. 61 der Verf. v. 1850 zustande gekommen ist, deutet klar in diese Richtung, noch mehr die Beseitigung der Anklagemöglichkeit nach § 67 der Badischen Verf. v. 1818, die im Jahre 1868 zustande kam.

[14]) Ich entnehme der Schrift von Wahl, Beiträge zur Geschichte der Konfliktszeit S. 35, daß schon Friedrich Julius Stahl auf diese Tatsache hingewiesen hat, was seitdem oft wiederholt worden ist.

[15]) Das nicht mehr zur politischen Wirksamkeit gekommene Reichsgesetz vom 28. 10. 1918 RGBl S. 1273 lasse ich hier beiseite.

gesetzt hatte[16]). Mindestens überall da, wo das Mißtrauensvotum erschwert oder ausgeschlossen ist, also heute auch im Bund gegenüber dem Kanzler bzw. den einzelnen Ministern, wäre Platz für die Ministeranklage, wenn man nicht sogar bei uneingeschränktem Mißtrauensvotum der jeweiligen Minderheit das Anklagerecht geben will. Die heutigen Verfassungen machen aber die Anklage durchweg von qualifizierter Mehrheit abhängig, ohne daß eine innere Abstimmung mit dem parlamentarischen Mißtrauensvotum erkennbar wäre[17]). Wahrscheinlich hat man einfach die Folgen gescheut, die sich aus einer solchen Regelung im modernen Verwaltungsstaat und bei der unvermeidlichen Verwaltungstätigkeit auch der Ministerien ergeben hätten, vor allem angesichts der ausgebauten Grundrechte. Vielleicht hat man auch daran gedacht, daß die moderne Verwaltungsgerichtsbarkeit dem einzelnen Schutz genug gewährt. Sicher hat aber auch der Ausbau der V. in manchen anderen Punkten (Verfassungsbeschwerde, richterliches Prüfungsrecht usw.) der Ministeranklage einen Teil ihrer früheren Bedeutung genommen. Dennoch beweist ihre Beibehaltung in zahlreichen Länderverfassungen, daß die ursprüngliche Bedeutung der Anklage als Instrument des Verfassungsschutzes heute noch nachwirkt und durch unsere Erfahrungen wieder belebt worden ist[18]).

Durchweg kann die Ministeranklage auf Verletzung „der Verfassung" gestützt werden. Grundsätzlich möchte ich mich dem unter der WRV nicht seltenen Versuch, einzelne Verfassungssätze zu depravieren, nicht anschließen, ohne aber hier Näheres auszuführen. Es erhebt sich sogar die Frage, ob nicht die Verletzung einfacher Gesetze zur Begründung einer Ministeranklage wegen Verfassungsverletzung auch dort ausreicht, wo dies nicht ausdrücklich bestimmt ist; denn der Satz von der Bindung der Exekutive an die Gesetze ist ein Verfassungssatz,

[16]) In ähnlichem Sinn übrigens schon für monarchistisch-konstitutionelle Verhältnisse Seydel-Piloty a.a.O. S. 342 Anm. 3 u. S. 346 Anm. 1 a. E.

[17]) Eine Ausnahme macht vielleicht Bayern, wo in Art. 59 eine Anklage gegen den einzelnen Minister, aber kein parlamentarisches Mißtrauensvotum zugelassen ist. Allerdings kann die Anklage nur zur Feststellung der Verfassungs- oder Gesetzesverletzung, aber nicht zur Amtsenthebung führen (§ 34 I des Ausf. Ges.). In Hessen, wo nur gegen den Ministerpräsidenten ein Mißtrauensvotum möglich ist, kann nach § 31 des Ausf.Ges. schon ein Drittel des Landtags Anklage gegen jedermann und damit auch gegen einen Minister erheben, weil er nicht „mit allen ihm zu Gebote stehenden Kräften für den Bestand der Verfassung eingetreten" ist. Das bezieht sich jedoch nur auf den Bestand der Verfassung im Grundsätzlichen, nicht auf eine Verletzung eines einzelnen Verfassungssatzes, der nicht nach §§ 33 f. des Ausf.Ges. durch die Strafdrohung des Hochverrats geschützt ist.

[18]) Hierfür spricht auch die Anklage des Bundespräsidenten nach Art. 61 GG. Da dieser nur wenige Entscheidungen unter alleiniger Verantwortung trifft, kann der Fall eintreten, daß er angeklagt und verurteilt wird, der gegenzeichnende Minister aber nicht. Hierfür spricht auch, daß in Art. 58 GG die noch in Art. 50 S. 2 WRV enthaltene Bestimmung fehlt, daß der Minister mit seiner Gegenzeichnung die Verantwortung übernimmt. Der Kanzler wird hier durch ein drohendes Mißtrauensvotum zur Entfernung des Ministers gezwungen werden können.

und jede Gesetzesverletzung stellt also auch eine Verfassungsverletzung dar. Ich möchte diese Frage wegen der überragenden Bedeutung jenes Verfassungsprinzips bejahen und würde sie auch dann bejahen, wenn nicht jetzt Art. 20 III GG unmittelbar oder über Art. 28 GG auch innerhalb der Länder gälte. Diejenigen Verfassungen, die eine Ministeranklage ausdrücklich auch bei G e s e t z e s verletzung zulassen, haben also zunächst expressis verbis etwas klargestellt, das sich bereits aus dem früher allgemein-deutschen, heute gemeindeutschen Verfassungsprinzip von der Bindung der Verwaltung an die Gesetze ergibt.

Es fragt sich aber weiter, ob die ausdrückliche Zulassung der Anklage auch bei G e s e t z e s verletzung nicht noch mehr bedeutet: Im modernen Verwaltungsstaat ist das Verwaltungshandeln um ein Vielfaches häufiger als in der Zeit, aus der die Ministeranklage stammt. Die Ministerialinstanz ist mit eigenen Handlungen gegenüber dem Bürger hieran oft beteiligt. Praktisch wäre also Ministeranklage, wenn sie auf j e d e Gesetzesverletzung gestützt werden könnte, in einem Umfange möglich, der das ganze Institut fast ad absurdum führen könnte, selbst wenn der Minister nur für seine eigenen Handlungen und Unterlassungen angeklagt werden kann. Normalerweise genügen aber die sonstigen rechtsstaatlichen Einrichtungen, da ein verfassungspolitisches Interesse in aller Regel hier nicht vorliegt. Wo die Anklage nur wegen Verfassungsverletzung zugelassen ist, ist der Bereich des verfassungspolitischen Interesses enger begrenzt als dort, wo auch Gesetzesverletzung eine Anklage begründet. Eine materielle theoretische Unterscheidung dürfte sich schwerlich formulieren lassen; sie wird allein im Verfahrensrecht, nämlich im Ermessen des die Anklage beschließenden Parlaments liegen, das in der rechtlichen Beschränkung auf Verfassungsverletzungen einen Hinweis auf eine enge, in der Ausdehnung auf Gesetzesverletzung einen Hinweis auf eine weitere Auslegung des verfassungspolitischen Interesses zu erblicken haben wird. Immer aber wird es sich darum handeln, daß die Anklage zum Schutz der Verfassung oder ihres Geistes gegen Mißbrauch der Exekutive erforderlich erscheint, wie das für die Richteranklage in den Verfassungen von Württemberg-Baden (Art. 88), Baden (Art. 111) und Bremen (Art. 138) m. E. richtig ausgedrückt worden ist.

Die Frage, ob auch die Verletzung von Rechtsverordnungen, Satzungen oder Gewohnheitsrecht eine Anklage begründen kann, möchte ich nur andeuten. Nach Art. 20 III GG dürfte der entscheidende Punkt nicht mehr nur die Wahrung der „Rechte“ der Volksvertretung gegenüber der Exekutive sein, sondern die Wahrung der Verfassungs- oder Rechtsstaatlichkeit an sich, also des objektiven Rechts, auch wenn es nicht förmliches Gesetz ist[19]). Bedenken bestehen jedoch dagegen, Recht, das nicht „Landesrang" besitzt, etwa örtliches Polizeirecht, diesem Schutz zu unterstellen[20]).

Zum Landesverfassungsrecht gehört m. E. auch dasjenige Bundesrecht, das auf die Verfassung des Landes einwirkt[21]). Die Konkurrenz der Bundesaufsichtsmittel mit der Ministeranklage in solchen Fällen wäre kein Argument gegen diese Auffassung, weil diese Mittel — anders als die Ministeranklage — in erster Linie den rechtswidrigen Zustand als solchen beseitigen sollen, und weil die Erhebung der Anklage einem anderen zusteht als die Geltendmachung der Bundesaufsicht. Anders jedoch scheint es mit der Wahrung normalen Bundesrechts zu stehen, das nicht auf die Landesverfassung einwirkt, und zwar selbst dann, wenn nach der Verfassung dieses Landes schon eine bloße Gesetzesverletzung für die Erhebung der Anklage ausreicht; hier wird zu unterscheiden sein, ob das Land das Bundesgesetz als „eigene Angelegenheit" oder als „Auftragsangelegenheit" ausführt. Im letzten Fall kommt nur die Bundesaufsicht in Frage, im ersten Fall steht auch der Landesverfassungssatz von der Bindung der Exekutive an das Gesetz mit in Frage, besteht also auch vom Standpunkt des Landes aus ein reales verfassungspolitisches Interesse an der Einhaltung des Bundesgesetzes.

Wichtig ist die Frage, ob ein Landesminister auch für sein Verhalten im Bundesrat angeklagt werden kann. Er hat dort nach Instruktionen seines Kabinetts abzustimmen, und solche Kabinettsbeschlüsse unterstehen jedenfalls der Ministeranklage. Man wird von einem im Kabinett überstimmten Minister erwarten müssen, daß er einen verfassungs- oder gesetzwidrigen Beschluß nicht ausführt, äußerstenfalls zurücktritt;

---

[19]) Marschall von Bieberstein wendet sich im Hb. d. d. St.R. Bd. I S. 539 Anm. 112 gegen eine Anklage bei Verletzung einer Rechtsverordnung. Die Frage dürfte vielseitiger sein: Wenn die Verordnung von einem anderen Minister oder gemeinsam mit ihm oder mit Zustimmung eines Parlamentsausschusses erlassen worden ist, wenn der Satz von der Allgemeinheit des Gesetzes und der Gleichheit vor dem Gesetz verletzt sind, so kann die Bindung der Verwaltung an Verfassung und Gesetz sehr stark tangiert werden!

[20]) Es erscheint mir durchaus erwägenswert, hier die gleichen Grundsätze anzuwenden, die der Badische Staatsgerichtshof in seiner Entscheidung vom 27. 11. 1948 StGH 1/48 (Verw.Rspr. 1/248) bei der Ablehnung einer Prüfung der Gesetzmäßigkeit von Rechtsverordnungen aufgestellt hat, die nicht von der Landesregierung oder von einem Minister erlassen sind.

[21]) Dabei dürfte es keine Rolle spielen, ob es sich um Bestimmungen des GG selbst oder um anderes Bundesrecht handelt, ob es unmittelbar oder etwa über die Transformationsklausel des Art. 25 GG oder über allgemeine Prinzipien des Bundesverfassungsrechts begründet ist. Der Reichsstaatsgerichtshof hat unter der WRV ständig Verfassungsstreitigkeiten innerhalb eines Landes auch dann angenommen, wenn es sich um Reichsverfassungsrecht handelte, das auf die Landesverfassung einwirkte. An dem verfassungsrechtlichen Eigenbereich der Länder hier festhalten zu wollen, besteht nach dem Fortfall des dynastischen Prinzips und angesichts der notwendigen Homogenität, der solche Normen des Bundes dienen sollen, m. E. keine Veranlassung.

dies ganz besonders, wenn die Verfassung eine Widerstandspflicht enthält oder wenn selbst die Beamten zum Ungehorsam gegen gesetzwidrige Dienstbefehle verpflichtet sind. Daß der Minister seine Stimme in einem Bundesorgan abgibt, wird ihn vor der Anklage m. E. nicht schützen, da das dem föderalistischen Charakter des Bundesrates widerspräche.

Besonders bedeutsam wird dies, wenn die Landesverfassung nicht nur Rechtsverletzung, sondern auch politisch falsches Handeln für ausreichend zur Ministeranklage erklärt[22]). Hieran hatte schon Montesquieu gedacht[23]), und vielleicht spiegelt sich in solchen Vorschriften auch heute noch oder erneut die Situation des politischen Kampfs um die Verfassungsrechte des Volkes und der Volksvertretung wider. Unter dem Konstitutionalismus besaß eine solche Regelung einen realen Hintergrund, wenn wir etwa an Akte denken, die von der Gegenzeichnung befreit waren, bei denen also nur ein falscher politischer Ratschlag eines Ministers in Frage kam, der aber doch erhebliche verfassungspolitische Bedeutung haben konnte (wie z. B. auf dem Gebiet der militärischen Kommandogewalt, wenn diese zum Verfassungsbruch benutzt wurde). Es erscheint mir deshalb auch nicht zufällig, daß in Rheinland-Pfalz, wo diese Anklagemöglichkeit heute besteht (Art. 131), sogar Vermögenseinziehung, Verlust des Wahlrechts und des Rechts zur politischen Tätigkeit jeder Art sowie Wohn- und Aufenthaltsbeschränkung zulässig ist[24]). Entscheidend für diese heutige Ausdehnung der Anklagemöglichkeit scheint mir jedoch nicht mehr der Gegensatz zwischen Monarch und Volksvertretung aus der Zeit des Konstitutionalismus, sondern die Erfahrung aus den Jahren 1932/33 gewesen zu sein. Die V. ist hiermit deutlich zu einem Instrument des politischen Kampfes der Demokratie um ihren Bestand gemacht worden, wie das in anderer Form auch in Art. 18 und 21 GG zum Ausdruck kommt[25]). Wenn ich die schwierigen Fragen des Ermessens, die hierbei eine entscheidende Rolle spielen, beiseite lasse, so bestätigt auch diese

---

[22]) So in Baden, Hessen und Mecklenburg-Schwerin unter der WRV, vgl. Leibholz in Hb. d. d. St.R. Bd. I S. 641; heute in Rheinland-Pfalz Art. 131 und in Württemberg-Baden Art. 80. In beiden Fällen ist schwere Gefährdung der öffentlichen Sicherheit oder der Wohlfahrt des Staates die Voraussetzung; Vorsatz oder grobe Fahrlässigkeit werden nur bei Verletzung der Verfassung oder eines Gesetzes verlangt.

[23]) A.a.O. 11. Buch, 6. Kap. im 46. Abs.

[24]) Art. 20 des Auf.Ges. von Württemberg-Baden läßt nur Aberkennung des Ministeramts und des Ruhegehalts sowie der Befähigung zum Ministeramt oder zu einem anderen öffentlichen Amt zu.

[25]) Dies hat selbstverständlich grundsätzliche Bedeutung, auf die ich in Abschnitt III des Berichts eingehe. Es scheint mir, als ob hier ein Residuum aus der frühkonstitutionellen Kampfperiode des vorigen Jahrhunderts eine bemerkenswerte neue Wendung erfahren habe. Die frühere Bedeutung ist deutlich erkennbar bei Seydel-Piloty a.a.O. S. 343 Anm. 6 und 8; vgl. auch die Ergänzung zur Badischen Verfassung vom 20. 2. 1868 Art. 67 a.

besondere Regelung, daß es sich bei der Ministeranklage um echte Verfassungskonflikte, um V. i. m. S. handelt.

Während z. B. nach der Württembergischen Verfassung von 1819 (Art. 199) die Anklage nicht nur gegen Minister, sondern auch gegen andere Beamte gerichtet werden konnte und das Ausland solche Regelungen des impeachment noch heute kennt, ist sie bei uns grundsätzlich nur gegen die eigentlichen Mitglieder der Regierung zulässig. Ein nachgeordneter Beamter steht nicht für die Exekutive überhaupt; ihm gegenüber genügt für unser Denken vor allem die innerdienstliche Verantwortlichkeit. Gewiß kann dort, wo die parlamentarische Verantwortlichkeit fehlt, auch die Ministeranklage dem Parlament normalerweise keine Möglichkeit verschaffen, die innerdienstliche Verantwortlichkeit effektiv zu machen; eine Anklage ist erst möglich, wenn ein Minister z. B. auch bei Verfassungsverstößen gegen einen nachgeordneten Beamten kein Disziplinarverfahren einleitet, weil er sich dann nicht mehr auf das Opportunitätsprinzip berufen könnte, sondern selbst durch Unterlassung die Verfassung verletzen würde.

Fraglich kann aber sein, ob der Begriff „Minister" auf die Leiter der üblichen Ressorts mit Sitz und Stimme in allen Angelegenheiten im Kabinett begrenzt ist, oder ob nicht auch andere Leiter oberster Behörden, die materiell die Stellung eines Ministers haben oder vielleicht sogar über ihm stehen könnten, hierunter mitverstanden werden müssen[26]). Wir kennen aus der Vergangenheit Kommissare sehr verschiedener Art (Spar-, Flüchtlings-, Demobilmachungs-, Preis-, Wohnungsbaukommissare usw.). Darauf, ob sie Minister heißen oder ob sie ausdrücklich Ministerrang besitzen, kann es kaum ankommen.

Zu 2. Die Anklage gegen Abgeordnete fand sich schon in einer der ersten deutschen Verfassungen, der von Württemberg aus dem Jahre 1819, später zur Zeit der WRV in Bayern, Anhalt und Mecklenburg-Schwerin. Ursprünglich war sie das Gegenstück zur Ministeranklage: so wie das Parlament Minister anklagen konnte, konnte die — vom Parlament unabhängige — Regierung Abgeordnete anklagen[27]). Jedenfalls dient heute diese An-

[26]) In Bayern kann sich die Anklage auch gegen Staatssekretäre richten, mindestens soweit sie unter eigener Verantwortung den Minister vertreten (Art. 59 i. Verb. m. Art. 51 II Satz 2) oder ihr Stimmrecht im Kabinett ausgeübt haben (Art. 59 i. Verb. m. Art. 50 II Satz 2); vielleicht wird das aber auch gelten, soweit sie auf Grund einer Weisung ihres im übrigen vorgesetzten Ministers (Art. 51 II Satz 1) „vorsätzlich die Verfassung oder ein Gesetz verletzt haben".

[27]) So deutlich § 199 der Württembergischen Verfassung von 1819: „Die Anklage ... kann geschehen von der Regierung gegen einzelne Mitglieder der Stände ... und von den Ständen sowohl gegen die Minister ...". Die Verfassung ist als Vertrag zwischen König und Ständen mit wechselseitigem Rechtsschutz durch § 199 deutlich erkennbar, wie sich auch aus dem Schluß ihrer Präambel ergibt.

klage dem Schutz der einwandfreien Willensbildung des Parlaments als unserer bedeutendsten Verfassungsinstitution. Die gegenwärtigen Erörterungen im Bundestag[28]) über dieses Problem zeigen die aktuelle Bedeutung, die übrigens auch ein Blick auf ausländische Regelungen zur Sicherung einwandfreier Willensbildung im Parlament und das Wiederaufleben der Inkompatibilitätsvorschriften für Angehörige des öffentlichen Dienstes bestätigt. Hier wird nicht über subjektives Recht gestritten, sondern hier geht es um das einwandfreie Funktionieren des höchsten Staatsorgans. Die verfassungspolitische Bedeutung der Anklage gegen Abgeordnete ist also evident.

Andererseits zeigt sich hier die Problematik eines Versuchs, die Motive politischen Verhaltens rechtlich zu qualifizieren, die auch bei der Nachprüfung des Ermessens in politischen Angelegenheiten auftaucht. Die politische Willensbildung kann in unseren komplizierten Gesellschaftsverhältnissen auf den mannigfachsten Motiven beruhen. Bei einem Partei- oder Verbandsfunktionär, der als solcher Abgeordneter wird, ist die innere Bindung durch seine politische oder gesellschaftliche Funktion offensichtlich und bekannt. Aber auch sonst gibt es unübersehbare Möglichkeiten, Abhängigkeiten zu begründen, die z. B. als Abgeordnetenbestechung schwer erfaßt werden können. Dies gilt nicht nur für einzelne Abgeordnete, sondern im Wahlkampf usw. für ganze Parteien, so daß das Problem auch bei der Parteienkontrolle gemäß Art. 21 I GG wieder vorkommt. Die pressure group bedarf in Deutschland überhaupt erst der Untersuchung. Soweit aber die Anklage gegen Abgeordnete eine wirksame Waffe ist, wird die Gefahr begründet, daß sie zum politischen Kampf unter den Parteien benutzt wird, also ihren Zweck verfehlt und fremden Zwecken dienstbar gemacht wird, daß aus ihr also keine „Konkurrenz um die Lauterkeit" aller Parteien und Abgeordneten resultiert. Dem Versuch, gerade an einer Stelle, die für unsachliche Beeinflussungsmöglichkeiten besonders viele Wege eröffnet und die auch dem Beeinflußten besonders viele Möglichkeiten zur Verwendung im Sinne dieses Einflusses gibt, mit rechtlichen Mitteln Sicherungen zu schaffen, während heute selbst erwiesener Mißbrauch kaum noch selbstverständliche moralische oder auch nur konventionelle Reaktionen, bis zur gesellschaftlichen Ächtung, auslöst, kann man nur mit Skepsis gegenüberstehen. Hier scheinen mir die realen Möglichkeiten des Rechts überhaupt erreicht zu sein.

---

[28]) Ich meine die durch eingehende Presseberichte bekanntgewordenen Verhandlungen des „Spiegel"-Untersuchungsausschusses des Bundestags, gleichgültig, was ihr Ergebnis sein wird.

Noch problematischer wird das Ganze, wenn man nach den Wirkungen einer Verurteilung etwa wegen Bestechung eines Abgeordneten fragt. Hier entsteht die Frage, ob seine Stimmabgabe als ungeschehen betrachtet werden soll und überhaupt betrachtet werden kann, während in anderen Fällen seine Einflußnahme vielleicht überhaupt nicht in ihrer Tragweite festgestellt und noch weniger revidiert werden kann.

Zu 3. Für die Anklage gegen Richter genügt es, auf die Verhandlungen des 37. Deutschen Juristentages im Jahre 1949 zu verweisen, wo der hessische Justizminister Zinn diese m. W. aus der hessischen Verfassung stammende Einrichtung begründet hat[29]). Hieraus geht hervor, daß die Richteranklage vor allem durch die Ausbildung der Rechtspflege als eine besondere Gewalt in unseren Verfassungen bedingt ist. Dadurch erscheint jeder Richter kraft seiner Unabhängigkeit als ein Repräsentant dieser Gewalt überhaupt. Ihr einwandfreies Funktionieren im Sinne der demokratischen Ordnung ist deshalb die Voraussetzung dafür, daß die Unabhängigkeit jedes einzelnen Trägers dieser Gewalt und ihre starke Gesamtstellung im Verfassungssystem nicht die demokratische Verfassung selbst lähmt oder Demokratie ausschließt. Daß es sich hierbei um einen Konflikt von erheblicher verfassungspolitischer Bedeutung handelt, ist offenbar. Indem das GG selbst die Richteranklage übernimmt und in Art. 98 V sogar weitergehende Bestimmungen des Landesverfassungsrechts aufrecht erhält, auch die Einführung der Richteranklage durch ein einfaches Landesgesetz ausdrücklich erlaubt, während zweifellos die Einführung einer Ministeranklage durch einfaches Landesgesetz nicht möglich wäre, scheint es mir den Verfassungsrang des Konfliktes zu bestätigen.

Soweit die Richteranklage auf Verletzung des „Geistes der Demokratie", auf Fehlen „sozialen Verständnisses", auf Verletzung der „Grundsätze des GG" usw. gestützt werden kann, bestätigt auch diese Formulierung, daß es sich um ein Institut zur Verteidigung der Demokratie selbst handelt. Klar wird das in den Verfassungen von Württemberg-Baden (Art. 88) und Baden (Art. 111) formuliert, wo die Anklage wegen Rechtsbeugung[30]) darauf abgestellt wird, daß sie „zum Schutze der Verfassung oder ihres Geistes gegen mißbräuchliche Verwendung der richterlichen Gewalt erforderlich erscheint"; nach diesen beiden Verfassungsvorschriften waren allerdings beson-

---

[29]) Die Rechtspflege im Bonner Grundgesetz, S. 46 ff., bes. S. 61 ff.

[30]) Ich verwende diesen Begriff nicht im gleichen Sinn wie das StGB und lasse besonders die Frage nach Vorsatz und Fahrlässigkeit sowie das weitere Problem beiseite, ob nur Rechtsverletzung bei der Streitentscheidung oder auch bei der Prozeßleitung, in der freiwilligen Gerichtsbarkeit sowie bei richterlicher Verwaltungstätigkeit zur Anklage führen kann.

dere Dienststrafhöfe und nicht die Verfassungsgerichte zuständig. Bremen (Art. 138) hat die gleiche Regelung, es entscheidet das Verfassungsgericht. Auch hier ist wie bei der Ministeranklage das Ermessen der Anklageberechtigten entscheidend, weil eine theoretische Abgrenzung des Verfassungskonfliktes, der ja indirekt in jeder Rechtsbeugung liegt, schwer formuliert werden kann.

Berlin (Art. 72) und Rheinland-Pfalz (Art. 132) verzichten auf solche Richtlinien für das Ermessen der Anklageberechtigten; in diesen beiden Ländern kann daher jede Rechtsbeugung zur Richteranklage führen. Es mag in der Natur der Rechtspflege liegen, daß eine Rechtsbeugung eher als Verletzung des Verfassungsprinzips von der Bindung des Richters an das Gesetz betrachtet werden kann als eine Rechtsverletzung in der Verwaltung. Deshalb soll hier offenbar nach dem Willen der Verfassungen der Verfassungskonflikt e h e r angenommen werden als in den Ländern, die Richtlinien hinzufügen, welche auf den Schutz der Verfassungen abgestellt sind; die Rechtslage ist ähnlich wie bei der Ministeranklage wegen Verletzung einfacher Gesetze. Eine Objektivierung der Abgrenzung versuchen die Verfassungen von Nordrhein-Westfalen (Art. 73) und Schleswig-Holstein (Art. 36) und ähnlich das GG selbst (Art. 98), die die Richteranklage auch bei Rechtsbeugung nur zulassen, wenn der Richter „gegen die Grundsätze des GG oder gegen die verfassungsmäßige Ordnung des Landes" verstößt. Damit wird nicht nur auf das Ermessen der Anklageberechtigten, sondern auf die Rechtsauffassung des Verfassungsgerichts selbst abgestellt.

Im übrigen scheint bei der Rechtsbeugung der Tatbestand, der einer Anklage zugrunde liegen muß, eindeutig zu sein. Indessen wird das zweifelhaft, wenn man berücksichtigt, daß wir gegenüber dem „positiven" Recht keine positivistische Haltung mehr einnehmen können. Gewiß kommt der Richter insoweit nicht in Gefahr, als die Verfassungsmäßigkeit von Gesetzen usw. in Frage steht, weil hier die letzte Entscheidung nur bei dem Verfassungsgericht selbst liegt (Art. 100 GG). Aber das Ende des Positivismus hat wesentlich weiter reichende Folgen. Hierdurch ist der Gedanke, daß die Rechtsauslegung zu einem eindeutigen Ergebnis führt, überhaupt beseitigt, sind vielmehr sehr verschiedene soziale, politische usw. Auffassungen als möglich und auch bei der richterlichen Entscheidung als zulässig anerkannt. Damit beschränkt sich aber die Möglichkeit, Rechtsbeugung festzustellen, praktisch auf wenige äußerste Fälle.

Grundsätzlich wird in diesen Verfassungen ein Treueverhältnis der Richter zur Demokratie vorausgesetzt, ähnlich wie in Art. 5 III GG für die Hochschullehrer, das über formales Verhalten hinausgeht. Was Demokratie bedeutet und verlangt, ist jedoch bei unseren politischen und sozialen Auffassungen und Verhältnissen noch zu wenig selbstverständlich; die Ansichten sind nicht nur voneinander verschieden, sondern schwanken auch in sich und sind nicht einmal immer innerlich konsequent, so daß es im einzelnen Fall schwer sein kann, zu entscheiden, wann z. B. der „Geist der Demokratie“ verletzt ist. Hier obliegt dem Verfassungsgericht die Konkretisierung, die auch sonst oft seine Aufgabe ist und geradezu grundsätzlich seine Stellung bestimmt, wovon in Abschnitt III noch zu sprechen ist. Die Schwierigkeit wird dadurch gesteigert, daß das Treueverhältnis, weil Treue etwas Inneres ist, sich auf die gesamte Existenz des Richters und also auch auf sein Verhalten außerhalb des Amts erstrecken muß, wie das in Württemberg-Baden (Art. 88), Baden (Art. 111), ähnlich auch in Rheinland-Pfalz (Art. 132), Hessen (Art. 127 IV u. II), Nordrhein-Westfalen (Art. 73), Schleswig-Holstein (Art. 36 II) und in der Bundesrepublik selbst (Art. 98 II), jedoch nicht in Bremen, auch ausdrücklich bestimmt ist. In Hessen, wo jedermann verpflichtet ist, für den Bestand der Verfassung positiv mit allen seinen Kräften einzutreten (Art. 146), wird konsequenterweise auch nur solches positive Eintreten als Gewährleistung für ein Verhalten im Geist der Demokratie gemäß der Bestimmung über die Richteranklage (Art. 127 IV u. II) gelten können.

Handelt es sich bei der Richteranklage um ein spezielles Institut zur Verteidigung unserer Demokratie, so steht also nicht der Schutz des einzelnen Richters im Vordergrund. Vielmehr wird bewußt ein Konflikt des Richters mit der demokratischen Verfassung der Entscheidung von Richtern *unter sich* entzogen und einem speziell für den Schutz und die Verteidigung der demokratischen Verfassung bestimmten Organ übertragen. Daher kann die V. hinter der Disziplinargerichtsbarkeit insoweit keinesfalls zurücktreten, sondern nur umgekehrt. Wir können die Frage, ob die Disziplinargerichtsbarkeit etwa schon durch die Zulässigkeit des Verfassungsrechtswegs ausgeschlossen wird, hier nicht in vollem Umfange prüfen; zu berücksichtigen wird sein, daß für die Richteranklage auch oder nur andere Stellen zuständig sind als für die Einleitung des Disziplinarverfahrens, daß die Prozeßbeteiligung im Richteranklageverfahren anders als im Disziplinarverfahren geregelt ist und daß Entscheidungen der Verfassungsgerichte u. U. selbst rechtskräftige Disziplinarentscheidungen aufheben können[31]).

---

[31]) Ich bemerke am Rand, daß die Zuständigkeit des Verfassungsgerichts zur Entscheidung über die Dienstunfähigkeit oder über schwere Amtspflichtverletzung eines Verfassungsrichters oder des Landesanwalts nach § 11 des hessischen Ausf.Ges. in ihrer ersten Hälfte nur ein allgemeines Organisationsprinzip für höchste Gerichte verwirklicht, in ihrer zweiten Hälfte die Spezialisierung der allgemeinen Richteranklage für die Verfassungsrichter selbst.

Zu 4. Die Anklage gegen den Präsidenten des Rechnungshofs ist nur in Berlin eingeführt. Offenbar hat man die Stellung des Rechnungshofs als eines unabhängigen, verfassungsunmittelbaren Staatsorgans und die Wichtigkeit vor allem des Etatrechts, die früheren Zeiten als ein Kernpunkt des Verfassungslebens stärker bewußt war als uns heute, betonen wollen. Aus dem Etat- und Finanzrecht können sich in der Tat verfassungsrechtliche Konflikte ergeben. Die Bestimmung ist jedoch unzureichend, da sie sich nur auf den Präsidenten des Rechnungshofs erstreckt und damit der üblichen Unabhängigkeit sämtlicher Mitglieder des Rechnungshofs, auch ihrer Unabhängigkeit von ihrem Präsidenten, nicht gerecht wird. Daß die Berliner Regelung das Sachgebiet der V. nicht überschreitet, wird durch einen Blick auf die österreichische Regelung (Art. 123 in Verb. mit Art. 142 II des Bundesverfassungsgesetzes) bestätigt.

Zu 5. Hessen behandelt in einem besonderen Abschnitt seiner Verfassung den „Schutz der Verfassung" und gibt hier dem Verfassungsgericht zwei Aufgaben: Die Vorschrift über die Erzwingung des Hochverratsverfahrens (Art. 147 II) wird in § 40 des Ausf. Ges. dahin geregelt, daß das Verfassungsgericht die Eröffnung der Hauptverhandlung vor dem Strafgericht anordnen kann. Dadurch soll ein Versanden der Strafverfolgung von Hochverrat verhindert werden. Daß es sich hier um Verfassungsschutz handelt, ist offenbar. Ich verweise vor allem darauf, daß die Verfassung der Paulskirche in § 126 lit. 1 dem Reichsgericht, das überwiegend ein Verfassungsgericht sein sollte, alle Strafgerichtsbarkeit in Fällen des Hoch- und Landesverrats gegen das Reich zuwies, und daß § 124 lit. 1 der Erfurter Unionsverfassung dieselbe Bestimmung enthielt. V. dieser Art hat hier bereits ein Vorbild.

Bei einer Verletzung des Art. 146 II der hessischen Verfassung, der verlangt, daß jedermann „mit allen ihm zu Gebote stehenden Kräften für den Bestand der Verfassung eintritt", entscheidet das Verfassungsgericht selbst in der Sache, wobei nach §§ 31 ff. des Ausf. Ges. Aberkennung gewisser Grundrechte, des Wahlrechtes, der Amtsfähigkeit oder auch Parteienverbot in Frage kommt. Auch hier ist der Schutz der Verfassung das erklärte Ziel (vgl. die Überschrift von §§ 31 ff. und den Wortlaut von §§ 33 f. des Ausf. Ges.).

Die schwierigen Fragen der Fortgeltung dieses materiellen wie formellen hessischen Rechts im Hinblick auf Art. 143 GG und die bundeseinheitliche Strafprozeßordnung kann ich hier so wenig wie auf den anderen Sachgebieten untersuchen.

Zu 6. Die Zuständigkeit der Verfassungsgerichte für das Verbot politischer Parteien überhaupt oder ihrer

Teilnahme an Wahlen und Abstimmungen ergibt sich aus dem selbstverständlichen Verfassungsrang dieser Aufgabe, den Art. 21 GG bestätigt. Daß man in diesen Fällen die Entscheidung nicht den Verwaltungsgerichten überläßt, wird nur als die angemessenste Lösung betrachtet werden können[31a]). Auch hier werden die Verfassungsgerichte als politisches Kampfinstrument der Demokratie gegen ihre Gegner aufgefaßt und dadurch mit einer ausgesprochen politischen Verantwortung beladen. Von ihnen wird der Mut zur Durchführung der Intoleranz der Demokratie gegen die Feinde der Demokratie verlangt. Wenn nach dem Entwurf des Ausf. Ges. (§ 39 der Drucksache Nr. 788 1. Wahlperiode des Bundestags) das Parteienverbot *gegen* die Partei beim Verfassungsgericht beantragt werden muß, so handelt es sich hier um eine „ursprüngliche" V., bei der der Regierungsakt in Form einer Gerichtsentscheidung ergeht, ähnlich wie im früheren preußischen Verwaltungsrecht die Konzessionsentziehung. Das bedeutet also eine Teilhabe des Verfassungsgerichts an der Regierung selbst, eine Tatsache von außerordentlicher und grundsätzlicher Bedeutung, die uns in Abschnitt III bei der Prüfung der Frage, wie weit unsere Verfassungsgerichte echte *Gerichtsbarkeit* ausüben, beschäftigen wird.

Bei der Erörterung der Grenzprobleme im einzelnen lasse ich die Frage beiseite, wie weit die Regelungen der *Länder* durch Art. 21 GG wieder eingeschränkt worden sind; sie erstreckt sich auf die materiellen Anforderungen der Verfassungen an die Parteien einschließlich der zugelassenen Verbotsgründe, auf die Sanktionen und auf die Zuständigkeit von Landesverfassungsgerichten in dem verbliebenen Rahmen überhaupt.

Das wichtigste Grenzproblem ist m. E. die Frage nach dem Begriff „Partei", weil von ihm die Zulässigkeit des Verfassungsrechtswegs abhängt. Die Judikatur des früheren Reichsstaatsgerichtshofs in der Frage der Parteifähigkeit bei Verfassungsstreitigkeiten gibt zwar Anhaltspunkte für den Begriff der Partei im Sinne des Parteienverbots, kann aber nicht einfach übernommen werden; denn damals mußten z. B. an die Größe der Partei bestimmte Anforderungen gestellt werden, die bei dem Zweck der Bestimmungen über das Parteienverbot sinnwidrig wären. Ich möchte ferner darauf hinweisen, daß die Abgrenzung der Parteien von anderen „politischen Vereinen" auch durch das Wahlrecht beeinflußt werden kann, weil z. B. bei Mehrheitswahl in Ein-Mann-Wahlkreisen das Auftreten mit *eigenen* Kandidaten bei Wahlen nicht mehr verlangt werden

[31a]) A. A. Friesenhahn in Festschr. f. Thoma S. 50 f.

kann; es kann genügen, daß zur Wahl eines „fremden" Kandidaten aufgefordert wird[32]). Soweit nicht das Wahlrecht durch ein Listensystem die Abgrenzung der „Parteien" von den anderen politischen Vereinigungen erleichtert, sehe ich erhebliche Schwierigkeiten bei der Anwendung der Bestimmungen über das Parteienverbot und damit bei der Abgrenzung der V. voraus.

Im übrigen aber dürfte dieses an sich so interessante Sachgebiet der V. für die hier behandelten Fragen keine besonderen Schwierigkeiten enthalten.

Zu 7. Auch die Zuständigkeit zur Aberkennung des Wahlrechts dient dem Schutz der demokratischen Verfassung. Sie hat — abgesehen von besonderen Fällen — nicht die breite rechtliche Wirkung wie das Verbot einer ganzen Partei; aber hier ist nicht nur die rechtliche Wirkung auf den einzelnen, sondern die u. U. weit darüber hinausgreifende politische Wirkung zu berücksichtigen. Schon deshalb ist die Zuständigkeit der Verfassungsgerichte begründet. Sie ergibt sich aber auch aus einem Sachzusammenhang mit dem Verbot von Parteien: Die Konkretisierung der freiheitlichen Demokratie gerade bei der politischen Betätigung von Einzelnen oder Gruppen ist damit an einer höchsten und für diese Aufgabe grundsätzlich besonders geschaffenen Stelle konzentriert. Hier begegnet uns besonders deutlich der Gesichtspunkt des Sachzusammenhanges bei der maßgeblichen Gestaltung des politischen „Selbstverständnisses der Demokratie" (vgl. Abschnitt III). Dieser Gesichtspunkt spielt z. B. auch bei der Richteranklage eine Rolle, soweit sie sich nicht auf jede Rechtsbeugung stützen kann.

---

[32]) Schon der Reichsstaatsgerichtshof hatte sich in seiner Entscheidung vom 24. 4. 1931 StGH 4/30, Lammers-Simons Bd. IV S. 263 f. mit einem sehr spezialisierten Interessenverband, dem „Lübecker Haus- und Grundbesitzerverein e. V.", zu beschäftigen, der bei einer Wahl mit Kandidaten aufgetreten war. Ihm wurde die Parteifähigkeit in einer Verfassungsstreitigkeit innerhalb Lübecks zuerkannt, weil er als politische Partei fungierte. Wie aber, wenn er die Parole ausgegeben hätte: „Bleibt dieser Wahl fern!"? Wie wenn besonders wirtschafts- und sozialpolitische Vereinigungen zwar nicht für einen bestimmten Kandidaten oder eine bestimmte Liste, aber allgemein darauf hinweisen, daß nur Kandidaten gewählt werden sollen, die sich für die Interessen ihrer Mitglieder einsetzen? Art. 21 GG legt den Parteien besondere Pflichten auf und gewährt ihnen auch besonderen Schutz; beides ist miteinander verbunden, der Kreis der Schutzberechtigten entspricht genau dem der Verpflichteten. Vielleicht wird die Wirkung der Pflichten die sein, daß sich politische Vereine von erkennbarer Einflußnahme auf Wahlen fernhalten, um die Pflichten der Parteien zu vermeiden. Dann werden die — auf diesem Gebiete besonders einfachen und als besonders dringlich empfundenen — Umgehungshandlungen bei Wahlen nicht auf sich warten lassen. Für andere Vereinigungen wird der Schutz des § 21 GG überwiegen, so daß sie die Pflichten in Kauf nehmen. Es ist nicht undenkbar, daß die Wahlen bei uns hierdurch ein anderes Gesicht als bisher annehmen werden, daß sich pressure-Methoden bisher wenig bekannter Art ausbilden. Jedenfalls zeigt dies besonders deutlich, wie sehr das Verfassungsgericht nicht nur aus der Norm heraus, sondern in einer sehr umfassenden Abwägung der in diesem Fall geradezu unübersehbaren politischen Folgen seiner Entscheidung zu urteilen hat. Das wird uns in Abschnitt III noch besonders beschäftigen.

Zu 8. Auch die Aberkennung von Grundrechten steht in diesem Zusammenhang: Demokratie verlangt vor allem die Möglichkeit eigener freier Urteils- und Willensbildung und eigener freier Einflußnahme auf die Urteils- und Willensbildung der anderen. Diese Freiheiten kann man als Konnexinstitute der Demokratie betrachten. Die Verteidigung der Demokratie gegen antidemokratischen Mißbrauch dieser Rechte ist ein dringendes Problem geworden. Der Zweck der Bestimmungen ist daher nicht in erster Linie der Rechtsschutz des Einzelnen, der auch durch die Verwaltungsgerichte ausreichend gewährt werden könnte, sondern ist der Schutz der freiheitlichen demokratischen Verfassung. Auch hier handelt es sich nach §§ 34 ff. des Entwurfs des Ausf. Ges. zu Art. 94 II GG um „ursprüngliche" V. und um Teilhabe an der Regierungsgewalt[33]). Schon dies zeigt, daß hier ein Konflikt mit Verfassungsrang vorliegt, den das GG selbst durch die Zuweisung zur V. bestätigt. So interessant und wichtig die Aberkennung von Grundrechten auch materiell ist, so glaube ich doch, mich hier, wo es sich in erster Linie um die Zugehörigkeit zur V. i. m. S. handelt, auf diese kurzen Bemerkungen beschränken zu können.

Zu 9. Die Verfassungsbeschwerde als ein besonderes Sachgebiet der V. besitzt in Deutschland eine Tradition[34]). Sie fand sich insbesondere bereits in § 126 lit. g der Frankfurter Reichsverfassung. Schon im Ständestaat und später unter dem Absolutismus war der Schutz der „verfassungsmäßigen" Rechte des Einzelnen Gegenstand des politischen Kampfes. Im allgemeinen wurde der Rechtsschutz durch die ordentlichen und später durch die Verwaltungsgerichte als ausreichend betrachtet, während sich in Bayern ein stärkeres Bewußtsein des ursprünglichen Charakters dieser Rechte als Verfassungsrechte erhalten hat[34a]). Einige andere Länder haben dieses Institut gleichfalls neu eingeführt. Gleichgültig, ob die Verfassungsbeschwerde von Anfang an oder erst nach Erschöpfung der sonstigen Rechtsbehelfe als eine Art „Revision aus besonderen Rechtsgründen" gegen an sich rechtskräftige Entscheidungen gegeben ist, liegt hier ein Fall vor, wo der Gesetzgeber einen Konflikt bewußt als Verfassungskonflikt aufgefaßt und ausgestaltet hat. Daß hiermit das Gebiet der Verfassungsgerichtsbarkeit i. m. S. überschritten sei, wird man nicht be-

---

[33]) Anders nach § 45 des hessischen Ausf.Ges. Hiernach findet eine Überprüfung der Verfassungsmäßigkeit eines angefochtenen Verwaltungsakts durch das Verfassungsgericht statt; im Bund wird nicht nur die Auslegung der Verfassung insoweit dem Verfassungsgericht vorbehalten.

[34]) Vgl. Carl Schmitt im Hb. d. d. St.R. Bd. II S. 574.

[34a]) Über die österreichische Rechtslage vgl. Wittmayer, Österreichisches Verfassungsrecht S. 21 und jetzt Art. 144 des Bundesverfassungsgesetzes.

haupten können, zumal auch der Entwurf des Auf.Ges. des Bundes in §§ 84 ff. eine Verfassungsbeschwerde zulassen will; denn die Sicherung der Freiheiten gehört in unserer Demokratie zu den notwendigen Voraussetzungen für eine Erweckung des bürgerlichen Selbstbewußtseins gegenüber den Trägern der Staatsgewalt.

Auch hier ergibt sich die Frage, wieweit das Landesrecht durch das neuere Bundesrecht beeinflußt wird. In diesem Zusammenhang spielt vor allem Art. 142 GG eine Rolle; mit der Aufrechterhaltung grundrechtlicher Bestimmungen der Landesverfassungen (trotz des Art. 31 GG) bestehen zugleich die landesrechtlichen Rechtsbehelfe einschließlich der Verfassungsbeschwerde weiter. Bundes v e r w a l t u n g s b e h ö r d e n sind an die Grundrechte der Länder ebenfalls gebunden. Die Entwicklung hat dazu geführt, daß die Landesverwaltungsgerichte auch über Akte der Bundesverwaltung entscheiden, weil Bundesverwaltungsgerichte für den ersten Rechtszug z. Zt. nicht bestehen und weil sonst nach Art. 19 IV GG die ordentlichen Gerichte, also ebenfalls L a n d e s gerichte, zur Entscheidung berufen wären. Hieraus ergibt sich, daß der Bund sich der Landesgerichtsbarkeit im Verwaltungsrecht mindestens vorläufig unterstellt hat. Bei Schadensersatzklagen wegen Amtspflichtverletzung von Reichsbehörden, die sich indirekt mit der gleichen Materie befaßten, war das schon immer so. Anders aber steht es, wenn Bundes g e r i c h t e entschieden haben (oder gegen eine vorliegende Entscheidung eines Landesgerichts das Rechtsmittel an ein Bundesgericht zulässig wäre). Hier ergibt sich im Bereich der ordentlichen Gerichtsbarkeit schon aus der Gerichtsverfassung selbst, also aus Bundesrecht, daß die Entscheidungen der Bundesgerichte endgültig sein sollen. Demgegenüber kann auch aus der Aufrechterhaltung der übereinstimmenden Landesgrundrechte durch Art. 142 GG und der damit verbundenen Aufrechterhaltung der landesrechtlichen Verfassungsbeschwerde nicht der Schluß gezogen werden, daß jetzt das e i n f a c h e Bundesrecht, das die Gerichtsverfassung regelt, insoweit geändert wäre, und das wird auch durch die Bestimmungen des GG über die Bundesgerichte indirekt bestätigt. Auch für die Verwaltungs- und sonstige nicht zur ordentlichen Gerichtsbarkeit gehörenden Gerichte muß dasselbe gelten, denn die Bundesgerichte sollen jeweils die h ö c h s t e n Gerichte sein, und das ist gleichbedeutend mit der Endgültigkeit ihrer Entscheidungen. Eine Verfassungsbeschwerde an ein Landesverfassungsgericht entfällt daher, sobald ein Bundesgericht endgültig entschieden hat. Auch soweit der normale Rechtsbehelf an ein oberes Bundesgericht geht und die Erschöpfung der normalen Rechtsbehelfe Voraussetzung der landesrechtlichen Verfassungsbeschwerde ist, muß die letzte in der Regel entfallen. Wenn aber ein Landesgericht nach Zurückverweisung der Sache durch ein Bundesgericht endgültig entschieden hat, ist auch die bei der Zurückverweisung vertretene Rechtsauffassung des Bundesgerichts der Verfassungsbeschwerde entzogen. Im übrigen sind hier noch zahlreiche Komplikationen denkbar, nicht nur nach Rechtshängigkeit bei einem Bundesgericht, sondern auch dann, wenn der normale Rechtsbehelf an eine Bundesbehörde oder ein Gericht eines anderen Landes zu gehen hätte[35]). Im letzten Fall werden auch für das Verhältnis der Länder untereinander neue, in dieser Form bisher nicht bekannte Probleme aufgeworfen.

Wenn die Verfassungsbeschwerde im Bund ohne Erschöpfung der normalen Rechtsbehelfe zugelassen wird, worüber nach Pressemeldungen im Bundestagsausschuß noch keine Klarheit besteht, wird das Problem der Beschränkung auf Fälle von grundsätzlicher Bedeutung auftauchen. Hierüber dürfte das Bundesverfassungsgericht selbst zu befinden haben, ähnlich wie in § 48 I des hessischen Ausf.Ges. bestimmt ist, daß das Verfassungsgericht nur entscheidet, „wenn die Bedeutung der Sache über den Einzelfall hinausgeht, insbesondere mit einer Wiederholung zu rechnen ist, und daher eine allgemeine Entscheidung erforderlich erscheint."

Zu 10. Die Vorschrift in Rheinland-Pfalz über die Anrufung des Verfassungsgerichts gegen Sozialisierungsmaßnahmen ist an sich ein Unterfall der Verfassungsbeschwerde, wird aber in der Verfassung der Landes selbst und auch von mir besonders herausgehoben, weil sie deutlich die heutige Funktion der Verfassungsgerichte zeigt, zwischen der Erhaltung der bestehenden und der Begründung einer neuen und gesünderen Staats- und Sozialordnung einen Weg zu finden. Mit diesen Bestimmungen wird einerseits die Notwendigkeit der Sozialisierung anerkannt und andererseits eine Sicherung gegen Schematisierung, gegen Sozialisierung unwesentlicher Betriebe geschaffen. Nichts kann so deutlich die Situation offenbaren wie dieses Nebeneinanderbestehen zweier gesellschaftlicher Prinzipien und dieser Versuch, sie evolutionär durch Aufstellung einer abstrakten Ausgleichsforderung und konkrete verfassungsgerichtliche Entscheidung in jedem Einzelfall zu einem Ausgleich zu bringen. Wir können die sachliche Problematik hier nicht von Grund auf untersuchen. Es genügt, daß sich an dieser Stelle besonders deutlich dokumentiert, daß unsere Verfassungsgerichte nicht nur zum Schutz organisatorischer Verfassungsnormen errichtet sind, sondern auch zum Schutz einer bestimmten sozialen Ordnung, die sich übrigens

---

[35]) Vgl. hierzu § 48 IV des hessischen Ausf.Ges.

nicht nur in den Grundrechten, sondern auch in einer soziologischen Entsprechung zwischen unserer verfassungsrechtlichen Organisation und der bestehenden Sozial- und Wirtschaftsordnung ausdrückt. Da diese sich ihrer selbst aber nicht mehr naiv oder auch bewußt kämpferisch gewiß und sich deshalb der Notwendigkeit ihrer Fortentwicklung bewußt ist, wird dem Verfassungsgericht die Aufgabe gestellt, das Ausmaß der Fortentwicklung, die jeweils erforderlich erscheint, seinerseits im Rahmen des allgemeinen verfassungsrechtlichen Prinzips näher zu umreißen. Es wird ihm damit eine hohe politische Funktion übertragen, die es nur erfüllen kann, wenn es selbst die beiden abstrakt einander widerstreitenden, von der Verfassung jedoch zum jeweiligen konkreten Ausgleich bestimmten Prinzipien der Sozial- und Wirtschaftsordnung in sich trägt und wenn es zu einem tragfähigen Ausgleich, der immer eine politische Entscheidung darstellt, fähig und bereit ist. Man kann diese Aufgabe der Verfassungsgerichte erleichtern, indem man ihnen nur die Überprüfung äußerster Grenzen der Entscheidung anderer, „politischer" Staatsorgane überträgt; letztlich abnehmen kann man ihnen hiermit die politische Verantwortung und einen über die formelle Verantwortung wohl noch hinausgehenden politischen Einfluß nicht.

Zu 11. Die Wahlprüfung, unter der ich hier auch die Prüfung von Abstimmungen mit verstehe, ist nicht erst jetzt als Angelegenheit des Verfassungsschutzes anerkannt. In Fortsetzung der Entwicklung des Ständestaats war sie lange Zeit später noch als „Prüfung der Legitimation" der einzelnen Abgeordneten gegenüber einander oder dem Parlament selbst betrachtet worden. Die Aufgabe, die verfassungs- und gesetzmäßige Zusammensetzung der Volksvertretung als des wichtigsten Staatsorgans und die Richtigkeit etwaiger Volksabstimmungen zu sichern, hat sich jedoch immer mehr durchgesetzt. Es bedarf auf diesem Gebiet jetzt der klaren Abgrenzung zwischen der Aufgabe des für die eigentliche Wahlprüfung zuständigen Gerichts und der Aufgabe eines Verwaltungsgerichts in Wahlsachen[36]): Nur soweit das letzte, verfassungsrechtlich allein bedeutsame Ergebnis, d. h. die Zusammensetzung des Parlaments und das Ja oder Nein der Volksabstimmung in Frage steht, liegt V. vor; nur soweit dieses verfassungsrechtlich allein bedeutsame Ergebnis fehlerhaft ist, greift die Entscheidung des Wahlprüfungsgerichts korrigierend ein[37]). Alles andere

[36]) Friesenhahn im Hb. d. d. St.R. Bd. II S. 526 bezeichnet die Wahlprüfung als Verwaltungstätigkeit, allenfalls als Verwaltungsgerichtsbarkeit; aber er hat einen engeren Begriff der V., der auf die Entscheidung von „Verfassungsstreitigkeiten" begrenzt ist.

[37]) Art. 78 II der Hessischen Verfassung spricht mit Recht von der „Erheblichkeit für den Ausgang der Wahl". Das scheint mir die von Genzmer im Hb. d. d. St.R. Bd. II S. 509 aufgeworfene Frage zu beantworten, „ob etwa die Wahlprüfungsgerichte als Sonder-

gehört vor die Verwaltungsgerichte. Das verfassungsmäßige Zustandekommen des Volkswillens ist also das Rechtsgut, das die V. hier schützt. Wo nach Landesrecht kein Gericht mit der Wahlprüfung betraut ist, greift deshalb Art. 93 I Z. 4 GG ein. Die Entscheidung über das aktive Wahlrecht eines einzelnen als solchen wird also grundsätzlich nicht Gegenstand der V., auch nicht gemäß Art. 93 I Z. 4 GG, sondern der Verwaltungsgerichtsbarkeit (notfalls gemäß Art. 19 IV GG), selbstverständlich soweit nicht eine Verfassungsbeschwerde möglich ist. Die Entscheidung über das passive Wahlrecht gehört dann, wenn dieses zu Unrecht bejaht und der Betreffende für gewählt erklärt ist, selbstverständlich zur V., während es im umgekehrten Fall nur darauf ankommt, ob die unberechtigte Ablehnung wegen angeblichen Fehlens des passiven Wahlrechts Einfluß auf die Zusammensetzung des Parlaments haben konnte oder nicht. Entsprechendes gilt für den Volksentscheid: Nur sein Zustandekommen oder Nichtzustandekommen, gegebenenfalls sein Zustandekommen mit der erforderlichen besonderen Mehrheit, steht als Verfassungskonflikt in Frage. Selbstverständlich kann gesetzlich anderes vorgeschrieben sein, denn diese Grundsätze kommen nur dort in Frage, wo die Grenze der V. allein aus ihrem Wesen bestimmt werden muß, insbesondere wo Verfassung oder Gesetz nur von „Wahlprüfung" als einer Aufgabe der Verfassungsgerichte sprechen.

Kann aber auch das Wahlprüfungsverfahren selbst als „anderer Rechtsweg" im Sinne des Art. 93 I Z. 4 GG gelten, oder setzt dies nicht voraus, daß das Gericht in einem streitigen Verfahren tätig wird? Ich halte das nicht für erforderlich, sondern nehme an, daß auch ein gerichtliches Wahlprüfungsverfahren ohne streitige Ausgestaltung den Erfordernissen des Art. 93 I Z. 4 genügt, mindestens dann, wenn die Streitteile, die nach dieser Bestimmung in Betracht kämen, an dem Wahlprüfungsverfahren „beteiligt" sind[38]).

Die Aufstellung der Kandidaten, soweit sie — wie in der Regel — durch Parteien vorgenommen wird, gehört zur inneren demokratischen Ordnung der Parteien gemäß Art. 21 I GG. Sie kann allerdings nach der Formulierung des GG nicht zum Verbot der Parteien führen, da dieses nach Art. 21 II GG über-

gerichte der Staatsgerichtsbarkeit anzusehen seien". Ich bejahe diese Frage klar. Das hessische Ges. über die Verwaltungsgerichtsbarkeit i. d. F. vom 30. 6. 1949 GVBl. S. 137 schließt in § 22 I die Zuständigkeit der Verwaltungsgerichte aus für „parlamentarische Wahlprüfungen und sonstige in den Bereich der Staatsgerichtsbarkeit fallende Streitigkeiten". Es betrachtet also auch die Wahlprüfung als in den Bereich der Staatsgerichtsbarkeit fallend.

[38]) § 29 III des Württembergischen Landtagswahlgesetzes vom 4. 4. 1924 Reg.Bl. S. 228 und die Entscheidung des Hessischen Staatsgerichtshofs vom 31. 1. 1928 StGH 3, 4, 6/28, Lammers-Simons Bd. III S. 346 zeigen, daß es auch eine Popularklage zur Anfechtung fehlerhafter Wahlen geben kann.

haupt nicht auf Verletzung der inneren demokratischen Ordnung der Parteien gestützt werden kann; anders ist es nur, wenn aus einer autoritären inneren Ordnung der Partei auf das Bestreben nach einer autoritären Regierung geschlossen werden kann. Dennoch wäre es denkbar, daß die Kandidatenaufstellung auch bei der Wahlprüfung eine Rolle spielt, weil eine Verletzung der demokratischen Formen für diese wichtige Entscheidung vorliegt. Ich erinnere nur daran, daß sich bei der Wahlprüfung schon früher oft Tatbestände und Fragen ergeben haben, die nicht vorauszusehen waren, und besonders an das berühmte Scheitern der Kandidatur Max Webers zur Weimarer Nationalversammlung[39]).

Auch die Erschwernisse für Splitterparteien können bei der Wahlprüfung eine Rolle spielen. Da hierbei eine Verletzung des Art. 28 I GG in Frage steht, wird jedes Wahlprüfungsgericht eines Landes notfalls die Entscheidung des Bundesverfassungsgerichts nach Art. 100 I GG herbeiführen müssen; denn auch wo die Wahlprüfung von Amts wegen durchgeführt wird und das Moment der Streitentscheidung formell fehlt, sind doch die Wahlprüfungsgerichte Gerichte im Sinne des Art. 100 I GG.

Zu 12. Die Entscheidung über den Kompetenzkonflikt ist in Baden dem Verfassungsgericht zugewiesen. Dies ist nur möglich, wenn man annimmt, daß das Wesen dieses Konflikts nicht in dem Streit über den Rechtsschutzanspruch des Einzelnen, sondern in dem Streit zweier verfassungsunmittelbarer Gewalten miteinander besteht. Die besonders kräftige Ausgestaltung der richterlichen Gewalt speziell schon in der badischen Verfassung selbst (Art. 56) konnte diese Auffassung wiederbeleben. Sie ist auch theoretisch vertretbar, wenn man sich bewußt ist, daß der positive und nicht der negative Kompetenzkonflikt der primäre ist und daß der negative Konflikt erst dann kraft Sachzusammenhangs in die Regelung mit einbezogen werden mußte[39a]), wenn nicht im Rechtsstaat auch der Ausschluß der Rechtsschutzlosigkeit des Bürgers selbst Verfassungsrang besitzt. Friesenhahn hat unter Berufung auf Triepel und Walter Jellinek erst jüngst Bedenken hiergegen geltend gemacht[40]). Die Bedenken stützen sich jedoch vor allem auf die rechtstechnische Ausgestaltung des Verfahrens, nicht auf den eigentlichen Ausgangspunkt des Konflikts. Dieser erscheint mir jedoch weitaus bedeutsamer als die verfahrenstechnische Rege-

[39]) Hierher könnte z. B. die Frage gehören, welche Folgen eine Blankoerklärung des Mandatsverzichts vor der Wahl in Baden angesichts des Verbots „unbedingten Gehorsams" in Art. 121 hat, nämlich nur die Nichtigkeit solcher Erklärung oder auch Folgen auf die Wahl selbst.

[39a]) Hiervon geht auch Otto Mayer, Theorie des Französischen Verwaltungsrechts S. 147 aus.

[40]) Festschr. f. Thoma S. 54.

lung, die den einzelnen Bürger nicht übergeht, sondern sein Sachinteresse zur Klärung der Rechtsfrage einspannt. Die entscheidende Frage lautet m. E., wer den positiven Kompetenzkonflikt als den primären erhebt und aus welchem Grunde[41]). Dies beweist auch die geschichtliche Entwicklung des Kompetenzkonflikts, mögen auch die früheren Verhältnisse heute nicht mehr unverändert bestehen. Sieht man von der Ausgestaltung des Verfahrens ab und blickt man auf den realen Konflikt, der dieses Verfahren überhaupt in Gang setzt, so stellt der Kompetenzkonflikt einen Sonderfall der Streitigkeit zweier verfassungunmittelbarer Gewalten um ihre Zuständigkeit, also der Verfassungsstreitigkeit, dar. Unter diesem Gesichtspunkt erscheint mir die badische Regelung mindestens möglich und jedenfalls einer neuen Untersuchung bedürftig[42]). Die rechtliche Auffassung bestimmter Institute darf ja nicht starr bleiben, sondern muß neu geprüft werden, vor allem wenn sich Änderungen ergeben, und seien es nur Änderungen in den Zusammenhängen, in die das Institut selbst gestellt ist.

Zu 13. Darüber, daß das richterliche Prüfungsrecht Verfassungsrang besitzt, braucht nichts mehr gesagt zu werden; das Problem des Schutzes der Verfassung gegen den einfachen Gesetzgeber ist zu einem fundamentalen Problem unserer Verfassungen geworden.

Wo auch der Vorbehalt des Gesetzes gegen den Verordnungsgeber von den Verfassungsgerichten zu wahren ist, steht ein ausdrückliches oder selbstverständliches Verfassungsprinzip in Frage. Wir haben über solche Zusammenhänge bereits bei der Ministeranklage gesprochen und wollen deshalb hier nicht näher darauf eingehen, obwohl die Rechtslage nicht in jeder Hinsicht völlig die gleiche ist.

Die Beschränkung von Ermächtigungsgesetzen durch Art. 80 GG, die m. E. über die Art. 20 III und 28 GG auch in die Länderverfassungen wirkt, die Erschwerungen der Verfassungsänderungen und -durchbrechungen und die Unabänderlichkeitsklauseln mancher Verfassungen[43]) sowie die Konzeption der

---

[41]) Gerade Triepel selbst betont in Streitigkeiten zwischen Reich und Ländern S. 31 Anm. 1, daß „die den Konflikt erhebende Behörde immer namens der ganzen Verwaltung" und gegen die „ganze Justiz" auftritt. Sollte aber, was für die Erhebung des Konflikts gilt, nicht das Wesen des Konflikts am deutlichsten kennzeichnen?

[42]) Wird der positive Kompetenzkonflikt angesichts der heutigen Stellung der richterlichen Gewalt wesensgemäß als Verfassungskonflikt betrachtet, so ist dort, wo keine andere Gerichtsbarkeit hierfür besteht, die Zuständigkeit des Bundesverfassungsgerichts nach Art. 93 I Z. 4 GG begründet. Das könnte auch für den negativen Kompetenzkonflikt gelten auf Grund des vom GG vorausgesetzten starken Rechtsschutzanspruchs des Bürgers. Vgl. im übrigen schon die österreichische Regelung seit 1867 und 1875 (Gumplowicz, Das österreichische Staatsrecht, 3. Aufl. S. 151 f. und jetzt Art. 138 des Bundesverfassungsgesetzes.)

[43]) Württemberg-Baden Art. 85 I, V; Hessen Art. 150, aber auch wohl Art. 67; Bayern Art. 75 I usw.

Grundrechte als vor- oder überstaatlich haben die verfassungsrechtliche Bedeutung des richterlichen Prüfungsrechts erheblich verstärkt. Daß das GG den einzelnen Gerichten diese Prüfung zugunsten der Verfassungsgerichte entzogen hat[44]), mag sich z. T. aus dem Sachzusammenhang zwischen der abstrakten und der inzidenten Normenkontrolle ergeben haben[45]). Es bestätigt aber den Verfassungsrang dieser Aufgabe.

Art. 142 GG hält grundrechtliche Bestimmungen der Länder aufrecht. Damit wird indirekt auch die Verfassungsbeschwerde oder das richterliche Prüfungsrecht entsprechend dem Landesrecht aufrechterhalten, jedoch mit der Ausnahme, daß der Verstoß in einem Gesetz nach Art. 100 GG zu behandeln ist. An der Stelle der Verfassungsbeschwerde oder des Prüfungsrechts des einzelnen Gerichts steht also bei Gesetzen die Entscheidung des zuständigen Verfassungsgerichts. Soweit nach Landesrecht schon Gesetzesvorlagen verfassungsgerichtlich geprüft werden können, bleibt dies unverändert. Damit wird jedoch Art. 100 GG nicht unwirksam, es muß also nötigenfalls das Verfassungsgericht erneut mit der Frage befaßt werden, ein gewiß unbefriedigendes Ergebnis.

Im Zusammenhang mit Art. 142 GG erhebt sich die Frage, ob eine Landesverfassungswidrigkeit, die zugleich eine Bundesverfassungswidrigkeit ist, nicht in jedem Falle vor das Bundesverfassungsgericht gebracht werden muß. Ich will jedoch diese Frage der Abgrenzung zwischen Landes- und Bundesverfassungsgerichtsbarkeit hier nicht erörtern.

Daß im übrigen der Begriff „Verfassungsgerichte" in Art. 100 III GG nicht nach der Bezeichnung, sondern nach der Funktion verstanden werden muß, daß also z. B. auch ein Verwaltungsgericht, wenn es V. ausübt[46]), unter diese Bestimmung fällt, scheint mir unzweifelhaft zu sein. Ferner nehme ich an, daß auch besondere Wahlprüfungsgerichte als Verfassungsgerichte im Sinne des Art. 100 III GG zu betrachten sind. Jedenfalls wird es nicht darauf ankommen, daß es sich um Entscheidung von Rechtsstreitigkeiten zwischen streitenden Parteien handelt, und zwar weder bei der Entscheidung, die jetzt getroffen werden soll, noch bei der früheren Entscheidung, von der das Verfassungsgericht abweichen will. Es genügt also jede Auslegung des GG, z. B. auch eine solche im Verfahren nach Art. 93 I Z. 1 GG.

---

[44]) Mindestens für den wirklichen Konfliktsfall, d. h. wenn das Gericht die Verfassungsmäßigkeit des Gesetzes verneinen will.

[45]) Dabei verkenne ich keineswegs den Unterschied zwischen inzidenter Nichtbeachtung eines Gesetzes und autoritativer Ungültigerklärung (vgl. vor allem Carl Schmitt, Das Reichsgericht als Hüter der Verfassung, in: Die Reichsgerichtspraxis im deutschen Rechtsleben Bd. I S. 154 ff., bes. S. 167 ff.).

[46]) Etwa nach § 27 lit. d) der Brit. VO Nr. 165.

Auch beim richterlichen Prüfungsrecht erhebt sich das Problem, die Verwaltungsgerichtsbarkeit von der V. abzugrenzen, wo die Prüfung von Verordnungen den Verfassungsgerichten übertragen ist: Bestimmen Verfassung oder Gesetz nichts anderes, so wird von dem Begriff der V. i. m. S. auszugehen sein; daher dürften Verordnungen, die nicht Landesrang besitzen, nicht unter die Zuständigkeit des Verfassungsgerichts fallen, weil kein unmittelbarer Verfassungskonflikt vorliegt, sondern die Verwaltungsgerichte entscheiden können[47]). Allerdings ist denkbar, daß vor allem die Verteidigung der Grundrechte als ein so wichtiges Verfassungsproblem aufgefaßt wird, daß auch das Prüfungsrecht über Polizeiverordnungen untergeordneter Behörden bei Verfassungsgerichten konzentriert ist. Überall wo die Verfassungsbeschwerde auch gegen solche Verordnungen gegeben ist, ist dies der Fall. Aber auch dann, wenn — wie in den Ländern der brit. Zone — sonst der einzige, jedoch einigermaßen verzweifelte „Rechtsschutz" durch ein Strafgericht gegeben wäre, wird sich vermutlich eine Tendenz zur Ausübung des Prüfungsrechts bei den Verfassungsgerichten entwickeln.

Zu 14. Über die Geltung von Gesetzen im übrigen entscheidet das Verfassungsgericht nur in Baden. Hier handelt es sich vor allem um die Prinzipien der lex specialis und generalis, der lex posterior und prior, der Kodifikation (vor allem im Zusammenhang mit dem Vorbehalt des Gesetzes gegenüber Verordnungen), des Obsoletwerdens, des Gewohnheitsrechts, der „Einheit der Rechtsordnung" (wiederum im Zusammenhang mit dem Vorbehalt des Gesetzes gegenüber Verordnungen) sowie auch des räumlichen und sachlichen Geltungsbereichs. Immer geht es um Prinzipien, die über den einzelnen Gesetzen stehen und z. T. sogar die Verfassungen selbst regieren. Einzelfragen, etwa ob der Vorrang von Völkerrecht oder von vorstaatlichen Menschenrechten hier ebenfalls in Betracht kommt, brauche ich nicht zu erörtern. Jedenfalls handelt es sich um die Wahrung allgemeiner Grundsätze unseres Rechtssystems, die mir der Grund für die Zuweisung zur V. zu sein scheint. Ob diese Prinzipien über die Gel-

[47]) Vgl. die Entscheidung des Badischen Staatsgerichtshofs vom 27. 11. 1948 StGH 1/48 (Verw.Rspr. 1/248). § 25 des hessischen Ges. über die Verwaltungsgerichtsbarkeit i. d. F. vom 30. 6. 1949 GVBl. S. 137 gibt dem Verwaltungsgerichtshof im Rahmen der sachlichen Zuständigkeit der Verwaltungsgerichte das Prüfungsrecht über alle Verordnungen und sonstigen, im Rang unter dem Gesetz stehenden Rechtsvorschriften. Zur Entscheidung über die Verfassungsmäßigkeit von Rechtsverordnungen ist jedoch nach Art. 132 der Verf. „nur" der Staatsgerichtshof zuständig. Hier wird nur die materielle Verfassungsmäßigkeit gemeint sein oder Zuständigkeitsfragen aus der Verfassung unmittelbar, nicht die Verletzung der Bindung an die Schranken der Ermächtigung in einem einfachen Gesetz, die ja stets als mittelbare Verletzung der Verfassung zu betrachten ist. Ob sich der Staats- oder Verwaltungsgerichtshof Hessens mit dieser Frage schon auseinandergesetzt haben, konnte ich noch nicht feststellen.

tung des Rechts so klaren Verfassungscharakter besitzen, daß sie schon zur Prüfung der Verfassungsmäßigkeit von Gesetzen gehören, oder ob diese sich nur auf die Verfassungsurkunde selbst bezieht, vielleicht auch noch auf ungeschriebenes Verfassungsrecht und Transformationsklauseln wie in Art. 25 GG, kann ich heute nicht von Grund auf untersuchen; ich neige zur Verneinung dieser Fragen und zur Aufrechterhaltung der Zuständigkeit aller Gerichte zur Inzidententscheidung hierüber trotz der Konzentrierung der Prüfung der „Verfassungsmäßigkeit" der Gesetze im Art. 100 GG.

Zu 15. Die Fortgeltung älteren Rechts nach Inkrafttreten der Verfassung wird gleichfalls nur in Baden, jetzt aber auch im GG selbst den Verfassungsgerichten zur Entscheidung übertragen. Hier handelt es sich um die Durchsetzung der neuen Verfassung gegenüber dem älteren Recht, also um einen echten Schutz der Verfassung selbst.

Zu 16. Daß die Verfassungsstreitigkeiten den Kern der V. bilden, war nie streitig. Die vorsichtige Beschränkung des Bundesverfassungsgerichts auf bloße Auslegung in Art. 93 I Z. 1 GG[48]) unterstreicht den hohen Verfassungsrang nur noch, ebenso die partielle Ausdehnung der verfassungsgerichtlichen Zuständigkeit auf Meinungsverschiedenheiten oder bloße Zweifel[49]).

Die weitaus bedeutendste Frage auf dem Gebiet der Verfassungsstreitigkeiten ist die der Parteifähigkeit. Hierüber wird in Abschnitt II bei der Behandlung der allgemeinen verfahrensrechtlichen Grenzen zu sprechen sein; an dieser Stelle will ich nur folgendes erwähnen: Durch die subsidiäre Zuständigkeit des Bundesverfassungsgerichts nach Art. 93 I Z 4 GG ist der Verfassungsrechtsweg m. E. ebenso wie unter der WRV für alle einzelnen Verfassungsstreitigkeiten in den Ländern eröffnet, wenn in dem konkreten Fall kein anderer Rechtsweg gegeben ist. Es gibt also einen bundeseinheitlichen Begriff der Verfassungsstreitigkeiten, den die Länder nicht einschränken, sondern höchstens erweitern können. Allerdings kann es sein, daß dieser Begriff künftig in der Judikatur nicht mehr mit der gleichen Klarheit erscheint wie unter der WRV, weil Art. 93 I Z. 4 GG den weiteren Begriff „öffentlich-rechtliche Streitigkeiten"

---

[48]) Diese Zurückhaltung ist nicht neu; sie mag unmittelbar aus der noch größeren Zurückhaltung in Art. 19 WRV zu erklären sein. Doch findet sie sich entsprechend schon in § 153 der Sächsischen Verfassungsurkunde von 1831 und in § 154 der Kurhessischen Verfassungsurkunde von 1831. Die letzte Bestimmung wurde nach dem Verfassungskonflikt von 1850 auf Grund eines Bundesbeschlusses von 1852 in der neuen, oktroyierten Verfassung beseitigt.

[49]) „Zweifel" war ursprünglich ein euphemistischer Ausdruck, der die Möglichkeit echten Streits zwischen Monarch und Volksvertretung in das Reich der Undenkbarkeiten verweisen sollte. Erst später hat der Begriff einer Vorsorge, d. h. der rechtzeitigen Verhütung der Entstehung echten Streits dienen sollen.

gebraucht und auch Art. 19 IV GG nicht für alle verwaltungsrechtlichen Streitigkeiten einen anderen Rechtsweg öffnet[50]).

Da der Begriff der streitfähigen Partei mit dem Begriff der Verfassungsstreitigkeiten untrennbar zusammenhängt, wird auch der Parteibegriff grundsätzlich im gleichen Sinn bundeseinheitlich sein, allerdings vorbehaltlich besonderer Verfassungsfaktoren in dem einen oder anderen Land[51]). Im allgemeinen waren die Länderverfassungen, soweit sie die Parteifähigkeit in Verfassungsstreitigkeiten geregelt haben, dabei nicht engherzig. Nicht selten haben sie umfassende Befugnisse zur Anrufung der Verfassungsgerichte an politische Parteien, Fraktionen oder Mindestzahlen von Wahlberechtigten erteilt.

Erlauben Sie noch ein kurzes abschließendes Wort zu diesen einzelnen Sachgebieten:

Ich habe bei allen Überlegungen abgesehen von der Auslegung der Länderverfassungen im einzelnen und habe auch die Überlagerung des Landesrechts durch das GG im allgemeinen beiseite gelassen, sondern mich weitgehend auf das Landesrecht selbst beschränkt, weil sich gerade hieraus m. E. überzeugend ergibt, daß die Länder bei aller Verschiedenheit im einzelnen doch von bemerkenswert einheitlichen grundsätzlichen Auffassungen über den Begriff der V. i. m. S. ausgegangen sind. Das Resultat scheint mir zu sein, daß den Verfassungsgerichten schon in den ursprünglichen Länderregelungen Sachgebiete zur Entscheidung übertragen worden sind, die wir bei einer sachgemäßen Würdigung durchaus als wesentliche verfassungsrechtliche Konflikte anerkennen können, daß m. a. W. die Grenzen der V. i. m. S. von den Ländern grundsätzlich kaum überschritten worden sind, all das selbstverständlich mit dem prinzipiellen Vorbehalt, daß wir zunächst nur die Sachgebiete und nicht das Problem der echten Gerichtsbarkeit auf diesen Sachgebieten untersucht haben.

An einigen heute schon erkennbaren Beispielen habe ich ferner versucht, Abgrenzungen der V. vor allem gegenüber der Verwaltungsgerichtsbarkeit aufzuzeigen und aus der Betrachtung der einzelnen Sachgebiete einige wichtige Anhaltspunkte für unsere weiteren, grundsätzlichen Untersuchungen zu finden.

Aus dem Bundesrecht ergeben sich zahlreiche neue Fragen, die ich nur zum geringen Teil gestreift habe, wie z. B. die Zu-

[50]) Nicht für Parteistreitigkeiten, nicht für bloße Feststellungsklagen und je nach der Auslegung, die Art. 19 IV GG finden wird, evtl. auch nicht für Klagen wegen Unterlassung eines Verwaltungsakts; vgl. Abschnitt II unter B 1).

[51]) Landesrechtliche Beschränkungen der Parteifähigkeit werden dazu führen, daß die Verfassungsstreitigkeit dann vor das Bundesverfassungsgericht kommt, ganz wie unter der WRV. So auch Friesenhahn in Festschr. f. Thoma S. 60. In Österreich kann auch der Rechnungshof nach Art. 126 a des Bundesverfassungsgesetzes Partei in Verfassungsstreitigkeiten sein, die seine Zuständigkeit betreffen.

ständigkeit zur Entscheidung über den Vorrang des Bundesrechts vor dem Landesrecht, Fragen der Bundesaufsicht und des sonstigen Verhältnisses zwischen Bund und Ländern sowie zwischen den Ländern untereinander. Umfassende Untersuchungen hierüber sind nur im Zusammenhang dieser materiellen Rechtsgebiete möglich, etwa wie in den Arbeiten von Triepel.

C. Dieser Abschnitt wäre unvollständig, wenn wir nicht auch fragen würden, ob etwa wesentliche Konfliktsmöglichkeiten, die zur V. i. m. S. gehören, von den Ländern beiseite gelassen worden sind. Die Frage liegt besonders nahe, weil selbst Länder mit weit ausgebauten Zuständigkeiten der Verfassungsgerichte sich noch weitere Zuweisungen von Kompetenzen durch einfaches Gesetz vorbehalten. Diese Frage läßt sich nicht für einzelne Länder beantworten, weil wir dann die Auslegung aller einzelnen Landesvorschriften unternehmen müßten[52]); ich frage daher nur, ob sich etwa wesentliche Konfliktsmöglichkeiten heute schon erkennen lassen, die in k e i n e m Lande berücksichtigt worden sind:

1. Von den Zuständigkeiten der früheren deutschen Staatsgerichtshöfe fehlt heute die damalige vorübergehende Aufgabe des Staatsgerichtshofs zum Schutz der Republik[53]). Entscheidend dürfte gewesen sein, daß man sie nicht als zum typischen Inhalt einer Verfassung und eines Ausf.Ges. über V. gehörig betrachtet hat, weil der strafrechtliche und strafprozessuale Zusammenhang überwiegt; außerdem glaubte man wohl auf andere Weise Vorsorge gegen ähnliche Entwicklungen getroffen zu haben, und zwar nicht nur, aber auch mit verfassungsgerichtlichen Mitteln (z. B. in Art. 18 und 21 im Gegensatz zu Art. 139 und 143 GG). Vor allem Art. 143 GG, der die strafgerichtliche Zuständigkeit bei Hochverrat regelt, obwohl für dieses Delikt schon immer eine exzeptionelle Zuständigkeit bestand[54]), scheint mir dies zu bestätigen. Auch das Land Hessen, das an diesen Fall gedacht hat, begnügt sich mit einer Erzwingung des normalen strafgerichtlichen Verfahrens durch das Verfassungsgericht; wenn es aber noch eines besonderen Hinweises darauf bedürfte, daß es sich hier um einen Grenzfall handelt, so erbringt ihn gleichfalls das Land Hessen, das in den Fällen des Art. 146 II und der §§ 31 ff. des Ausf.Ges. eigene Sachentscheidung des Verfassungsgerichts über politische Folgen der Straftat vorschreibt und in § 35 II des Ausf.Ges. die Feststellung des

---

[52]) Dabei hätten wir die Besonderheiten des ganzen Verfassungsrechts des betr. Landes zu berücksichtigen, weil sich erst aus dem Ganzen ergibt, welche Konfliktsmöglichkeiten bestehen.

[53]) Carl Schmitt, Das Reichsgericht als Hüter der Reichsverfassung S. 159 f. erwähnt dieses Gericht mit Recht.

[54]) Auch hierauf hat Carl Schmitt a.a.O. S. 159 bereits hingewiesen.

Sachverhalts und die rechtliche Beurteilung der Tat durch das Verfassungsgericht gegenüber allen Gerichten und Behörden für bindend erklärt. Hier dürfte im Ergebnis eine echte strafgerichtliche Zuständigkeit eines Verfassungsgerichts bei einem Sondertatbestand des „Hochverrats‘ geschaffen worden sein[55]). Auch ein besonderer Gerichtsstand vor den Verfassungsgerichten, etwa bei Hochverrat bestimmter Personen, die unmittelbare Verfassungsfunktionen ausüben wie z. B. Minister, ist in keinem Land geschaffen worden, denn die Ministeranklage ist heute nirgends ein Ersatz des normalen Strafverfahrens.

2. Die Wirkung von Nebenstrafen, die ein Strafgericht verhängen kann, ist auch bei Verfassungsorganen oder einzelnen ihrer Mitglieder nicht der Kontrolle von Verfassungsgerichten unterworfen. Bestimmungen über die Aberkennung des Wahlrechts, der bürgerlichen Ehrenrechte usw. durch Verfassungsgerichte sind ein Zusatz, kein ausschließender Ersatz hierfür. In Betracht gekommen wäre insoweit etwa eine Abgabepflicht der Strafgerichte, die jedoch nirgends begründet worden ist[56]). Offenbar lag das daran, daß der strafrechtliche und strafprozessuale Zusammenhang und unsere Tradition hiergegen sprechen; vielleicht auch daran, daß man dann eine Bindung des Verfassungsgerichts an die Feststellung des Tatbestands und die rechtliche Würdigung durch das Strafgericht kaum hätte umgehen können, also die Rangverhältnisse der Gerichte umgekehrt hätte.

3. Die Auslegung der Verfassungen ist keineswegs bei den Verfassungsgerichten ausschließlich konzentriert[57]). Sie bleibt weitgehend bei den normalerweise zuständigen Verwaltungsbehörden und Gerichten, die die Verfassungen überall da auslegen, wo sie sie in irgendeiner Weise ihrer Entscheidung zugrunde legen. Selbst dann ist die Auslegung der Verfassungen nicht bei Verfassungsgerichten konzentriert, wenn es sich um das Funktionieren des Staates nach den Normen der Verfassungen han-

[55]) Ich untersuche nicht, wie es nach den Verfassungen anderer Länder steht, insoweit Aberkennung von Grundrechten, Parteiverbot und ähnliches möglich ist **und** die Sprüche des Verfassungsgerichts für alle Gerichte bindend sind. Hier wären zunächst die Überlagerungen durch das Bundesrecht klarzustellen.

[56]) Die etwaige Zustimmung des Parlaments zur Strafverfolgung ist natürlich kein Ersatz hierfür. Art. 143 des österreichischen Bundesverfassungsgesetzes bestimmt für die Ministeranklage usw., daß der Verfassungsgerichtshof allein zuständig ist, wenn der Anklagetatbestand auch strafgerichtlich zu verfolgen ist; der Verfassungsgerichtshof ist also zugleich das ausschließlich zuständige Strafgericht.

[57]) Das gilt auch gegenüber älterem Recht, d. h. für die Frage, ob und wieweit es angesichts der Verfassungen fortgilt. Nur Baden besitzt in Art. 127 eine dem Art. 126 GG entsprechende Vorschrift. Wenn allerdings auf Grund älteren Rechts eine verfassungsrechtliche Kompetenz in Anspruch genommen wird, so kann das zu einer Verfassungsstreitigkeit führen (z. B. wenn der Übergang älterer Zuständigkeiten auf ein Organ des heutigen Verfassungsrechts in Frage steht; Art. 129 GG enthält für diesen Fall besondere Regeln, auch eine geradezu verfassungsrichterliche Kompetenz von Bundesregierung und Bundesrat).

delt; denn z. B. im Strafprozeß ist die Einhaltung des Art. 104 GG allein von den Strafgerichten zu überwachen, im Amtshaftungsprozeß sind nach wie vor die bürgerlichen Gerichte zuständig, auch soweit es sich um Verfassungsvorschriften über die Organisation des Staates und ihre Funktionen oder um materielles Recht wie z. B. um Grundrechte handelt[58]). Ich lasse dabei ganz außer Betracht, daß das Fehlen der Kompetenz zu einem Staatsakt sowieso in der Regel letzten Endes ein verfassungsrechtlicher Mangel, jedoch im Verwaltungsstreitverfahren von den Verwaltungsgerichten zu beurteilen ist. Vor allem ist auch die Auslegung einfacher Gesetze aus dem Inhalt oder Geist der Verfassung den anderen zuständigen Gerichten verblieben[59]). Es stellt also eine Ausnahme dar, daß Art. 100 III GG die Auslegung des GG zentralisiert, insoweit sie von den Verfassungsgerichten der Länder vorgenommen wird, und auch in den Fällen des Art. 93 I Z. 1 GG, beim richterlichen Prüfungsrecht usw. ist die Zentralisierung bei den Verfassungsgerichten begrenzt.

Trotzdem glaube ich, wir können alles in allem anerkennen, daß grundsätzlich kein wesentlicher verfassungsrechtlicher Konflikt allen Ländern entgangen ist, sondern daß wir in den Sachgebieten, die die Länder den Verfassungsgerichten zugewiesen haben, eine erschöpfende Regelung besitzen, jedenfalls bei verständiger Auslegung der allgemeinen Begriffe und partiellen Generalklauseln. Allerdings bedarf es in Einzelheiten einer gesetzlichen Anpassung der einzelnen Länder aneinander. Schon die grundsätzliche Einheitlichkeit der bisherigen Regelungen in den Ländern stellt einen m. E. überzeugenden Ausdruck der einheitlichen Auffassung vom Wesen der modernen V. bei uns dar, die selbstverständlich unsere heutige relativ einheitliche Rechts- und Sozialordnung zur Grundlage und Voraussetzung hat.

II.

Schon bei den bisherigen Bemerkungen zu den einzelnen Sachgebieten der V. sind wir auf wichtige allgemeine Grenzprobleme gestoßen. Ich behandle nun die allgemeinen Grenzen materiellrechtlicher, danach die verfahrensrechtlicher Art:

---

[58]) Ich verweise z. B. auf die bedeutsame Frage des Mitbestimmungsrechts von Betriebsräten in der öffentlichen Verwaltung bei parlamentarischer Demokratie (vgl. zuletzt meine Besprechung des Urteils des Deutschen Obergerichts f. d. V. Wirtschaftsgebiet vom 8. 2. 1950 I S. 28/49 in Arbeitsrechtl. Praxis 1950 S. 289 und die dort angegebenen Entscheidungen und Abhandlungen).

[59]) Das hessische Ausf.Ges. enthält in § 45 I für gewisse Fälle ein ius evocandi an das Verfassungsgericht. An dieser Stelle sind noch bedeutende Entwicklungen der V. denkbar.

A. 1. Zunächst ist festzustellen, daß nicht nur förmliches Verfassungsrecht eine Kontrolle durch die Verfassungsgerichte begründen kann. In den gesetzlichen Regelungen der einzelnen Sachgebiete ist vielfach bestimmt, daß auch Recht geringeren Ranges geltend gemacht werden und den Spruch tragen kann[1]). Mögen auch in der Regel in der Verletzung solchen Rechts mittelbare Verletzungen von förmlichem Verfassungsrecht oder von ungeschriebenen Verfassungs- oder allgemeinen Prinzipien unserer Rechtsordnung zu sehen sein, so kann das von der Wahlprüfung nicht gesagt werden. Trotzdem kann die Verletzung von Wahlgesetzen sogar Verfassungsstreitigkeiten begründen[2]). Der Grund ist klar: keine Verfassung kann die Einzelheiten des Wahlrechts und Wahlvorgangs selbst regeln. Das geschützte Rechtsgut ist daher nicht die förmliche Verfassung, sondern die verfassungsmäßige Ordnung, zu der gerade an diesem Punkt die komplizierte Bildung des wichtigsten Staatsorgans engstens gehört. Der Begriff der verfassungsmäßigen Ordnung soll jedoch hier nicht weit interpretiert werden, etwa gar im Sinne der Kelsenschen Stufentheorie.

Nun hat der Abgeordnete Kahl im Verfassungsausschuß der Weimarer Nationalversammlung am 3. 6. 1919 für die Verfassungsstreitigkeiten, bei denen diese Frage besonders wichtig ist, ausgeführt, es sei gleichgültig, „ob es sich um einen in der Verfassungsurkunde enthaltenen Satz handelt oder um einen in einem sonstigen Verfassungsgesetze stehenden Satz“[3]). Es bedürfte einer subtilen Analyse der verfassungsgerichtlichen Entscheidungen, um festzustellen, wieweit diese dem Abgeordneten Kahl gefolgt sind und was sie unter „sonstigen Verfassungsgesetzen“ verstanden haben. Triepel hat hierüber im Sinn Kahls eingehende Ausführungen gemacht[4]); auch Jerusalem äußert sich im gleichen Sinn[5]). Trotzdem bedarf dieser Standpunkt der Präzisierung, die wir heute hier nicht im einzelnen durchführen können. Ich möchte annehmen, daß z. B. ein Finanzminister auch Rechte aus einer Haushalts- oder Schuldenordnung geltend machen kann, weil es sich dabei um Rechte handeln kann, die seine materiell-verfassungsrechtliche Stellung

[1]) Z. B. bei der Ministeranklage, soweit auch die Verletzung einfacher Gesetze dafür ausreicht, bei der Richteranklage wegen Rechtsbeugung, bei der Wahlprüfung, die nicht nur auf Grund der wenigen Bestimmungen der Verfassungen über die Wahl, sondern vor allem auch derjenigen des Wahlgesetzes und sogar der Ausführungsverordnungen hierzu durchgeführt wird, bei der Frage der Geltung von Rechtsnormen und beim richterlichen Prüfungsrecht, soweit es sich um die Gesetzmäßigkeit von Verordnungen handelt, usw.

[2]) Vgl. z. B. die Entscheidung des Reichsstaatsgerichtshofs vom 24. 4. 1931 StGH 4/30 in Lammers-Simons Bd. IV S. 257 ff.

[3]) Aktenstück Nr. 391 S. 409.

[4]) Wesen und Entwicklung der Staatsgerichtsbarkeit S. 5 f.

[5]) Die Staatsgerichtsbarkeit S. 118.

betreffen[6]). Grundsätzlich wird jedenfalls der Begriff „Verfassungsstreitigkeiten" im GG und in den Länderverfassungen so zu verstehen sein, wie er sich unter der WRV ausgebildet hatte; in dem Komplex aber, den man als „Verfassungsstreitigkeiten innerhalb des Bundes" bezeichnen kann, hat Art. 93 I Z. 1 GG dem Verfassungsgericht nur die Auslegung des förmlichen Verfassungsrechts übertragen. Auch wenn ein Teil eines obersten Bundesorgans Rechte auf Grund der Geschäftsordnung besitzt, kann er zu ihrer Verteidigung nicht das Verfassungsgericht angehen[7]). Deshalb kommt insoweit in der Tat ausnahmsweise kraft positiver Bestimmung des GG nur die Auslegung förmlichen Verfassungsrechts durch das Verfassungsgericht in Betracht.

Die Kritik, die Carl Schmitt an der verallgemeinernden Gleichstellung alles Verfassungsinhalts als „die Verfassung" ausgesprochen hat[8]), wird man heute angesichts der klaren Entscheidungen unserer Verfassungen über die Zuständigkeiten der Verfassungsgerichte nicht mehr aufrechterhalten können. Eine andere Frage ist die, ob damit die Verfassungsgerichte zu einem Aushilfsmittel gemacht worden sind, das immer dann benutzt wird, wenn ein möglichst nachhaltiger Schutz gewünscht wurde. Ich möchte das nicht annehmen, sondern auch den Gedanken berücksichtigen, daß jede Verfassung den mehr oder minder einheitlichen Charakter einer politischen Lebensordnung trägt, und daß gerade deshalb die Zuständigkeiten der Verfassungsgerichte sich im Zweifel auf den gesamten Verfassungsinhalt erstrecken; hierüber werden wir in Abschnitt III noch zu sprechen haben. Im übrigen liegt es im Sinn der damaligen Kritik Carl Schmitts, daß die Verfassungen es z. T. bei bestimmten Aufgaben der Verfassungsgerichte ausdrücklich nicht auf den gesamten Inhalt, sondern nur auf die „Grundsätze" der Verfassung u. a. m. abstellen.

2. Es kann aber auch ungeschriebenes Verfassungsrecht und es können auch allgemeine verfassungsrechtliche Prinzipien, z. B. das der Bundestreue, Grundlage verfassungsrechtlicher Entscheidungen sein.

---

[6]) Ich möchte dies auch annehmen für solche Bestimmungen eines künftigen Friedensvertrages, die etwa die deutsche Verfassungslage modifizieren. Im Bund selbst könnte freilich Art. 93 I Z. 1 GG entgegenstehen, weil es hiernach auf die Auslegung des GG selbst allein abgestellt ist. Wenn die Stellung des Bundesrats in Frage steht, käme u. U. ein Umweg über Streitigkeiten zwischen Bund und Ländern in Betracht, über den das Verfassungsgericht entscheiden könnte.

[7]) So hätte kürzlich die Fraktion der KPD im Bundestag das Verfassungsgericht nicht mit Erfolg anrufen können, weil ihr Rechte nach der Geschäftsordnung für die Zeit abgesprochen wurden, in der sie durch vorübergehenden Ausschluß von Fraktionsmitgliedern unter die Fraktionsstärke gesunken war.

[8]) Das Reichsgericht als Hüter der Verfassung S. 158.

Hier ist die deutsche Auffassung von der lediglich formellgesetzlichen Bedeutung des Etats zu nennen. § 24 der Reichshaushaltsordnung könnte als einfaches Gesetz durch jedes neue Etatgesetz des Bundes durchbrochen werden[9]). Wenn wir trotzdem annehmen, daß die Begründung von Rechten und Pflichten im Etat unzulässig ist, so legen wir nicht den Willen des Etatgesetzgebers aus, sondern nehmen ein ungeschriebenes Verfassungsverbot an oder fassen das Etatgesetz verfassungsgewohnheitsrechtlich so auf, daß es Rechte und Pflichten gar nicht begründen kann, selbst wenn — scheinbare — Rechtssätze in ihm enthalten sein sollten. Weiter ist der Vorbehalt des Gesetzes zu nennen, soweit er sich darauf bezieht, daß ein förmliches Gesetz nur durch förmliche Gesetze oder gesetzesvertretende Verordnungen abgeändert oder aufgehoben werden darf. Insoweit ist der Vorbehalt des Gesetzes in den Verfassungsurkunden meistens nicht ausgesprochen[10]). Dennoch kann er Grundlage von Entscheidungen der Verfassungsgerichte über die Verfassungswidrigkeit nicht hinreichend ermächtigter Verordnungen sein[11]). Ähnlich steht es mit dem Begriff der „Einheit der Rechtsordnung"; aus diesem Prinzip ergibt sich ein Rechtszustand, der gleichfalls einem Vorbehalt des Gesetzes gegenüber dem Verordnungsgeber unterliegt. Dasselbe gilt von den Grundsätzen für die Auslegung und Geltung von Gesetzen (lex posterior, lex specialis, Kodifikation usw.), die sogar im Rahmen des formellen Verfassungsrechts anzuwenden sind.

Während man für den materiellen Vorbehalt des Gesetzes („Eingriff in Freiheit und Eigentum") heute naturrechtliche Vorstellungen geltend zu machen geneigt ist[12]), kommt für die anderen obenerwähnten Gesichtspunkte nur der allgemeine Teil der Rechtslehre in Frage, für die Bedeutung des Etats nur die Entstehung von Verfassungsgewohnheitsrecht durch unsere besondere Rechtsentwicklung.

Ein weiteres Beispiel der Entscheidung nach ungeschriebenem Verfassungsrecht scheint mir die Beschränkung der Zuständigkeit der Verfassungsgerichte auf öffentlichrechtliche Angelegenheiten zu sein[13]). Sie hat m. E. zur Folge, daß z. B. eine

---

[9]) Vor Inkrafttreten des GG konnten sogar die Länder diese Bestimmung durchbrechen.

[10]) Anders die Badische Verfassung (Art. 90).

[11]) Hierüber immer noch bedeutsam Thoma, Der Vorbehalt des Gesetzes im preußischen Verfassungsrecht, Festgabe für Otto Mayer S. 167 ff.

[12]) Nachdem das GG den materiellen Vorbehalt des Gesetzes aufgenommen hat, spielt diese Frage auch für die Länder keine Rolle mehr; anders stand es vor dem Inkrafttreten des GG, wo Länderverfassungen keinen solchen Vorbehalt enthielten.

[13]) Sie gilt jedenfalls als Grundsatz, auch wo sie nicht ausdrücklich gesetzlich festgelegt ist. In Ausnahmefällen wäre m. E. die Zuweisung privatrechtlicher Zuständigkeiten kraft Sachzusammenhangs denkbar, aber dann aus ganz besonderen Gründen;

Wirkung etwa der verfassungsgerichtlichen Ungültigerklärung eines Bürgschafts- oder Kreditgesetzes[14]) auf zivilrechtlich übernommene Bürgschaften oder kontrahierte Kreditverträge nicht grundsätzlich, sondern allenfalls dann eintreten könnte, wenn die Entscheidung des Verfassungsgerichts „Gesetzeskraft" hat, während dann, wenn „alle Gerichte an die Entscheidung des Verfassungsgerichts gebunden" sind, höchstens eine mittelbare Wirkung auf die zivilrechtliche Lage eintreten könnte, was noch näherer Untersuchung bedarf. Auch bei Art. 135 GG und den Ausf.Ges. dazu erhebt sich die Frage der Öffentlichrechtlichkeit eines Streits um das Vermögen. Wird hiernach Eigentum geltend gemacht, so sind scheinbar die ordentlichen Gerichte zuständig; handelt es sich um Forderungen, so wäre nach ihrer öffentlichrechtlichen oder privatrechtlichen Begründung zu unterscheiden. Ich kann mich jedoch mit der zivilrechtlichen Behandlung nicht befreunden, sondern neige zu der Annahme, daß — selbst soweit etwa Art. 135 GG oder ein Ausf.Ges. dazu das Eigentum ipsa lege begründen — doch aus dem Gesichtspunkt der „Staatennachfolge", der „öffentlichen Sache" sowie der „Fortsetzung der Verwaltungsaufgaben" eine öffentlichrechtliche Streitigkeit vorliegt, daß also ähnlich wie bei Bereicherung aus öffentlichrechtlichen Vorgängen der Rechtsweg vor den ordentlichen Gerichten mit inzidenter Entscheidung über die öffentlichrechtlichen „Vor"-Fragen unzulässig wäre. Dann aber sind innerhalb eines Landes die Verwaltungsgerichte zuständig, falls vor ihnen auch Parteistreitigkeiten ausgetragen werden können, und subsidiär evtl. das Bundesverfassungsgericht nach Art. 93 I Z. 4 GG[15]); zwischen Bund und Ländern oder zwischen verschiedenen Ländern ist mangels einer Bundesverwaltungsgerichtsbarkeit für Parteistreitigkeiten[16]) nur das Bundesverfassungsgericht zur Entscheidung berufen. Art. 93 I Z. 4 GG bestätigt also für die dort behandelten Spezialfälle nur die allgemeine ungeschriebene Regel, daß die Verfassungsgerichte allein in öffentlichrechtlichen Angelegenheiten entscheiden.

---

ich denke etwa an vermögensrechtliche Differenzen zwischen Ländern oder Bund und Ländern usw., die autoritativ, jedoch ohne hinreichende inhaltlich bestimmte Rechtsgrundlage „entschieden" werden sollen, so daß das richterliche Ermessen eine große und auch politisch bedeutende Rolle spielt. Wenn es sich um die Abwicklung öffentlich-rechtlicher Vorgänge handelt, wie bei Änderungen der Ländergrenzen usw., wird auch die vermögensrechtliche Differenz als öffentlich-rechtlich zu betrachten sein (vgl. Art. 18 VII WRV).

[14]) Art. 115 GG und Parallelvorschriften der Länderverfassungen.

[15]) Über die Frage, ob die Zuständigkeit des Bundesverfassungsgerichts nach Art. 93 I Z. 4 GG über den Rahmen der V. i. m. S. hinausgehen kann, vgl. Abschnitt II unter B 1.

[16]) Sie wird in diesen Fällen nicht durch die subsidäre Zuständigkeit der ordentlichen Gerichte nach Art. 19 IV GG ersetzt, weil keine Rechtsverletzung durch die öffentliche Gewalt vorliegt, sondern ein echter Parteienstreit zweier Träger öffentlicher Gewalt.

3. Über die Grenzen der V. auf dem Gebiet völkerrechtlicher Regeln möchte ich nur bemerken, daß eine Übertragung von Hoheitsrechten nach Art. 24 GG diesen den Charakter deutscher Hoheitsrechte nimmt. Hier kann zwar die Übertragung selbst, etwa die Frage, ob der Bund nach Art. 24 GG auch über ausschließliche Länderhoheitsrechte verfügen darf, oder ob eine Übertragung auch durch Gesetz gemäß Art. 81 GG zulässig ist, geprüft werden. Die Organe und Akte der einmal gültig geschaffenen zwischenstaatlichen Einrichtungen sind aber nicht mehr Gegenstand deutschen Verfassungsrechts und deutscher V.[16a]), wie auch die Verwaltungsgerichtsbarkeit nach Art. 19 IV GG gegen Verwaltungsakte z. B. eines Zollvereins entfallen würde. Fraglich und von der näheren Regelung abhängig kann allerdings sein, ob nicht die Handlungen eines deutschen Ministers in internationalen Organen einer Ministeranklage unterliegen, weil der Minister dort gerade als Vertreter Deutschlands tätig ist. Diese Frage würde m. E. im Zweifel zu bejahen sein, wenn es eine Ministeranklage im Bund gäbe, und ist im Zweifel zu bejahen für die Anklage gegen den Bundespräsidenten nach Art. 61 in Verb. m. Art. 59 GG.

4. Aus der Natur und dem Gegenstand des Konflikts kann sich ergeben, daß die Verfassungsgerichte unabhängig vom einfachen Gesetz und abhängig nur von der Verfassung sind, ihre Entscheidung also auch nur ihr entnehmen können. Dort, wo es sich um die Unabänderlichkeit von Teilen oder Grundsätzen der Verfassung handelt, beschränkt sich die Bindung evtl. sogar auf diesen Unabänderlichkeitssatz und die von ihm umfaßten Bestimmungen und Grundsätze, besteht also bei Ausübung des richterlichen Prüfungsrechts nicht einmal gegenüber dem Verfassungsgesetzgeber selbst eine Bindung, der das verfassungsändernde Gesetz beschlossen hat. Dabei wird das Verfassungsgericht das Unabänderlichkeitsprinzip weitgehend erst konkretisieren und also den Umfang seiner Bindung selbst bestimmen müssen, wenn jenes Prinzip allgemeine Begriffe verwendet oder auf sie verweist; das wird uns in Abschnitt III noch beschäftigen.

Für das Völkerrecht ergibt sich noch die besondere Frage, ob der in Art. 25 S. 2 GG bestimmte Vorrang vor dem Bundesrecht auch gegenüber Art. 79 I (Abänderlichkeit des GG) gilt, so daß auch Art. 25 selbst unabänderlich wäre. Das scheint nicht beabsichtigt zu sein. Kann nun dem Bundesverfassungsgericht die Freiheit und Pflicht der Entscheidung, ob eine völkerrechtliche Regel eine allgemeine ist und welchen Inhalt sie hat, dadurch abgenommen werden, daß hierüber eine völker-

---

[16a]) Wichtige Teile des für uns geltenden „Verfassungsrechts" können so der V. entzogen werden.

rechtliche Entscheidung ergeht, die entweder allgemein anerkannt wird oder auf Grund innerstaatlichen Rechts oder partikulären oder allgemeinen Völkerrechts allgemein anzuerkennen ist? Diese Fragen sind vielschichtig, können aber m. E. nicht grundsätzlich verneint werden. Sicher scheint mir zu sein, daß auch völkerrechtliche Entscheidungen selbst allgemeine Regeln des Völkerrechts darstellen können. Auch eine ältere Entscheidung eines deutschen Verfassungsgerichts, die Gesetzeskraft oder Geltung für jedermann hat, muß m. E. hinter einer jüngeren allgemeinen völkerrechtlichen Regel zurücktreten, weil nur dies dem in Art. 25 ausgedrückten Prinzip entspricht.

5. Bindungen der Verfassungsgerichte können sich auch ergeben aus Staatspraxis oder Verfassungswandlung. Ich will dies hier nur erwähnen, um darauf im Abschnitt III im Zusammenhang mit der geradezu verfassungsgestaltenden Funktion der Verfassungsgerichte einzugehen, die sich aus der zwangsläufigen Allgemeinheit der Verfassungsvorschriften und aus den Grenzen der Normierbarkeit auf diesem Gebiet ergibt.

6. Bedeutsam ist die Frage des Verhältnisses der Revolution zur V.: Werden die Verfassungsgerichte durch die Revolution beseitigt oder selbst neu rechtlich fundiert, so ist die Problematik gering. Dagegen ist die Wirkung der „normativen Kraft des Faktischen" bei näherer Betrachtung außerordentlich problematisch. Normalerweise wird ein Gericht hierzu erst nach einigermaßen endgültigem tatsächlichem Abschluß der revolutionären Ereignisse Stellung zu nehmen haben; ein Verfassungsgericht jedoch ist mitten in den Gang der Ereignisse selbst gestellt, gar wenn es, wie gemäß Art. 48 III der Bayerischen Verfassung, gegen Einschränkungen oder Aufhebungen von Grundrechten bei drohender Gefährdung der öffentlichen Sicherheit und Ordnung „innerhalb einer Woche wenigstens eine vorläufige Entscheidung zu treffen" hat[17]). In jedem Fall muß es zu dem hochpolitischen Ereignis unausweichlich Stellung nehmen. Dann würde der Satz von der normativen Kraft des Faktischen noch weiter präzisiert werden müssen, weil er in seiner allgemeinen Formulierung noch keine genügende Begrenzung der zeitlichen Existenz des bisherigen Verfassungszustands ergibt, dessen Bestandteil auch die Institution der V. selbst ist und mit dem sie — je nach der Tendenz der Revolution — steht und fällt. Die „Revolution als Rechtsproblem" ist daher auch ein wichtiges Problem der Begrenzung

[17]) Auch Entscheidungen nach Art. 21 GG können unaufschiebbar sein, bes. wenn Wahlen — auch nur in einem Lande — bevorstehen.

der V. Es fragt sich vor allem, wie es mit dem Sieg der Revolution in einem Teilgebiet des Landes steht, welche Dauer der revolutionären Herrschaft und welcher Grad der Anerkennung verlangt wird. Wenn ein längerer revolutionärer Kampf stattfindet, soll es dann auf einen einheitlichen Stichtag für die Anerkennung ankommen oder auf eine partielle Anerkennung für Teilgebiete des Landes, je nach der Ausdehnung der revolutionären Herrschaft, wie das etwa in Spanien mit dem Franco-Regime der Fall war? Wenn es sich erweisen sollte, daß eine weitere Präzisierung der „normativen Kraft des Faktischen" nicht möglich ist, so wäre in einer revolutionären Situation möglicherweise eine äußerste Grenze aller V. gegeben, die von grundsätzlicher Bedeutung für die Würdigung des gesamten Instituts als eines Versuchs der Sicherung der Verfassung bis zur Grenze des Möglichen ist.

Dabei werfen die Verfassungen, die ein Widerstandsrecht und eine Widerstandspflicht kennen[18]), noch eine besondere, aber grundsätzliche Frage auf: Muß das Widerstandsrecht als ein Menschenrecht, mindestens wenn es sich gegen einen revolutionären Zustand richtet, der die Menschenrechte selbst nicht anerkennt, nicht die verfassungsrechtliche Leugnung der normativen Kraft des Faktischen überhaupt bedeuten? Das Land Hessen zieht diese Konsequenz und geht sogar noch darüber hinaus, indem es die Widerstandspflicht zugunsten des bestehenden Verfassungszustandes verkündet, ohne Rücksicht auf den inneren Gehalt der Revolution: Art. 146 I statuiert für jedermann die Pflicht, „mit allen ihm zu Gebote stehenden Kräften für den Bestand der Verfassung einzutreten"; Art. 147 I erklärt: „Widerstand gegen verfassungswidrig ausgeübte öffentliche Gewalt ist jedermanns Recht und Pflicht"; Art. 148 fordert, daß „alle, die sich beim Umsturz oder danach (!) einer Verletzung der Verfasung schuldig gemacht haben, zur Rechenschaft gezogen werden, sobald der verfassungswidrige Zustand wieder beseitigt ist". Die hessische Verfassung verlangt damit auch für ihren organisatorischen Teil Respekt und Verteidigung von jedermann, auch während einer revolutionären Zwischenherrschaft. Aus ihrem ausdrücklichen Wortlaut „Sollte die Verfassung durch revolutionäre Handlungen ihre tatsächliche Wirkung auf kürzere oder längere Zeit (!) verlieren ..." und aus der deutlichen Tendenz gegenüber dem Nationalsozialismus ergibt sich, daß selbst jahrelanger Widerstand verlangt wird. Diese Bestimmung möchte ich für eine Konsequenz des Widerstandsrechts halten, die mit jeder vor- oder überstaatlichen

[18]) Bremen (Art. 19), Hessen (Art. 146 I, 147 I u. 150 II), Berlin (Art. 23 III), auch Brandenburg (Art. 6 II) und die Ostzone (Art. 4 I); Hessen und Bremen haben sogar eine Widerstandspflicht; ein partielles Widerstandsrecht findet sich in Baden (Art. 126).

Auffassung der Menschenrechte verbunden ist[19]), wenigstens sofern der revolutionäre Zustand nicht seinerseits die gleiche Gewähr der Menschenrechte bietet. Das aber bedeutet nicht nur, daß die normative Wirkung des Faktischen verhütet, sondern daß sie überhaupt geleugnet werden soll, in Hessen sogar ohne Rücksicht auf die Frage der Menschenrechte; denn eine „längere" Zeit der Unwirksamkeit der bisherigen Verfassung kann — so deutlich abgestellt auf die jüngste deutsche Vergangenheit — nur im Hinblick auf eine tatsächlich durchgesetzte Zwischenherrschaft vorgesehen sein; sonst wäre Art. 148 neben der Widerstandspflicht des Art. 147 fast ohne Bedeutung. Damit aber werden auch die Verfassungsgerichte ebenso wie jedermann zum echten Kampf für die alte Verfassung verpflichtet. Diese Verpflichtung ist mit der Androhung verbunden, selbst dann zur Rechenschaft gezogen zu werden, wenn keine echte Wiederherstellung des ursprünglichen Verfassungszustands eintritt, sondern sich ein neuer Verfassungszustand herausbildet, der nur eine grundsätzliche Anknüpfung an den ursprünglichen Zustand darstellt, wenn der Umsturz also nicht niedergeschlagen, sondern in anderer Weise überwunden wird.

Ich wage heute nicht zu entscheiden, ob der hessische Verfassungsgeber damit die Grenzen alles möglichen Verfassungsrechts überschritten hat, oder ob wir hier in eine Periode von tiefer, von menschenrechtlich fundiertem staatstheoretischem und verfassungsrechtlichem Denken eintreten. Jedenfalls läßt sich nicht verkennen, daß diese Sondervorschrift ebenso wie die anderen Unabänderlichkeitsklauseln heutiger Verfassungen und alle Auffassungen von der vor- oder überstaatlichen Natur der Menschenrechte der Ausdruck der Idee sind, daß Demokratie und Menschenrechte zusammengehören und daß sie beide nicht nur kraft positiven Verfassungsrechts gelten, sondern für uns unter allen Umständen in Anspruch genommen werden und genommen werden müssen, wie auch immer die tatsächliche Machtlage sei, weil sie allein der „ewigen" Natur des Menschen entsprechen[20]). Drückt der Gedanke eines Widerstands-

---

[19]) Ich stimme in dieser Hinsicht völlig Heyland zu, der (Das Widerstandsrecht des Volkes S. 115, ähnlich schon S. 4) sagt: „Daß zu dem in den deutschen Ländern nunmehr geltenden Naturrecht auch ein dem Art. 147 HV entsprechender Rechtssatz gehört, kraft dessen für jedermann ein Widerstandsrecht, verbunden mit Widerstandspflicht gegen Verfassungsbruch besteht, ist nicht in Zweifel zu ziehen". Er betrachtet deshalb auch selbst diese Vorschrift als „lediglich deklaratorisch". Aber er spricht nur von Art. 147, nicht von Art. 148 der hessischen Verfassung.

[20]) Die Frage reicht bis in die Kulturphilosophie, Ethik und Religion; sie hat auch in früheren Jahrhunderten ihre große Rolle gespielt. Die neueren Untersuchungen werden der Tiefe der Problematik für unsere Zeit m. E. noch nicht immer gerecht. Rechtlich geht es um die Frage, ob auch die freiheitliche Demokratie naturrechtlich begründet werden kann, ob sie eine besondere Legitimation in unserer Zeit besitzt. Wir beziehen die Fragestellung oft nur auf die Freiheit in der Demokratie,

rechts zur Verteidigung der Menschenrechte einen idealistischen Glauben an das Individuum aus, der nicht nur mit dem Gedanken des „irrenden Gewissens"[21]), sondern auch mit dem Bewußtsein der Bedeutung geschichtlicher Entwicklung und aller ihrer Schwierigkeiten in Einklang gebracht werden muß, so kann die Grundlage der hessischen Widerstandspflicht zugunsten der freiheitlichen Demokratie, also auch der Demokratie an sich, und zwar in der konkreten Ausprägung der hessischen Verfassung, nur auf einem fast überwältigenden Glauben an die Evolutionsfähigkeit der freiheitlichen Demokratie beruhen, von dessen Boden aus jede Revolution als Unrecht auch im Sinne der Menschenrechte erscheint. Ein solcher Glaube ist nur möglich, wenn wir mit dieser Evolutionsfähigkeit völlig Ernst machen; er bleibt auch dann eine Kühnheit, die an die Zeit der französischen Revolution erinnert, die aber heute — wie stets, wenn eine politische Forderung in das Stadium ihrer Realisierung eingetreten ist — nur durch die höchst lebendige Verpflichtung gerechtfertigt werden kann, die Menschenrechte unter den sich wandelnden Notwendigkeiten der Zeit so weit zu verwirklichen, wie das jeweils irgend möglich ist. Dieser Standpunkt ist nur denkbar im klaren Bewußtsein der Gewissenspflicht des Staatsmannes auch bei der Abwägung zwischen einer Erhaltung des Bestehenden in Staat und Gesellschaft und einer Gestaltung des Neuen, das die Unzulänglichkeit der Gegenwart und das Wohl der Zukunft von ihm fordert. In den Verfassungen kann dies nur mit allgemeinen, der aktuellen Konkretisierung bedürftigen Formeln, wie der vom „sozialen Rechtsstaat" oder von der „sozialen Gerechtigkeit" umrissen werden. Die Verbindlichkeit solcher Programme wird durch das Widerstandsrecht und die Widerstandspflicht also besonders unterstrichen. Sie besteht aber nicht nur für den Staatsmann, sondern für jedes Staatsorgan, für die Parteien und für jedermann. Wir werden in Abschnitt III sehen, daß auch die Verfassungsgerichte in diese Situation gestellt sind, weil ihnen ein großer Teil der Konkretisierung des Verfassungsrechts aufgetragen ist, mindestens insofern es von ihnen abhängt, wieweit neuen Gestaltungen durch Gesetzgeber und Regierung Raum gegeben wird oder nicht.

B. Auch von den allgemeinen verfahrensrechtlichen Grenzen der V. können im Rahmen dieses Referats nur einige behandelt werden:

---

aber nicht auf die demokratische Organisation selbst und auf die Verknüpfung der Freiheit mit der Demokratie und umgekehrt. Daß es in der letzten Hinsicht nicht genügt, wenn der demokratische Staat die Freiheit zu verwirklichen, aber damit auch maßgeblich zu bestimmen unternimmt, scheint mir offenbar.

[21]) Welzel, Vom irrenden Gewissen.

1. Mit den Sachgebieten der V. hängt die Zulässigkeit des Verfassungsrechtswegs unmittelbar zusammen. Hier ist vor allem die Abgrenzung zwischen der Verwaltungs- und Verfassungsgerichtsbarkeit bedeutsam[22]). Ein besonderes Problem besteht in dem Nebeneinander der Art. 19 IV und 93 I Z. 4 GG. Die letzte Vorschrift begründet nur eine subsidiäre Zuständigkeit des Bundesverfassungsgerichts. Jedoch läßt ihre Formulierung offen, ob dieses Gericht hiernach auch in verwaltungsrechtlichen Streitigkeiten zu entscheiden hat. Wäre es so, würde es in alle Lücken eintreten, die in der Verwaltungsgerichtsbarkeit nach Art. 19 IV GG oder sonstigen Gesetzen hierüber, die etwa einen weitergehenden Rechtsschutz gewähren, offen gelassen sind. Wir beschränken unsere Betrachtung auf Art. 19 IV GG. Klagen wegen Unterlassung eines Verwaltungsakts kommen allerdings, soweit Unterlassung der Ablehnung gleichgestellt wird[23]), nicht in Betracht; wie steht es aber mit Feststellungsklagen bei erst drohender Rechtsverletzung und vor allem mit Parteistreitigkeiten des Verwaltungsrechts?

Nach meiner Ansicht soll Art. 93 I Z. 4 GG kein Einrücken des Bundesverfassungsgerichts in solche Lücken der Verwaltungsgerichtsbarkeit bewirken, ist überhaupt der Rechtsschutz des Bürgers nicht sein Gegenstand. Verfassungsgerichte sind grundsätzlich nur für V. i. m. S. bestimmt, und der Verwaltungsrechtsschutz des Bürgers gehört nicht hierzu, soweit nicht Verfassungsbeschwerde zugelassen ist, weil der Bürger als solcher nicht Verfassungsorgan und im Zweifel vor Verfassungsgerichten nicht parteifähig ist, jedenfalls nicht nach Art. 93 I Z. 4 GG. Soweit das GG die Verwaltungsgerichtsbarkeit regeln wollte, ist das in Art. 19 IV GG geschehen, und zwar erschöpfend. Was dort nicht gewährt ist, darf nicht aus Art. 93 I Z. 4 hergeleitet werden. Das Bundesverfassungsgericht ist kein Verwaltungsgericht erster und einziger Instanz[24]). Eine andere Lösung wäre übrigens auch mit der grundsätzlichen Konstruktion unserer Gerichtsbarkeit als Aufgabe der Länder kaum noch vereinbar.

Anders dürfte es stehen, soweit Bund und Länder oder Länder untereinander streiten. Solche Streitigkeiten

---

[22]) Genzmer führt im Hb. d. d. St. R. Bd. II S. 509 aus, „daß wir einstweilen noch keine scharfe Grenzlinie, sondern nur einen Grenzstreifen festlegen können, innerhalb dessen die genaue Grenze durch die Wissenschaft und Rechtsanwendung noch gezogen werden muß". Diese Feststellung nach dem Versuch Genzmers, den materiellen Unterschied zwischen Verfassungs- und Verwaltungsgerichtsbarkeit zu bestimmen, zeigt, daß es volle Klarheit über das Wesen der beiden Gerichtsbarkeiten noch nicht gab. Durch das Nebeneinander der beiden Bestimmungen in Art. 19 IV und in Art. 93 I Z. 4 GG ist dieses Problem noch dringender geworden.

[23]) In Bremen bestimmt das Art. 141 ausdrücklich.

[24]) Ebenso z. B. Friesenhahn in Festschr. f. Thoma S. 59.

sind nicht nur nach ihrer Bedeutung leicht „politisch“, sondern können auch selten nur verwaltungsrechtlich betrachtet werden. Vielmehr wird oft — und das wird sich keineswegs bei Einleitung des Verfahrens voraussehen lassen — der Gedanke der Freundlichkeit und des Respekts vor dem anderen Staat und vor seiner Betätigung eine wichtige Rolle spielen. Regelmäßig wird sich die Entscheidung deshalb nicht auf bloßes Verwaltungsrecht stützen können, sondern auch das Bundesverfassungsrecht, das im Bundesstaat geltende Völkerrecht usw. mit heranziehen und aus dem allgemeinen Bundesverhältnis argumentieren müssen. Auch darf ein solcher Streit im Bundesinteresse selbst nicht unentschieden, d. h bei unseren Auffassungen nicht ohne richterliche Entscheidung bleiben, nur weil etwa die Verwaltungsgerichtsbarkeit unzureichend ausgebildet ist. Handelt es sich um das Verhältnis der öffentlichen Gewalt des einen Staats zum Fiskus des andern, so wird zunächst der Verwaltungsrechtsweg und subsidiär im Rahmen des Art. 19 IV GG der ordentliche Rechtsweg für eine Anfechtungsklage offenstehen. In die Lücken des Art. 19 IV GG oder der sonstigen verwaltungsrechtlichen Gesetze aber, so für Feststellungsklagen bei erst drohender Rechtsverletzung, wird das Bundesverfassungsgericht nach Art. 93 I Z. 4 GG eintreten. Das wäre unter der WRV m. E. anders gewesen, wenn man der Ansicht von Poetzsch-Heffter folgt[25]). Dieser stützte sich auf den Wortlaut des Art. 19 WRV, der von „Streitigkeiten nicht privatrechtlicher Art“ sprach, nicht von „nicht privatrechtlichen Streitigkeiten“. Art. 93 I Z. 4 GG jedoch gebraucht die mit der letzten Formulierung identischen Worte „öffentlichrechtliche Streitigkeiten“. Sie lassen die hier vertretene Auslegung zu, die sich aber nicht nur auf den Wortlaut stützt, sondern auch auf die Notwendigkeit rechtlicher Erledigung solcher Streitigkeiten und auf das verfassungsrechtliche Verhältnis, das fast immer hineinspielen wird. Diese Gründe gelten in erhöhtem Maße für Parteistreitigkeiten, selbst wenn sie verwaltungsrechtlicher Natur zu sein scheinen. Hier kann es sogar fraglich sein, ob der Gerichtsstand vor dem Verwaltungsgericht des einen oder andern Landes begründet wäre, und dann kann evtl. keins von beiden Ländern verlangen oder erzwingen, daß das andere vor seinen Gerichten Recht nimmt[26]). Bei Parteistreitigkeiten des öffentlichen Rechts zwischen Ländern oder zwischen Bund und

---

[25]) Vgl. Poetzsch-Heffter, Handkommentar der Reichsverfassung, 3. Aufl. Anm. 4 b zu Art. 19.

[26]) Wenn mehrere Länder sich zum gemeinsamen Betrieb einer Anstalt in der Weise verpflichtet haben, daß das eine die Anstalt finanziert und die anderen ihm Zuschüsse zahlen, so kann der Gerichtsstand der belegenen Sache ergeben, in welchem Land eine Parteistreitigkeit hierüber von den Verwaltungsgerichten zu entscheiden ist. Die Anstalt braucht aber in keinem der Länder belegen zu sein!

Ländern steht jedenfalls stärker als bei Feststellungsklagen zwischen der öffentlichen Gewalt des einen Staates und dem Fiskus des andern die Bundesstruktur und das Bundesverhältnis selbst in Frage. Deshalb dürfte es richtig sein, sie nur ausnahmsweise bei klarer verwaltungsgerichtlicher Zuständigkeit und klarer Begrenzung auf die Materie des Verwaltungsrechts vor die Verwaltungsgerichte zu bringen, im übrigen aber in ihnen einen Konflikt nach Bundesverfassungsrecht zu sehen und sie demgemäß nach Art. 93 I Z. 4 GG durch das Bundesverfassungsgericht entscheiden zu lassen[27]). So ähnlich war es auch unter der WRV, wo Art. 19 WRV Parteistreitigkeiten zwischen Reich und Ländern oder zwischen Ländern stets der Judikatur eines Gerichts des Reichs unterwarf, praktisch beim Fehlen eines Reichsverwaltungsgerichts also der Judikatur des Reichsstaatsgerichtshofs. Heute ist die Verwaltungsgerichtsbarkeit der Länder besser ausgebaut und deshalb mag die Streitentscheidung durch ein Landesverwaltungsgericht gelegentlich möglich sein. Soweit das aber nicht der Fall ist, muß m. E. hier das Bundesverfassungsgericht entscheiden[28]).

Ich bin der Ansicht, daß sich so eine grundsätzlich befriedigende Abgrenzung zwischen Verwaltungs- und Verfassungsgerichtsbarkeit, zwischen Art. 19 IV und Art. 93 I Z. 4 GG erzielen läßt, und zwar auf der Basis des Begriffs der V. i. m. S., für die Art. 93 I Z. 4 allein bestimmt ist.

Nur zur Klärung sei noch eingegangen auf die Verfassungen der Länder Bayern (Art. 60) und Bremen (Art. 140). Dort ist von der Zuständigkeit der Verfassungsgerichte für „staatsrechtliche" Fragen die Rede. Jedoch ergibt eine nähere Prüfung, daß Bayern wie Bremen trotzdem die Zuständigkeit ihrer Verfassungsgerichte auf V. i. m. S. begrenzt haben, Bremen sogar in ganz besonderem Maße[28a]). Selbst in diesen beiden Ländern kommen also nicht etwa Verwaltungsakte, die nach Staatsrecht vorgenommen werden, wie z. B. im Staatsangehörigkeitsrecht, vor die Verfassungs- statt vor die Verwaltungsgerichte[29]).

2. Abgesehen von den wenigen Fällen „ursprünglicher" V. haben die Verfassungsgerichte die obersten Staatsorgane und

---

[27]) Damit schließe ich die Entscheidung durch ein Schiedsgericht nicht aus; vgl. unten Abschnitt II unter B 6.

[28]) A. A. wohl Friesenhahn in Festschr. f. Thoma S. 68, der eher als ich anzunehmen scheint, daß zwischen Bund und Ländern oder zwischen Ländern reine verwaltungsrechtliche Streitigkeiten vorliegen können.

[28a]) Vgl. allerdings unten S. 80 und Anm. 56.

[29]) Selbstverständlich ist damit über die etwa besonders zugelassene Verfassungsbeschwerde nichts gesagt (vgl. Abschnitt I unter B 9). Hessen stellt es deshalb in § 22 seines Gesetzes über die Verwaltungsgerichtsbarkeit deutlicher nicht auf „Staatsrecht", sondern auf die „in den Bereich der Staatsgerichtsbarkeit fallenden" Angelegenheiten ab.

die sonstigen Verfassungsfaktoren[30]) erst nachträglich zu kontrollieren. Jedoch sind Freistellungen von solcher Kontrolle in mancherlei Formen denkbar. Obwohl sie nicht alle verfahrensrechtlicher Art sind, sollen sie an dieser Stelle im Zusammenhang behandelt, freilich nicht erschöpft werden. Ich gehe daher jetzt zu folgenden Punkten über:

allgemeine Fragen der Ermessensfreiheit und daraus folgender Ausschluß des Verfassungsrechtswegs;

besondere Vergrößerung der Ermessensfreiheit für einzelne Materien verfassungsrechtlicher Betätigung;

völlige Ermessensfreiheit für bestimmte Entscheidungen oder Möglichkeit, durch Erklärung zum „Regierungsakt" für jede Entscheidung völlige Freiheit von der Nachprüfung zu bewirken;

Sollvorschriften;

Begrenzung der verfassungsgerichtlichen Kontrolle auf bloße Auslegung;

Ausschluß verfassungsgerichtlicher Tatsachenfeststellung durch Gewährung bloßer Rechtsbeschwerde;

endgültige Entscheidung durch nichtrichterliche Instanzen.

Das Verfassungsrecht kennt häufiger als das Verwaltungsrecht besonders hohe Grade der Ermessensfreiheit; denn Handeln im Bereich des Verfassungsrechts beruht oft auf besonders „politischen" Entscheidungen oder hat sie selbst zum Inhalt. Der Wille von Verfassungsorganen konkretisiert erst im Einzelfall den Staatswillen mit großer Freiheit, weil eine allgemeine und inhaltlich bestimmte Regelung im voraus nicht angebracht oder möglich erscheint. Innerhalb dieser breiten Sphäre des Ermessens muß die verfassungsgerichtliche Kontrolle ausgeschlossen sein. Die Beurteilung einer Rechtsbeugung bei Richteranklage unterscheidet sich allerdings in dieser Hinsicht nicht von der Beurteilung bei strafgerichtlicher Verfolgung, die Beurteilung des Ermessensgebrauchs einer Verwaltungsbehörde bei Verfassungsbeschwerde nicht von der Beurteilung bei verwaltungsgerichtlicher Anfechtungsklage. Aber es ist selbst auf dem gleichen Sachgebiet der V., etwa bei der Verfassungsbeschwerde, ein Unterschied zu machen zwischen der Ermessenskontrolle z. B. gegenüber einem Verwaltungsakt, gegenüber einer Rechtsverordnung zur Ausführung eines Gesetzes, gegenüber einer Rechtsverordnung auf

[30]) Über den Begriff „Verfassungsfaktoren" vgl. Abschnitt II unter B 4. Ich verstehe darunter neben den Verfassungsorganen des Staats vor allem die Parteien.

Grund eines Ermächtigungsgesetzes und gegenüber einer „Notverordnung“ oder einem Gesetz. Rechtswissenschaft und Rechtsprechung haben schon unter der WRV über das Ermessen des Gesetzgebers[31]) und der Regierung z. B. bei Notverordnungen[32]) Grundsätze entwickelt, die wir auch heute anwenden können. Prinzipiell bedenklich wäre es nur, wenn die Verfassungsgerichte aus der Ausdehnung ihrer sachlichen Zuständigkeiten folgern würden, daß es im Sinn der Verfassungen läge, wenn sie nun auch noch diese bekannten Grundsätze der Ermessensprüfung inhaltlich verschärften. Das wäre ein logischer Fehlschluß und würde auch zu einer Einengung unserer Verfassungsorgane führen, die nicht einmal in Zeiten ungefährlich wäre, in denen wir eine relativ stetige und nicht wie heute eine relativ rasche Entwicklung unserer politischen und sozialen Verhältnisse erwarten könnten. Es wäre vielleicht das beste Mittel, die V. selbst zu gefährden. Wenn also auch umfassende neue Sachgebiete der verfassungsgerichtlichen Kontrolle unterstellt sind, so sind doch nicht außerdem noch die Grundsätze für die Ausübung dieser Kontrolle verschärft, sind m. a. W. Gesetzgeber, Regierungen usw. nicht doppelt an den Zügel genommen. Ich erwähne das besonders, weil der Reichsstaatsgerichtshof auf Grund seiner speziellen Aufgabe gegenüber Notverordnungen ein weitergehendes Prüfungsrecht in Anspruch genommen hat, als anderen Gerichten konzediert wurde. Das scheint mir grundsätzlich berechtigt zu sein; jedoch sind gerade für Verfassungsgerichte die Grundsätze ihrer Ermessensprüfung hinreichend geklärt und dürfen nicht weiter verschärft werden.

Zu dem gleichen Ergebnis komme ich für die Zubilligung besonderer Ermessensfreiheit für bestimmte Verwaltungs- oder Regierungszweige oder -maßnahmen, etwa für die auswärtige Politik oder für Maßnahmen nach Art. 91 GG. Es mag fraglich sein, ob § 5 Z. 2 des Reichsbeamtenhaftungsgesetzes von 1910 noch fortgilt, oder ob man hier einen allgemeinen Rechtsgedanken finden kann, der bei Verfassungsbeschwerden usw. sinngemäß herangezogen werden kann; jedenfalls ergibt sich aus der Natur der auswärtigen Politik und aus einer Abwägung des Ranges der Rechtsgüter ein gewichtiges Argument für die Aufrechterhaltung der aus Rücksichten auf die auswärtige Politik getroffenen Maßnahmen. Dies kann m. E. sogar gegen-

---

[31]) Vgl. z. B. Entscheidung des Reichsstaatsgerichtshofs vom 17. 2. 1930 StGH 12/28, Lammers-Simons Bd. IV S. 131 ff., bes. S. 139.

[32]) Vgl. z. B. die Entscheidungen des Reichsstaatsgerichtshofs zu Art. 55 der Preußischen Verfassung von 1920, etwa vom 25. 4. 1931 StGH 6/30, Lammers-Simons Bd. IV S. 158 ff., und die dort S. 164 weiter angeführten Entscheidungen, bes. die vom 23. 3. 1929 StGH 8/28, Lammers-Simons Bd. II S. 51 ff.

über einzelnen Grundrechten in Betracht kommen[33]). Der Ausweg ist dann evtl. durch Entschädigung, notfalls unter Heranziehung der Aufopferungslehre zu ziehen. Im übrigen kann auch Völkerrecht für die Aufrechterhaltung solcher Maßnahmen, die aus Rücksichten der auswärtigen Politik entspringen, in Betracht kommen, etwa die Prinzipien der Repressalie oder der Retorsion[33a]). Bei Art. 91 GG werden wir etwa mit den zu Art. 48 WRV entwickelten Grundsätzen zu arbeiten haben, weil es sich um eine Situation ähnlicher Art handelt, die nur mit ähnlichen Prinzipien gemeistert werden kann[34]).

Gelegentlich gewähren Verfassungen oder Gesetze den Verfassungsorganen ein völlig freies Ermessen. Im Rahmen des Art. 81 GG handelt es sich allein um mindestens zwei Entscheidungen: die Bezeichnung einer Gesetzesvorlage als „dringlich" und die Bezeichnung der Beschlüsse des Bundestages als „unannehmbar". Die Formulierung „obwohl die Bundesregierung sie als dringlich bezeichnet hat" stellt es eindeutig nur auf die Entscheidung und Erklärung der Bundesregierung ab. Dies und die Materie, um die es sich handelt, schließt eine verfassungsgerichtliche Prüfung dieser Erklärung der Bundesregierung z. B. im Verfahren nach Art. 93 I Z. 1 GG aus. Ähnlich steht es mit der Unannehmbarkeitserklärung: Hier ist allerdings die Formulierung des Art. 81 GG etwas verunglückt; aber vielleicht wird dadurch sogar besonders klar ersichtlich, daß die politische Auffassung der Bundesregierung das letzte Wort in der Sache sein soll[35]). Anders dagegen steht es vielleicht mit der Erklärung des Gesetzgebungsnotstands selbst. Hier ist zu beachten, daß schon die vorhergehende Dring-

---

[33]) Beispielsweise bei der Versagung der Paßerteilung oder der Ausreise gegenüber einem Deutschen. Vgl. ferner die früher bekannten Freiheitsentziehungen während des Besuchs eines fremden Staatsoberhaupts oder Aufenthaltsbeschränkungen in unmittelbarer Grenznähe, wenn Grenzzwischenfälle drohen. Selbstverständlich kann eine Verletzung des Asylrechts durch Auslieferung nicht in Frage kommen, weil dieses Recht sich gerade gegen Maßnahmen aus Rücksichten auswärtiger Politik richtet; hier bedürfte es zunächst des Verfahrens nach Art. 18 GG. Daß in früheren Zeiten mit Maßnahmen aus Rücksicht auf die auswärtige Politik Mißbrauch getrieben worden sein könnte, würde nicht hindern, daß wenigstens bei echten Gefahren für die auswärtige Staatssicherheit mit dieser selbst auch die in diesem Staat gewährleisteten Grundrechte in Gefahr wären. Hier muß also ein besonders freies Ermessen gewährt werden.

[33a]) Kelsen, Justiz und Verwaltung S. 14, sagt m. E. mit Recht, „da es aber Verwaltungsorgane sind, die verfassungsmäßig für die Erfüllung der völkerrechtlichen Verpflichtungen des Staates zuständig und verantwortlich sind, muß eine Einschränkung der richterlichen Unabhängigkeit nach dieser Richtung hin keineswegs als undiskutabel bezeichnet werden". Immerhin spricht Kelsen nur von völkerrechtlichen Pflichten des Staats.

[34]) Zu Art. 48 I WRV vgl. die Entscheidung des Reichsstaatsgerichtshofs StGH 15, 16, 17, 19/32 v. 25. 10. 1932, Preußische Landtagsdrucksache Nr. 1231 der 4. Wahlperiode Sp. 31 und 37.

[35]) Daß der Bundesrat und der Bundespräsident zur Frage der Unannehmbarkeit nicht unmittelbar Stellung nehmen, halte ich für kein Gegenargument.

lichkeitserklärung der Bundesregierung unüberprüfbar ist und im direkten Hinblick auf die Verkündung des Gesetzgebungsnotstands ausgesprochen wird. Dies spricht dafür, daß auch diese Verkündung selbst keiner verfassungsgerichtlichen Kontrolle unterworfen ist[36]). Im übrigen aber gibt der Text des GG in dieser Frage keinen Anhaltspunkt, so daß das Problem noch der speziellen Untersuchung bedarf. Dagegen halte ich es nicht für eine unüberprüfbare Entscheidung, wenn ein Finanzminister ein unvorhergesehenes und unabweisbares Bedürfnis für eine Haushaltsüberschreitung auf Grund einer landesrechtlichen Parallelvorschrift zu Art. 112 GG bejaht. So frei auch diese Ermessensentscheidung sein muß, ist doch eine Ministeranklage wegen Mißbrauchs dieser Befugnis in äußersten Fällen nicht ausgeschlossen.

Die generelle Vorschrift aber, daß jeder Akt ohne Rücksicht auf seinen Inhalt zum „Regierungsakt" erklärt werden kann, wie sie gegenüber der Verwaltungsgerichtsbarkeit in Thüringen im Herbst 1945 geschaffen wurde[37]), wäre mit unseren heutigen rechtsstaatlichen Vorstellungen gemäß Art. 28 GG nicht vereinbar, gleichgültig ob es sich um ein einfaches Bundes- oder um ein Landesgesetz handelt. Auch der Verfassungsrechtsweg könnte auf diese Weise nicht ausgeschlossen werden. Das besagt freilich nicht, daß die Verfassungsgerichte nicht ein besonders hohes Maß freien Ermessens zubilligten, wenn Gesichtspunkte geltend gemacht werden, die zur Anerkennung eines besonderen acte de gouvernement in Wissenschaft und Rechtsprechung geführt haben. Eine eingehendere Untersuchung des acte de gouvernement aber ist nur im Rahmen einer umfassenden Monographie möglich, die sich allerdings mit unserer heutigen V. besonders zu beschäftigen haben würde.

Spezieller Erwähnung bedürfen im Zusammenhang mit der Ermessensfreiheit m. E. die Parteien. Auch ihr Verhalten ist an die Verfassungen gebunden; aber es ergibt sich doch aus ihrem Charakter als Transformatoren der in der Gesellschaft, im Volk vorhandenen Tendenzen in den Staatswillen, daß sie im Zweifel eine besonders freie Rolle zu spielen haben, wo immer sie nach Verfassung oder Gesetz tätig werden. Ich nehme an, daß dies einer der Gründe war, weshalb man das Parteienverbot als einen Fall ursprünglicher V. ausgestaltet hat; denn dadurch ist ein besonderer Schutz gegenüber Eingriffen der

[36]) Der Reichsstaatsgerichtshof hat in der oben Anm. 34 angeführten Entscheidung a.a.O. Sp. 35 mit Recht ausgeführt, er habe zu der Frage der Ermessensprüfung über die Voraussetzungen eines Einschreitens nach Art. 48 II WRV bis dahin nicht Stellung genommen.

[37]) § 126a der Thüringischen Landesverwaltungsordnung i. d. F. vom 26. 11. 1945 Reg.Bl. 1946 S. 53.

Polizei usw. begründet. Ähnlich steht es mit den Fraktionen, wenn sie z. B. die Minister- oder Richteranklage zum Schutze der Verfassung für erforderlich halten, soweit nicht die Maßstäbe hierfür objektiviert und der verfassungsgerichtlichen Beurteilung unterworfen worden sind[38]). Vor allem gilt das auch für die einzelnen Abgeordneten und überhaupt grundsätzlich im Bereich der gesamten parlamentarischen Tätigkeit, insbesondere bei der Gesetzgebung[39]). Bei den Abgeordneten findet es seinen Ausdruck in der verfassungsrechtlichen „Unterwerfung nur unter ihr Gewissen". Diese Zusammenhänge werden bei der Beurteilung der Fraktionsdisziplin m. E. oft zu wenig gewürdigt[40]). Selbstverständlich ist allerdings, daß dort, wo es sich nicht wie etwa bei der näheren Ausgestaltung des Gleichheitssatzes um Gesetzgebung, sondern materiell um Rechtsprechung handelt, wie z. B. bei der Entscheidung über Ordnungsstrafen innerhalb des Parlaments oder bei der parlamentarischen Wahlprüfung, nicht diese politische Freiheit, sondern die Bindung des Richters besteht.

Ob wir aus dem bloßen Charakter einer Bestimmung als „Soll"-Vorschrift den Schluß ziehen dürfen, daß damit der Verfassungsrechtsweg zur Überprüfung der Entscheidung oder des Verhaltens des Staatsorgans ausgeschlossen wird, wird rein terminologisch zweifelhaft sein können. Denn im Rahmen eines Gesetzes, das systematisch zwischen Soll- und Muß-Vorschriften unterscheidet, läßt sich diese Absicht leichter nachweisen als bei einem Gesetz, in dem sporadisch eine Soll-Vorschrift vorkommt. Ich nenne als Beispiel § 3 I Satz 2 des hessischen Ausf.Ges., der dem Landtag Richtlinien für die Wahl der Mitglieder des Verfassungsgerichts gibt. In diesem besonderen Fall schafft jedoch § 11 des gleichen Gesetzes Klarheit, der die Wahl durch den Landtag ausdrücklich als die

---

[38]) Vgl. oben Abschnitt I unter B 1 a. E. des 4. Abs. und unter B 3 im 3. Abs.

[39]) Mir scheinen deshalb Entscheidungen wie die des Württembergisch-Badischen VGH vom 13. 11. 1950 III 69/50, DÖV 1950 S. 722, sehr problematisch. Aus der Tatsache, daß die Parteien sich über ein Gesetz zu Art. 131 GG nicht einigen können, sollte kein Gericht die Berechtigung herleiten, diese Einigung durch Urteil zu ersetzen oder einen Druck auf eine Einigung auszuüben. Gerade d a ß die Parteien sich so schwer einigen können, ist ein Zeichen dafür, daß erst recht für die Gerichte Zurückhaltung geboten ist.

[40]) Aber auch die Notwendigkeit einer Fraktionsdisziplin für den parlamentarischen Betrieb, ohne den keine zweckmäßige Arbeit möglich wäre, und die Freiwilligkeit der normalen Unterwerfung unter den „Fraktionszwang" wird oft übersehen; der Abgeordnete fügt sich heute der Mehrheit seiner Fraktion, weil er morgen bereits in einem anderen Fall bei der Mehrheit sein und dann gleichfalls die Stimmen der Minderheit für seine eigene Ansicht brauchen kann. Auch diese Überlegung gehört ja zu einer gewissenhaften politischen Entscheidung. Es besteht auch eine im allgemeinen ausreichende grundsätzliche Übereinstimmung innerhalb der Fraktionen, die solche Fügsamkeit nicht zur Knechtschaft werden läßt. Im übrigen kennt sogar das englische Parlament Fraktionszwang in sehr starker Form. Durch bloßes Zureden lassen sich solche Verhältnisse nicht ändern, am wenigsten, wenn „weltanschauliche" Prinzipien in der Politik ihre historischen und gegenwärtigen Gründe haben!

endgültige Entscheidung über die Wahrung der Soll-Vorschrift des § 3 I Satz 2 erklärt.

Die Absicht, dem Ermessen politischer Organe Respekt zu verschaffen, kann sich auch indirekt daraus ergeben, daß dem Verfassungsgericht nur die Auslegung der Verfassung, aber nicht die Entscheidung des Streits übertragen worden ist[41]). Damit ist dem Verfassungsgericht die Tatsachenfeststellung entzogen und vielleicht sogar den Verfassungsorganen gegenüber dem Spruch des Verfassungsgerichts eine Bewegungsfreiheit gegeben; denn da dieser keine Streitentscheidung enthält, kann den Verfassungsorganen, für die er bestimmt ist, je nach der Sachlage mehr oder minder anheimgegeben sein, was sie damit anfangen[42]).

Ferner kann das Ermessen nichtrichterlicher Organe wenigstens hinsichtlich der Tatsachenfeststellung dadurch geschont werden, daß nur eine Rechtsbeschwerde an das Verfassungsgericht gegeben wird, wie die Verfassungsbeschwerde. Auch bei der Wahlprüfung nach Art. 41 GG und gleichen Länderbestimmungen könnte man sich eine bloße Rechtsbeschwerde an das Verfassungsgericht vorstellen; sie ist nur deshalb unpraktisch, weil gerade auf diesem Sachgebiet die unparteiische Tatsachenfeststellung eine besondere Bedeutung besitzt, so daß sie auch dem Verfassungsgericht zugänglich sein sollte. Es er-

[41]) Folgende Länder besitzen Vorschriften über bloße Auslegung der Verfassung: Schleswig-Holstein (Art. 37), Nordrhein-Westfalen (Art. 75), Württemberg-Baden (Art. 91), Bremen (Art. 140). Im Bund gilt die entsprechende Vorschrift des Art. 93 I Z. 1 GG. Für die Länder verlangt der Bund jetzt in Art. 100 I GG die Existenz eines Gerichts zur Entscheidung von „Verfassungsstreitigkeiten", für den Bund selbst dagegen nicht. In der Verwaltungsgerichtsbarkeit dagegen unterwirft sich der Bund in Art. 19 IV GG genau derselben Rechtskontrolle wie die Länder. Das zeigt deutlich den gerade im Gesamtstaat politischen Charakter, der das Verfassungsrecht vom Verwaltungsrecht, die Verfassungsgerichtsbarkeit von der Verwaltungsgerichtsbarkeit grundsätzlich unterscheidet, der aber selbstverständlich kein Definitionsmerkmal darstellt. In Berlin (Art. 72) wird das Ermessen des Gesetzgebers dadurch geschont, daß das Verfassungsgericht sich zur Verfassungsmäßigkeit von Gesetzen nur gutachtlich (und nur auf Antrag bestimmter Staatsorgane) zu äußern hat. Über älteres Recht dieser Art vgl. Anm. 48 zu Abschnitt I.

[42]) Damit bleibt wenigstens in diesem Zusammenhang noch Raum für eine außerordentlich wichtige Entwicklung, die am besten durch einen Vergleich mit der verfassungsrechtlichen Entwicklung unter der aRV zu kennzeichnen ist: Damals konnte die deutsche Staatsrechtslehre in eingehenden Untersuchungen zur Klärung und Fortentwicklung des Verfassungsrechts beitragen; die Verfassungspraxis konnte von dieser theoretischen Arbeit Gebrauch machen. Heute dagegen würden die einzelnen Fragen von den Verfassungsgerichten in zufälliger Reihenfolge und evtl. ohne vorherige theoretische Klärung verbindlich für die Praxis entschieden werden müssen, wenn nicht wenigstens an dieser Stelle noch eine gewisse Lücke in der V. gelassen wäre. Es ist kaum zweifelhaft, daß damit nicht etwa willkürlichem Handeln der Verfassungsorgane, sondern zunächst einmal einer behutsamen Verfassungspraxis der Weg offen gelassen ist. Zu einer anderen Auffassung bezüglich des Art. 93 I Z. 1 GG wird man dann kommen, wenn man dem Wort „entscheidet" in der Einleitung des Art. 93 I entnimmt, daß auch im Fall der Z. 1 eine Bindung beabsichtigt sei. Durch diese Auslegung würde allerdings die zurückhaltende Vorsicht der Z. 1 praktisch beseitigt. § 27 des Entwurfs des Ausf.Ges. des Bundes sieht diese Bindung vor. Damit ist aber nur die Auslegung des GG bindend festgelegt, die Verfassungsstreitigkeit als solche jedoch nicht entschieden.

hebt sich sogar die Frage, ob im Rahmen des Art. 93 I Z. 4 GG ein bloßer Rechtsbeschwerdeweg ausreicht, um die Zuständigkeit des Bundesverfassungsgerichts auszuschließen. Ich möchte diese Frage verneinen; denn wenn auch die grundsätzliche Aufgabe der Verfassungsgerichte die Rechtsentscheidung ist, so doch zum Zweck der Kontrolle und Sicherung des verfassungsmäßigen Funktionierens des Staats. Dieser Zweck ist ohne richterliche Tatsachenfeststellung weitgehend unerreichbar. Wir betrachten ja auch die Beschränkung eines Verfassungsgerichts auf die bloße Auslegung der Verfassung, selbst wenn diese bindend für die Verfassungsorgane ist, als eine erhebliche Begrenzung der V. selbst. Man kann daher grundsätzlich nicht annehmen, daß die Möglichkeit der Tatsachenfeststellung durch eine nichtrichterliche Instanz mit anschließendem Rechtsbeschwerdeweg vor eine richterliche Instanz genügt, um die Zuständigkeit des Bundesverfassungsgerichts nach Art. 93 I Z. 4 GG auszuschließen.

Schließlich soll der Verfassungsrechtsweg überall da ausgeschlossen werden, wo die endgültige Entscheidung über einen rechtlichen Verfassungskonflikt einer nichtrichterlichen Instanz zugewiesen ist. Ich nenne als Beispiel Art. 129 I GG[43]) und vor allem die Bestimmungen vieler parlamentarischer Geschäftsordnungen über die endgültige Entscheidung des Ältestenrats, des Plenums o. dgl., wenn ein Abgeordneter sich gegen einen Ordnungsruf oder gegen einen Ausschluß von den Sitzungen wehrt, ferner endgültige Parlamentsentscheidungen in Fragen der Wahlprüfung[44]). Dabei stelle ich hier die Frage zurück, ob solche Regelungen in einfachen Bundesgesetzen oder in Landesrecht heute mit den Vorschriften des Bundes über die V. vereinbar sind.

Es lassen sich noch andere Formen der Freistellung von der verfassungsrechtlichen Kontrolle denken, etwa gegenüber der

---

[43]) Wenn sich Bundesrat und Bundesregierung in diesen Fällen nicht einigen, kann die Sache doch m. E. auf Grund des Art. 93 I Z. 1 GG an das Bundesverfassungsgericht kommen.

[44]) In Bremen gewährt Art. 85 der qualifizierten Mehrheit des Parlaments die Befugnis zum Ausschluß eines Abgeordneten auf die Dauer, wenn der Abgeordnete sein „Amt ausnutzt, um sich oder anderen persönliche Vorteile zu verschaffen" oder „sich beharrlich weigert, die ihm als Bürgerschaftsmitglied obliegenden Geschäfte zu erfüllen" oder „der Pflicht der Verschwiegenheit zuwider handelt". Eine ähnliche Regelung enthält Art. 84 der Bremischen Verfassung (Entscheidung des Vorstands der Bürgerschaft über Ausschluß eines Abgeordneten wegen Befangenheit). Ich kann mich nicht zu der Annahme entschließen, daß die Abgeordnetenstellung in Bremen mit dieser „Hypothek" materiell belastet sei, sondern halte den Ausschluß des Verfassungsrechtswegs für nicht vereinbar mit dem GG (Art. 93 I Z. 4 und Art. 100 I). Ähnliches gilt wohl von etwaigen Vorschriften über die endgültige, d. h. materiell-rechtliche Wirkung der Eintragung in die Wählerliste; auch hierdurch oder durch die Entscheidung in einem Verfahren gegen die Richtigkeit der Wählerliste dürfte das Wahlprüfungsgericht nicht gebunden sein, ebenso wenig ein anderes Verfassungsgericht, wenn ein Kandidat z. B. behauptet, er sei infolge von Fehlern in der Wählerliste zu Unrecht nicht gewählt worden.

Ministeranklage durch Übertragung staatlicher Funktionen an öffentlichrechtliche Körperschaften, Stiftungen oder Anstalten oder durch Begründung von Sonderverwaltungen mit quasirichterlicher Unabhängigkeit. Der Bundesgesetzgeber könnte ähnliche Wirkungen erzielen durch Übertragen von Funktionen an die Länder, wenigstens dort, wo die Länder eine weniger ausgebaute eigene V. besitzen.

Wir haben im Zusammenhang mit diesen Freistellungen von der verfassungsgerichtlichen Kontrolle bereits die Frage anschneiden müssen, wieweit solche Freistellungen mit dem Bundesverfassungsrecht vereinbar sind. Die Frage besteht für den einfachen Gesetzgeber im Bund selbst ebenso wie für den Gesetzgeber der Länder. Was die parlamentarischen Ordnungsstrafen im Bundestag anbelangt[45]), so fragt es sich, ob Art. 40 I GG kraft Gewohnheitsrechts auch eine Ermächtigung enthält, die endgültige Entscheidung durch das Parlament selbst in der Geschäftsordnung vorzusehen, so daß dieses Gewohnheitsrecht auch gegenüber Art. 92 und 93 I Z. 1 GG als lex specialis gelten würde. Wenn man diese Frage bejaht, so stellt sich die weitere Frage, ob etwa der Bundestag oder sein Präsident dabei doch die Auslegung des GG selbst vom Bundesverfassungsgericht nach Art. 93 I Z. 1 GG einzuholen haben. Ähnliche Fragen ergeben sich, wo einfache Bundesgesetze Freistellungen von der verfassungsgerichtlichen Kontrolle bezwecken[46]).

Soweit die Länder in der Regelung der V. keinen Vorschriften des Bundes unterliegen, steht es auch ihnen frei, Entscheidungen nichtrichterlicher Organe für endgültig oder für bindend für die Verfassungsgerichte zu erklären, diesen Gerichten die Respektierung breiten Ermessensspielraums aufzuerlegen oder sonstige Freistellungen von der verfassungsgerichtlichen Kontrolle anzuordnen. Das würde an sich auch für die Wahlprüfung gelten. Diese ist bei uns meistens als eine Prüfung der Legitimation der Abgeordneten voreinander konstruiert, wenn sie von den Parlamenten selbst durchgeführt wird, und wird meistens von Amts wegen betrieben. Hierfür aber ist von Bundes wegen keine Gerichtsbarkeit für die Länder obligatorisch. Über ein konkretes Mandat jedoch kann es leicht zu einer Streitigkeit innerhalb des Landes im Sinn des Art. 93 I Z. 4 GG kommen; denn daran, daß hierfür einzelne Abgeordnete, Wahlkandidaten oder Fraktionen als Streitteile zugelassen werden, ist kaum zu zweifeln. Insoweit ist also der Verfassungs-

---

[45]) §§ 91 f. der Geschäftsordnung für den Bundestag.

[46]) Ich verweise neuerdings auf § 22 IV des Bundesgesetzes zur Regelung der Wiedergutmachung nationalsozialistischen Unrechts für Angehörige des öffentlichen Dienstes vom 11. 5. 1951 BGBl I S. 291.

rechtsweg durch ein Land nicht ausschließbar, die Wahlprüfungsentscheidung des Landesparlaments also nicht unüberprüfbar für das Bundesverfassungsgericht[47]). Nur dann wäre die Anrufung des Bundesverfassungsgerichts in solchen Fällen ausgeschlossen, wenn dem nach Art. 93 I Z. 4 GG an sich Klageberechtigten ein anderer echter Rechtsweg gegen die Entscheidung des Parlaments offen gestanden hätte. Ähnliches wie bei der Prüfung der Wahl zu Landesparlamenten dürfte für die Wahlen der Landtage zur Bundesversammlung nach Art. 54 III GG gelten, da diese Wahl als ein Akt der L a n d e s staatsgewalt zu betrachten ist. Hierher gehört auch der schon erwähnte § 11 des hessischen Ausf.Ges., nach dem der Landtag durch seine Wahl endgültig darüber entscheidet, ob die zum hessischen Verfassungsgericht gewählten nichtrichterlichen Mitglieder „erfahrene Personen des öffentlichen Vertrauens und für das Amt als Mitglied des Staatsgerichtshofes besonders geeignet“ sind. Eine überstimmte Minderheit des Landtags kann die Überschreitung einer äußersten Ermessensgrenze bei dieser Wahl dann nicht geltend machen, wenn das Land in der Ausgestaltung der V. über diese Fragen von bundeswegen freie Hand hat. In Betracht kommt neben Art. 93 I Z. 4 GG hier Art. 100 I GG, der für jedes Land die Existenz eines Gerichts für Verfassungsstreitigkeiten voraussetzt, so daß notfalls das Bundesverfassungsgericht nach Art. 93 I Z. 4 GG zuständig wird, auch wenn das Land kein Gesetz nach Art. 99 GG erlassen hat. Ich halte es nicht für ausgeschlossen, in dem hessischen Beispiel eine öffentlichrechtliche Streitigkeit im Sinn des Art. 93 I Z. 4 und sogar enger: eine Verfassungsstreitigkeit im Sinn des Art. 100 I GG, in jedem Fall also einen Verfassungsrechtskonflikt anzunehmen, weil es sich um eine echte Differenz zwischen der Minderheit und der Mehrheit des Landtags handelt und dieser Konflikt bei Geltendmachung der Überschreitung äußerster Ermessensgrenzen ein Rechtskonflikt ist. Dann aber kann die Freistellung von der verfassungsgerichtlichen Überprüfung durch das Landesrecht nicht mehr wirksam werden. Wohl aber muß man aus dem Zweck der Freistellungsvorschrift entnehmen, daß dem Landtag bei seiner Wahl ein absolut freies Ermessen zugebilligt werden soll, und muß dies umdeuten in ein so hohes Maß freien Ermessens, wie mit dem Bundesrecht noch vereinbar ist. Hierbei ist davon auszugehen, daß auch das Bundesverfassungsrecht selbst in ähnlichen Fällen ein hohes Maß von Ermessensfreiheit kennt, und kann dem Land nicht die Ermessensfreiheit für seine Organe bestreiten, die der Bund selbst in entsprechenden Fällen für sich gelten läßt oder nach unseren Grundsätzen über

---

[47]) Das gilt z. B. gegenüber Art. 67 der Badischen Verfassung. § 17 des Ges. vom 7. 7. 1948 GVBl S. 105 gleicht das z. T. wieder aus.

die Ermessensfreiheit von Verfassungsorganen bei Akten ähnlicher Art in Anspruch nehmen könnte.

Dies gilt jedoch nur mit Einschränkungen: Art. 93 I Z. 1 wie Z. 4 GG schonen die Bundesorgane im Gegensatz zu der Regelung für die Länder in Art. 100 I und 93 I Z. 4 GG. Solche Konflikte sind innerhalb des Bundes in einem höheren Sinn politisch als innerhalb der Länder. Ein Vergleich mit der aRV und der WRV zeigt, daß das im Gesamtstaat schon früher so war. Deshalb können Ermessensentscheidungen im Bund unüberprüfbar für das Verfassungsgericht sein, ohne daß hieraus zwingend Schlüsse auf eine völlig gleiche Freistellungsmöglichkeit zugunsten der politischen Organe der Länder gezogen werden dürften. Soweit also z. B. ein Land auf dem Gebiet der nach Art. 100 I und 93 I Z. 4 GG obligatorischen V. keine Entscheidung, sondern etwa nur eine Auslegung durch das Verfassungsgericht vorgesehen hat, tritt die subsidiäre Zuständigkeit des Bundesverfassungsgerichts ein, das nach Art. 93 I Z. 4 GG nicht nur auszulegen, sondern selbst zu entscheiden hat. Aus diesen Gründen dürfen jedoch andererseits die Freistellungen des Ermessens politischer Organe, die die Länder anordnen, nicht ungebührlich beschnitten werden; denn man darf die Länder und ihre Verfassungsorgane heute sogar noch weniger als unter der WRV zu lediglich gehobenen Verwaltungsträgern und -organen machen und auch auf dem Gebiet des Verfassungshandelns nach Grundsätzen messen, die für das Verwaltungsrecht entwickelt worden sind.

Gewiß müssen die Länder bei solchen Freistellungen immer Rechtsstaaten im Sinn des Art. 28 GG bleiben. Dies erfordert jedoch an Kontrolle durch die Verfassungsgerichte nichts Zusätzliches zu Art. 100 I und 93 Z. 4 GG. Die Entscheidung über einen Ordnungsruf oder über Ausschluß von Abgeordneten durch ein Länderparlament oder seinen Ältestenrat kann heute nicht mehr endgültig sein, weil eine öffentlichrechtliche Streitigkeit im Sinn des Art. 93 I Z. 4 GG vorliegt, wenn der Abgeordnete sich gegen die parlamentarische Entscheidung wehrt. Damit ist in die „Souveränität" der Länderparlamente in ihren eigenen Angelegenheiten von Bundes wegen eingegriffen. Wird damit nicht der Fortgang der parlamentarischen Arbeit in den Ländern unerträglich erschwert? Erhebt sich nicht sogar die Frage, ob die Entscheidung des Parlaments oder seines Ältestenrats mindestens bis zur abweichenden Entscheidung des Verfassungsgerichts rechtswirksam bleiben muß, weil man die inzwischen während der Abwesenheit des Abgeordneten gefaßten Parlamentsbeschlüsse nicht nachträglich umwerfen kann? Soweit die Länder keinen Rechtsweg gegen derartige parlamentarische Entscheidungen besitzen oder schaffen, würde sich die

Arbeit beim Bundesverfassungsgericht konzentrieren, würden dessen Entscheidungen notwendig verzögert und würden mindestens die politischen Spannungen unnötig vergrößert.

Ich möchte mich auf diese Bemerkungen über bedeutsame Formen der Freistellung des Ermessens der politischen Organe von der verfassungsgerichtlichen Kontrolle beschränken, so wichtig auch eine eingehende Untersuchung wäre.

3. Aus der überragenden Bedeutung der V. ergibt sich, daß sie auch hinter anderen Gerichten nicht zurücktritt[48]). Der Verfassungsrechtsweg ist also prinzipiell nur bei Subsidiaritätsklausel durch die Zulässigkeit eines anderen Rechtswegs ausgeschlossen. Dasselbe gilt von der Rüge der anderweitigen Rechtshängigkeit. Sogar die Rechtskraft anderer Entscheidungen begründet keine Rüge gegenüber dem Verfassungsrechtsweg und auch keine Bindung für die Verfassungsgerichte, soweit nicht anderes bestimmt ist[49]). Der hessische Staatsgerichtshof hat in einem Urteil vom 27. 5. 1949 DÖV 1950/55 die Wiederaufnahme aller rechtskräftig abgeschlossenen Verfahren angeordnet, die nicht im Sinn seiner eigenen Entscheidung ausgegangen waren; § 43 des Ausf.Ges. berechtigte ihn hierzu ausdrücklich. Ähnliches bestimmt § 26 III des Ausf.Ges. von Rheinland-Pfalz. Aber auch wo das nicht bestimmt ist, tritt der Verfassungsrechtsweg und das Verfassungsgericht nicht in der Weise zurück, die wir im Verhältnis anderer Gerichte und anderer Rechtswege zueinander kennen. Daß damit ein Faktor der Rechtsunsicherheit geschaffen ist, muß in Kauf genommen werden. Das ist nur die Kehrseite dessen, was mit der V. bezweckt wird: die Sicherung des verfassungsmäßigen Funktionierens des Staates. Hinter diesem fundamentalen Zweck treten die normalen, überwiegend der bürgerlichen Rechtssicherheit dienenden Grundsätze zurück, weil anders der Zweck der V. nicht erreicht werden könnte. Das bedeutet nicht, daß die Verfassungsgerichte außerhalb unseres ganzen gerichtlichen Systems stehen, sondern daß die früher hierfür entwickelten Grundsätze heute bei der prinzipiellen Bedeutung unserer V. nicht unverändert bleiben können. Die Praxis wird dabei noch eine Fülle rechtstechnischer Einzelfragen ergeben, die ich heute nicht behandeln kann.

---

[48]) Eine Ausnahme hiervon haben wir auf Grund des höheren Ranges der Bundesgerichte gegenüber den Landesgerichten bei der Behandlung der Verfassungsbeschwerde nach Landesrecht gemacht (s. Abschnitt I unter B 9). Für die Ministeranklage hat Marschall v. Bieberstein, Hb. d. d. St. R. Bd. I S. 526 Anm. 28 und S. 539 Anm. 114 bereits festgestellt, daß Ministeranklage und ordentliches Strafverfahren sich nicht ausschließen. Dasselbe gilt von Amtshaftungsklagen usw.

[49]) Nach manchen Länderbestimmungen k a n n das Verfassungsgericht andere gerichtliche Entscheidungen zugrunde legen. Es kann aber z. B. bei Ministeranklagen anders entscheiden als ein sonstiges Gericht (Strafgericht, ordentliches Gericht im Amtshaftungsprozeß usw.).

4. Die Tendenz, die wichtigen verfassungsrechtlichen Konflikte der V. zu unterwerfen, zeigt sich auch bei der Parteifähigkeit: Sie ist schon unter der WRV gegenüber der konstitutionellen Zeit ausgedehnt worden, damals — wie wir im Abschnitt I. unter B 16 sahen — nur auf dem Gebiete der Verfassungsstreitigkeiten. Diese Tendenz hat sich in der neusten Entwicklung fortgesetzt. Art. 131 der hessischen Verfassung erklärt generell für antragsberechtigt: eine Gruppe von Stimmberechtigten, die mindestens 1 % aller Stimmberechtigten umfaßt (damit praktisch auch die politischen Parteien und sonstige Vereinigungen nicht nur politischer Art), den Landtag, 10 % seiner Mitglieder, die Regierung, den Ministerpräsidenten und nach näherer gesetzlicher Regelung evtl. jedermann. In anderen Ländern handelt es sich um die obersten Staatsorgane, selbständig berechtigte Teile von ihnen und andere am Verfassungshandeln grundlegend mitwirkende Faktoren, wie die politischen Parteien. Ich möchte vorschlagen, sie alle als „Verfassungsfaktoren" zu bezeichnen. Darüber hinaus ist in Hessen die Stellung eines Landesanwalts geschaffen, der grundsätzlich von Amts wegen den Verfassungsrechtsweg beschreiten kann[50]).

Diese Entwicklung kann zurückgeführt werden auf einen größeren Realismus gegenüber dem Verfassungsleben und ist damit begründet genug. Aber es wäre nicht ausreichend, wollte man diesen Realismus nur in der ausdrücklichen verfassungsrechtlichen Anerkennung der Rolle erblicken, die vor allem die politischen Parteien im Verfassungsleben spielen. Das wäre vielleicht nicht mehr als eine Wendung gegen den Einparteienstaat und bliebe als bloße Negation unfruchtbar. Zur Zeit der Entstehung unserer heutigen Verfassungen mag der Blick noch stärker rückwärts gewandt worden sein; selbst dann gälte es, sich heute hiervon zu lösen und die inneren Lebensgesetze der freiheitlichen Demokratie zu erkennen und zu befolgen; sie ist ohne Parteien nicht denkbar.

---

[50]) Friesenhahn in Festschr. f. Thoma S. 61 bezweifelt, daß der hessische Landesanwalt auch in Verfassungsstreitigkeiten als Streitpartei auftreten kann. Auch hierin drückt sich aus, daß es heute weit weniger als früher das „subjektive Recht" der einzelnen Verfassungsorgane ist, dessen Schutz die V. dient, auch wenn wir das „subjektive Recht" in dem abgeschwächten Sinn verstehen, von dem vor allem Thoma im Hb. d. d. St. R. Bd. II S. 610 ff. und Friesenhahn im Hb. d. d. St. R. Bd. II S. 524 sowie in Festschr. f. Thoma S. 36 ff. gesprochen haben. Es ist vielmehr das objektive Verfassungsrecht, das heute stärker als früher gesehen wird, und dessen Schutz gerade durch eine weite Ausdehnung der Parteifähigkeit bis hin zur Einführung eines Verfahrens von Amts wegen oder zur Auslösung durch jedermann erstrebt wird. Dieselbe Tendenz zeigt sich übrigens auch bei der Wirkung der verfassungsgerichtlichen Entscheidungen, die vielfach Gesetzeskraft haben oder alle Behörden und Gerichte oder jedermann binden. Sie zeigt sich — auch ohne solche besondere Kraft — in der objektiven, halb abstrakten „Auslegung" des Verfassungsrechts z. B. nach Art. 93 I Z. 1 GG und in der abstrakten Normenkontrolle.

In der Rechtsprechung des Reichsstaatsgerichtshofs waren die politischen Parteien als antragsberechtigt nur dann anerkannt, wenn sie eigene Rechte bei Wahlen und Abstimmungen geltend machten. Das war bei Betrachtung der politischen Realitäten schon damals zu eng, lief aber parallel mit der Gesetzgebung, die im allgemeinen die Parteien nur im Rahmen des Wahlrechts erwähnte. Heute ist es eine Konsequenz der realistischen Anerkennung, die die politischen Parteien in Art. 21 GG gefunden haben, daß ihnen eine Rolle von Wächtern der Verfassung zukommt; freilich nicht im Sinne eines objektiven „Hüters der Verfassung", sondern im Sinne einer wiederum realistischen, sozusagen aufeinander und auf die anderen Verfassungsfaktoren eifersüchtigen, mehr subjektiven Wächterstellung. M. a. W. wird ihr politisches Eigeninteresse benutzt, um die Wahrung des objektiven Verfassungsrechts zu gewährleisten. Die verschiedenen Regelungen der einzelnen Länder auf diesen Gebieten kann ich hier nicht behandeln[51]); sie werden wahrscheinlich über Art. 93 I Z. 4 GG eine gewisse bundeseinheitliche Entwicklung erfahren, indem den politischen Parteien hiernach der Verfassungsrechtsweg auch in den Ländern und auf den Sachgebieten eröffnet werden könnte, wo er ihnen nach dem verschieden ausgestalteten Landesrecht verschlossen wäre.

Eine ganz besondere Frage ist die, ob Parteien auch gegeneinander vor den Verfassungsgerichten streiten können oder Parteistellung nur gegenüber Verfassungsorganen des Staates selbst besitzen können. Ich möchte das erste nicht für unmöglich halten. Das mag zum Teil von dem materiellen Parteienrecht selbst abhängen, insbesondere von einem Parteiengesetz zu Art. 21 GG. Bei der Wahlprüfung, soweit diese nicht von Amts wegen stattfindet, ist eine Streitigkeit unter Parteien nicht undenkbar. Den Streitigkeiten zwischen Parlamentsmehrheit und -minderheit liegt materiell schon heute regelmäßig ein Parteienstreit untereinander zugrunde. Auch die Verfassungsbeschwerde kann hierzu führen, wenn sie auch gegen „soziale" Gewalten gerichtet werden kann.

Zu beachten scheint mir jedoch, daß das objektive Verfassungsrecht zwar für sein tatsächliches Funktionieren in „Rechten" und „Pflichten" der einzelnen Staatsorgane usw., sogar in konkreten Rechten und Pflichten gegenüber einander, ausgeprägt werden kann, aber doch immer nur teilweise und in einem übertragenen Sinn. Tatsächlich ist das objektive Verfassungsrecht stets ein ganzes Sinngefüge, das niemals in einzelne Teile oder Normen oder in einzelne Rechts- und Pflichten-

---

[51]) Z. B. hat das OVG Lüneburg in der Entscheidung vom 19. 6. 1950 II OVG A 243/50, A. ö. R. 76 (1950) S. 344 ff., bes. S. 353, die Parteifähigkeit von politischen Parteien und Fraktionen in Verfassungsstreitigkeiten anerkannt.

beziehungen aufgelöst werden kann. Es ist also ein Realismus des Verfassungsrechts nötig, das nicht formalisiert und individualisiert und damit atomisiert werden darf; schon die Betrachtung von Kompetenzen als subjektive Rechte und Pflichten stellt eine bürgerlichrechtliche Analogie dar, für deren Berechtigung im Verfassungsleben die soziale Individualisierung des bürgerlichen Lebens fehlt[52]). Den einzelnen Staatsorganen und sonstigen Verfassungsfaktoren sind ihre Kompetenzen oder Rechte in der Regel nicht als einzelne isolierte und auch nicht nur als Kompetenzen gegenüber bestimmten anderen Organen oder sonstigen Verfassungsfaktoren gegeben; vielmehr hängen sie sinnvoll zusammen mit den übrigen Kompetenzen, auch denen aller anderen Verfassungsfaktoren, und sogar mit den Grundrechten der Bürger und Menschen. Daher ist selbst die Bedeutung einer einzelnen Verfassungsstreitigkeit zwischen zwei höchsten Staatsorganen und also auch der verfassungsgerichtlichen Entscheidung hierüber kaum je beschränkt auf die beiden streitenden Staatsorgane selbst. Man darf die „Fernwirkungen", die oft nicht einmal sehr fern liegen, unter keinen Umständen unterschätzen[53]).

---

[52]) Diese Erkenntnis wird im Grunde bereits durch die Vorstellung einer „Balance" zwischen den drei Teilen der Staatsgewalt und ihren Trägern gefordert. Denn schon dieses Bild zwingt uns, die einzelnen Kompetenzen niemals isoliert für sich zu betrachten, sondern als Bestandteile einer Gesamtposition dieses Teils der Staatsgewalt und ihres Trägers, und diese Gesamtposition stets zugleich in einer engen Beziehung zu den Gesamtpositionen und den einzelnen Kompetenzen der beiden anderen Teile der Staatsgewalt und ihrer Träger zu sehen. Jede Verschiebung an einer Stelle verschiebt die Balance. Wieviel mehr gilt das heute, da an Legislative wie Exekutive je mehrere Organe in sehr verschiedener Weise beteiligt sind und dabei z. T. die Gewaltenteilung selbst keineswegs besteht (vgl. z. B. nur die Art. 50, 81 und 113 GG). Ich halte es für bedenklich, die Subjektivierung der Verfassungsrechte zu stark zu betonen. Die Einführung des Verfassungsrechtsschutzes wird ohnehin etwas an den objektiven Beziehungen ändern, in denen die Verfassungsfaktoren zueinander stehen. Sie kann und sie wird wahrscheinlich die Tendenz zur Ausübung im eigenen Interesse und damit zur Desintegration verstärken. Ein gewiß extremes Beispiel ergibt das Urteil eines höchsten Verwaltungsgerichts in J.R. 1950 S. 311 und seine Besprechung durch Kreutzer J.R. 1950 S. 499 f. Durch diese Subjektivierung entsteht auch die Gefahr einer Erstarrung des Verfassungslebens. Wenn z. B. ein Parlament sich mit keinem Antrag (z. B. einem Mißbilligungsantrag gegen einen einzelnen Bundesminister) beschäftigen dürfte, der nicht ausdrücklich in der Verfassung zugelassen ist, so sind wir wieder bei den mißtrauischen Verboten einzelner frühkonstitutioneller Verfassungen angelangt, für die Art. 79 der Sächsischen Verfassung von 1831 nur ein Beispiel ist. Bei solchen Erstarrungen würde sich in vergangenen Zeiten kaum das Budgetrecht oder die parlamentarische Kritik und Kontrolle zur heutigen Gestalt entwickelt haben, wäre wohl das ganze moderne Verfassungsleben und -recht noch weniger evolutionär entwickelt, als es sowieso nur geschehen ist. Ich denke etwa auch daran, daß sich u. a. aus Thronreden oder Regierungserklärungen und der Adresse oder Zustimmung dazu das Vertrauensvotum und schließlich die parlamentarische Abhängigkeit entwickelt zu haben scheinen. Aber nicht nur für das sinnvolle Zusammenwirken der Verfassungsorgane, sondern auch für den Inhalt der politischen und sozialen Ordnung müssen vorzeitige Verhärtungen m. E. möglichst vermieden werden.

[53]) Auch Friesenhahn betont in anderem Zusammenhang, daß der Landtag an Verfassungsstreitigkeiten stets irgendwie beteiligt sei (Festschr. f. Thoma S. 35). Selbst das Verbot einer einzelnen Partei betrifft nie nur diese und ihre derzeitige Führung oder Mitgliedschaft allein, sondern stets mehr; denn es werden die Mehrheitsverhältnisse in den Parlamenten entweder sofort oder aber für künftig verschoben, damit auch

Dieser Sachlage entspricht es, wenn nicht nur die Parteifähigkeit, d. h. praktisch: die Berechtigung zur Anrufung der Verfassungsgerichte ausgedehnt, sondern auch die Mitwirkung der anderen Verfassungsfaktoren an dem Verfahren durch ihre förmliche Heranziehung als „Beteiligte" sichergestellt wird[54]).

Die Parteifähigkeit ist für die einzelnen Sachgebiete der V. verschieden geregelt. Es kann sich auch um eine mehr oder minder ausgeprägte Parteistellung handeln, weil auf einzelnen Gebieten mehr ein Anstoß als eine echte Parteistellung in Frage kommt; das letzte gilt besonders von der Stellung der Gerichte beim richterlichen Prüfungsrecht[55]). Die Ausdehnung der

---

die Bedeutung aller anderen Parteien und evtl. die Position der Regierung gegenüber den bisherigen Mehrheiten usw. Um ein ganz einfaches Beispiel zu gebrauchen: Wenn beim zweiten Wahlgang der ersten Reichspräsidentenwahl vom 26. 4. 1925 die KPD verboten gewesen wäre mit der Wirkung, daß ihr Kandidat Thälmann für diese Wahl nicht hätte kandidieren können, so wären von den fast 2 Millionen Stimmen, die auf ihn abgegeben waren, doch wohl 50 % auf Marx entfallen und hätten damals zur Wahl von Marx statt von Hindenburg geführt.

[54]) Nach §§ 33 II und 34 II der Verfahrens- und Geschäftsordnung des Staatsgerichtshofs für Württemberg-Hohenzollern v. 26. 7. 1950 RegBl S. 273 sind im Verfahren wegen Auslegung oder Anwendung der Verfassung oder wegen Verfassungsmäßigkeit eines Gesetzes oder einer Rechtsanordnung Regierung und Landtag stets beteiligt, auch wenn sie nicht Antragsteller sind; nach § 37 dieser Ordnung sind bei Wahlprüfungen stets der Landtagspräsident, der Abgeordnete, über dessen Zugehörigkeit zum Parlament zu entscheiden ist, und der Anfechtende am Verfahren beteiligt, ferner der Staatspräsident, die Regierung, die Mehrheit des Landtags und die Landtagsfraktionen.

[55]) Um mehr als einen Anstoß für die V. handelt es sich hierbei nicht. Mir scheint immerhin fraglich, ob hier ein ursprüngliches Prüfungsrecht der übrigen Gerichte vorlag, die Verfassungsmäßigkeit von Gesetzen zu verneinen, das ihnen nur zugunsten der Verfassungsgerichte entzogen wäre und deshalb bis zu deren tatsächlicher Errichtung unbedenklich von ihnen selbst ausgeübt werden könnte. Daß dieses Verneinungsrecht schließlich unter der WRV für alle Gerichte in Anspruch genommen wurde, beweist allein hiergegen nichts; denn es handelt sich nicht einfach um eine historische Weiterentwicklung des Zustandes unter der WRV, sondern m. E. auch um die Erkenntnis, daß die Staatsgewalt bei einem Verneinungsrecht jedes Gerichts gefährdet ist, besonders aber eine Demokratie, die erst selbst nach einem so schweren Zusammenbruch aufgebaut werden muß. Es stehen mit anderen Worten zwei Gedanken zur Erörterung, die einander widerstreiten, nämlich keineswegs nur die „Rechtsstaatlichkeit", die bei Anerkennung des Verneinungsrechts aller Gerichte schon in einem ganz bestimmten Sinn verstanden wird (gegen den ebenso die umgekehrte Auffassung von der Unterwerfung des Richters unter das Gesetz als rechtsstaatlich geltend gemacht werden könnte), sondern auch die Verantwortung für den Aufbau einer demokratischen Staatsgewalt, die heute mehr als früher gesetzgeberische Eingriffe erfordert, also politische Entscheidungen, die nicht Sache eines einzelnen Richters sein können. Auch theoretisch ist die Allgemeingültigkeit oder Gesetzeskraft einer verfassungsgerichtlichen Entscheidung etwas anderes als die Ausübung des Prüfungsrechts durch jedes Gericht im Einzelfall. Dieses Prüfungsrecht ist vielleicht nicht aufgehoben, soweit es bei den Verfassungsgerichten konzentriert ist, sondern es ist den Gerichten vielleicht grundsätzlich nicht gegeben. Bei den Verfassungsgerichten ist vielleicht etwas ganz anderes neu geschaffen worden, das auf einer vorläufigen, jedoch letzlich unmaßgeblichen Stellungnahme der anderen Gerichte zur Verfassungsmäßigkeit eines Gesetzes nur praktisch aufbaut (Art. 100 GG). Man darf dann die Wirksamkeit des Verbots eigener Verneinung der Verfassungsmäßigkeit, wie es in Art. 100 GG liegt, nicht für die Zeit vom Inkrafttreten des GG bis zur Aufnahme der Tätigkeit des Bundesverfassungsgerichts als suspendiert betrachten.

Parteifähigkeit auf öffentliche Behörden (Baden § 18 des Ausf. Ges. für Verfassungsstreitigkeiten) oder öffentlichrechtliche Körperschaften (Bremen Art. 140) halte ich allerdings nicht für berechtigt; das erste bedarf keiner Begründung; das zweite ist systemwidrig, soweit es sich nicht um eine Art Verfassungsbeschwerde handeln soll, die aber in Bremen sonst nicht vorgesehen ist und also auf öffentlich-rechtliche Körperschaften beschränkt wäre[56]).

Wahrscheinlich wird die Praxis in der Frage der Parteifähigkeit auch durch die tatsächliche Entwicklung noch Neues bringen. So kann sogar der Begriff des „obersten Bundesorgans" in Art. 93 I Z. 1 GG der Wandlung unterliegen, nicht nur, wenn etwa das Ausf.Ges. z. B. einen Rechnungshof[57]) oder eine Schuldenverwaltung für parteifähig zur Verteidigung ihrer Unabhängigkeit und Funktion erklären würde, sondern auch, wenn sich etwa die Stellung des Bundeskanzlers fortentwickeln würde: Die Möglichkeit zur Entwicklung auf die Stellung des Kanzlers unter der aRV, zu der der Bundeskanzler über die anderen Minister hinauswachsen könnte, ist nicht zu verkennen. Dann würde er m. E. eindeutig nicht nur mit seinen Sonderrechten als „Teil eines obersten Bundesorgans", sondern mit seiner Gesamtstellung als „oberstes Bundesorgan" erscheinen[58]).

Eine Beschränkung der Parteifähigkeit in Verfassungsstreitigkeiten gegenüber der Zeit unter der WRV wird jedoch nötig sein, soweit Gemeinden, Adelsgruppen und Landeskirchen damals ihre Rechte in Verfassungsstreitigkeiten geltend machen konnten: Soweit die Gemeinden in Betracht kommen, dürfte heute der Ausbau der Verwaltungsgerichtsbarkeit genügen, vor die solche Streitigkeiten grundsätzlich gehören. In dieser Hinsicht ist das Rechtsschutzbedürfnis heute m. E. durch Art. 19 IV

---

[56]) So kann in Rheinland-Pfalz (Art. 130) jede Körperschaft des öffentlichen Rechts, die sich in ihren Rechten beeinträchtigt glaubt, den Verfassungsgerichtshof zur Entscheidung darüber anrufen, ob ein Gesetz, eine Gesetzesvorlage oder die Handlung eines Staatsorgans verfassungswidrig ist, während jeder Bürger die Verfassungswidrigkeit von Gesetzen oder Verfügungen eines Verwaltungsorgans zunächst nur vor den ordentlichen oder den Verwaltungsgerichten geltend machen kann, die allerdings die Entscheidung des Verfassungsgerichts herbeiführen müssen, wenn sie die Verfassungswidrigkeit bejahen wollen. Hier ist die Beschränkung des Antragsrechts der öffentlich-rechtlichen Körperschaften immerhin sinnvoller als die bremische Regelung.

[57]) Vgl. Art. 126a des österreichischen Bundesverfassungsgesetzes.

[58]) Es ist aber auch eine Entwicklung in Richtung auf das britische Verhältnis zwischen Kabinett und Parlament denkbar, bei dem eine Streitigkeit zwischen Bundestag und Bundesregierung zunächst mindestens praktisch entfallen und in dem konstruktiven Mißtrauensvotum des Art. 67 GG nur ein Ausgleich für die übliche deutsche Koalitionsgrundlage des Kabinetts zu sehen wäre, nämlich dafür, daß aus Koalitionen erfahrungsgemäß leichter ein Teil ausbricht als aus einer geschlossenen einzigen Regierungspartei, deren Mitglieder ja nicht zu einer Partei gehören würden, wenn sie sich nicht grundsätzlich in ihrer politischen Haltung näher stünden als die Mitglieder mehrerer Koalitionsparteien.

GG völlig befriedigt; zwar kann eine Verfassungsbeschwerde in Betracht kommen, wo sie zulässig ist, aber keine Verfassungsstreitigkeit. Ähnlich steht es mit der Autonomie von Adelsgruppen. Diese wird zwar nach der zwischenzeitlichen Entwicklung schon praktisch kaum noch in Anspruch genommen werden; sollte es jedoch der Fall sein, so genügt auch hier der Rechtsschutz vor den anderen Gerichten und gegebenenfalls die Verfassungsbeschwerde. Eine Verfassungsstreitigkeit kommt m. E. nicht in Betracht, da es sich nicht im engeren Sinn um Mitwirkung an der Ausübung der Staatsgewalt handelt, sondern primär um den Anspruch auf eine besondere Freiheit von der eigentlichen Staatsgewalt. Man kann die autonome Rechtsetzung nicht gleichzeitig als „Ausübung von Staatsgewalt" betrachten und damit eine monistische Staatsauffassung zugrundelegen, wonach alles Recht letztlich staatlich gesetzt wird, aber gleichzeitig die dualistische Ansicht vertreten, die es allein rechtfertigen würde, in der Autonomie primär keine besondere Freiheitssphäre vom Staat, sondern eine Teilhabe an derjenigen Staatsgewalt zu sehen, auf der auch die Autonomiegewährung selbst beruht. Die abweichende Auffassung in der Entscheidung vom 10. 5. 1924 StGH 5/22, Lammers-Simons Bd. I S. 254 ff., war zu wenig begründet[59]). Ähnlich steht es m. E. mit der Anerkennung der Parteifähigkeit von Landeskirchen.

5. Mit der Parteifähigkeit hängt die Einleitung des verfassungsgerichtlichen Verfahrens a u f A n t r a g o d e r v o n A m t s w e g e n zusammen: Die Wahlprüfung war schon immer weitgehend ein Verfahren von Amts wegen. Allerdings wird das v e r f a s s u n g s g e r i c h t l i c h e Verfahren nach Art. 41 GG erst durch eine Beschwerde ausgelöst; aber diese könnte auch einem Bundeswahlleiter gegeben werden, so daß auch hier ein Verfahren von Amts wegen eingeleitet würde. Generell für die V. ist nur in Hessen (Art. 130 I) durch die Bestellung eines unabhängigen (§ 18 des Ausf.Ges.) Landesanwalts ein Verfahren von Amts wegen vorgesehen. Grundsätzlich mag es ein Vorzug sein, daß ernste Konflikte nicht auf Grund eines Verfahrens von Amts wegen gerichtlich ausgetragen werden m ü s s e n. Aber dieser Vorzug eröffnet auch die Möglichkeit zu Fehlentwicklungen durch die Staatspraxis und evtl. zu Mißbrauch im Parteiinteresse, vor allem wenn die Antragsbefugnis allzu begrenzt ist[60]). Besonders die obersten

---

[59]) Hiergegen schon auf der Tagung von 1928 Triepel a.a.O. S. 24.

[60]) Z. B. wäre eine Begrenzung des Antragsrechts beim Parteienverbot auf die Bundesregierung oder die Mehrheit des Bundestags bedenklich, weil das im Parteiinteresse ausgenutzt werden könnte. Bei der oben Anm. 53 erwähnten Reichspräsidentenwahl im Frühjahr 1925 würde der Antrag auf Verbot der KPD vermutlich nicht

Staatsorgane haben ihre Zuständigkeiten nicht zur Wahrnehmung nach freier eigener Entscheidung im eigenen Interesse, sondern im öffentlichen Interesse[61]). Sie haben mit der Antragsbefugnis auch die Möglichkeit zum Verzicht auf den Antrag und damit zu einer tatsächlichen Disposition über den objektiven Verfassungszustand mit praktischer Wirkung auch auf künftige Fälle. Dies ist aber unvermeidlich, wenn man nicht einen Landesanwalt bestellt, der jedoch seinerseits ebenfalls nicht nach dem Legalitätsprinzip jederzeit jeden möglichen Antrag zu stellen, sondern hierüber nach einem außerordentlich verantwortungsvollen politischen Ermessen zu entscheiden haben wird.

6. Bei der Disposition über den objektiven Verfassungszustand taucht das Problem der Schiedsgerichtsbarkeit auf dem Gebiet des Verfassungsrechts auf: Die Schiedsgerichtsbarkeit hat in die Regelungen über die Verwaltungsgerichtsbarkeit jetzt stärkeren Eingang gefunden. Man kann nicht verkennen, daß es dem Ausbau und der Entwicklung des Verfassungsrechts schädlich sein kann, wenn die Verfassungsgerichte frühzeitig und zufällig nach den eingehenden Anträgen bald hier, bald dort Einzelfragen des Verfassungsrechts herausgreifen und autoritativ entscheiden müssen. Der Weg der Schiedsgerichtsbarkeit kann den Vorzug besitzen, durch ein praktisches Kompromiß die Streitbeteiligten stärker zusammenzuführen, wo eine gerichtliche Entscheidung in Anwendung des jus strictum zwar dem Verfassungsrecht besser entsprechen, jedoch die politische Gesamtlage — nicht nur für den Augenblick — erschweren könnte. Die V. wird manchmal ihre beste Wirkung dadurch entfalten, daß sie zwar möglich ist, aber praktisch nicht in Anspruch genommen wird. Ich denke daran, daß selbst die autoritative Auslegung des Art. 64 I GG in der Frage, ob der Bundespräsident an die vom Bundeskanzler vorgeschlagene Ministerliste gebunden ist oder nicht, unerwünscht sein könnte, weil die Frage nur mit ja oder nein beantwortet werden kann und eine Auslegung zugunsten des Kanzlers das Gewicht selbst informeller Bedenken des Bundespräsidenten vermindern, die Stellung des Kanzlers gegenüber seinen Ministerkollegen erhöhen würde usw., während umgekehrt

---

vor der Wahl von einer Seite gestellt worden sein, die an der Wahl Hindenburgs interessiert war; umgekehrt würde eine Reichsregierung oder Reichstagsmehrheit, die an der Wahl von Marx interessiert war, den Antrag möglichst rechtzeitig vor dieser Wahl gestellt haben.

[61]) Auf die Bedeutung der von Thoma im Hb. d. d. St. R. Bd. II S. 610 ff. und von Friesenhahn im Hb. d. d. St. R. Bd. II S. 524 und neuerdings in der Festschr. f. Thoma S. 36 ff. vertretenen Auffassung von der Rechtssubjektivität der Verfassungsorgane kann ich im Rahmen dieses Referats nicht näher eingehen. Sie bedarf einer besonderen Untersuchung. Vgl. hierzu oben Anm. 52.

eine Entscheidung zugunsten des Bundespräsidenten diesen aus der Stellung eines Organs herauslösen würde, das gerade deshalb besondere Autorität besitzt, weil es wenig einzelne rechtliche Kompetenzen hat und deshalb in die Tagespolitik wenig hineingezogen wird. Die rechtliche Ungeklärtheit mancher Befugnisse des englischen Königs ist nicht nur ein Nachteil, sondern kann ein dem deutschen, mehr rechtlichen als politischen Denken etwas fernliegender großer Vorzug sein!

Nun können wir aber heute nicht mehr wie früher mit Vorstellungen über „Austräge" u. dgl. auskommen, weil sie nur möglich sind, wo das Verfassungsrecht wenige und klar übersehbare Rechtsverhältnisse mit echten subjektiven Rechten und Pflichten begründet. Gerade die oben im Abschnitt II unter B 4 erwähnte Natur des Verfassungsrechts als eines Sinngefüges, die Fernwirkungen auf andere Verfassungsfaktoren und deren Stellung im verfassungsgerichtlichen Verfahren als „Beteiligte" stehen dem entgegen. Jedenfalls dürfte die Rüge der Unzulässigkeit des Verfassungsrechtswegs wegen eines bestehenden Schiedsvertrags problematisch sein, weniger die Anerkennung eines Schiedsspruchs durch tatsächliches Verhalten mit der rechtlichen Möglichkeit, trotzdem jederzeit das Verfassungsgericht anzurufen. Wo die Entscheidung des Verfassungsgerichts Gesetzeskraft besitzt, Bindung für alle Behörden und Gerichte o. dgl. herbeiführt, ist ein Schiedsvertrag m. E. ausgeschlossen; dies gilt auch dann, wenn der Begriff „Gesetzeskraft" für *alle* verfassungsgerichtlichen Entscheidungen verwendet wird, aber für die besondere Art Verfassungskonflikt, um die es sich im Einzelfall handelt, fehl am Platze ist. Auch ein etwa gefällter Schiedsspruch würde dann nicht mehr als ein unverbindliches Gutachten darstellen. Für unbedenklich halte ich einen echten Schiedsspruch dort, wo bloße subjektive Rechte streitig sind, über die die Parteien verfügen können, wie es im Verhältnis zwischen Ländern der Fall sein kann, wo jedenfalls nicht das erwähnte Sinngefüge des Verfassungsrechts mit Fernwirkungen auf andere zu Beteiligende in Betracht kommt. Eine Verfassungsbeschwerde *braucht* der Bürger zwar nicht zu benutzen; aber daraus ergibt sich m. E. noch nicht zwingend, daß er sich insofern auch einem Schiedsgerichtsverfahren unterwerfen kann. Einer Ausdehnung der Zuständigkeit des Bundesverfassungsgerichts in den Fällen des Art. 93 I Z. 1 GG durch Schiedsvertrag auf echte Entscheidung des Streits halte ich ebenfalls nicht für zulässig, weil das GG hier m. E. bewußt eine Grenze gezogen hat.

7. Das *rechtliche Interesse* an der Beschreitung des Verfassungsrechtswegs ist, wenn überhaupt, in den Verfassungen und Ausf.Ges. verschieden geregelt; es wird aber still-

schweigend vorausgesetzt. Wo schon bloße „Zweifel“ zur Anrufung des Verfassungsgerichts berechtigen, wird die Rechtsunsicherheit gerade auf dem Gebiet des Verfassungsrechts als ein so wichtiger Faktor angesehen, daß sie allein schon das rechtliche Interesse an der verfassungsgerichtlichen Klärung begründet. Auf die Begriffe „Streitigkeiten“, „Meinungsverschiedenheiten“, „Auslegung und Anwendung“ möchte ich nicht eingehen. Jedenfalls aber entspricht der Erweiterung der Parteifähigkeit auch eine Erweiterung des rechtlich geschützten Interesses.

8. Einstweilige Anordnungen sind nach der Rechtsprechung des Reichsstaatsgerichtshofs grundsätzlich nicht ausgeschlossen. Bayern (Art. 48 III) hat sie für den besonderen Fall der Einschränkung oder Aufhebung von Grundrechten bei drohender Gefährdung der öffentlichen Sicherheit und Ordnung ausdrücklich zugelassen. Hessen hat sie in § 22 seines Ausf. Ges. ebenso allgemein zugelassen wie der Entwurf des Ausf. Ges. des Bundes (§ 28). Rheinland-Pfalz kennt sie bei der Richteranklage in der Form der Suspension vom Amt (§ 44), Nordrhein-Westfalen ebenso bei der Ministeranklage (Art. 63 II). Eine entsprechende Regelung enthält das GG selbst in Art. 61 für die Anklage gegen den Bundespräsidenten; allerdings stelle man sich die Wirkung auf Art. 81 I GG vor! Grundsätzlich wird man annehmen müssen, daß die Verfassungen an der Zulässigkeit einstweiliger Anordnungen, wie sie sich unter der WRV herausgebildet hatte, haben festhalten wollen, auch wenn sie hierüber nichts ausdrücklich bestimmen. Daß für gewisse Sachgebiete (z. B. für die Wahlprüfung) einstweilige Anordnungen ausscheiden, ergibt sich aus der Natur der Sache. Dasselbe möchte ich trotz des § 28 des Entwurfs des Ausf.Ges. des Bundes von der Verwirkung der Grundrechte nach Art. 18 GG und vom Parteiverbot nach Art. 21 GG annehmen. In Baden, wo das Verfassungsgericht als Kompetenzgericht fungiert, wird bei negativem Konflikt eine einstweilige Anordnung ausscheiden, während bei positivem Konflikt die Unterbrechung oder Aussetzung des gerichtlichen Verfahrens mangels näherer Regelung sich bereits aus der Natur der Konfliktserhebung ergibt.

9. Eine wichtige verfahrensrechtliche Begrenzung der V. mag wenigstens erwähnt werden, die durch Bezugnahme auf die Straf- oder Zivilprozeßordnung mancherorts vorgeschriebene Aussagegenehmigung für Beamte und entsprechende Regelung für die Vorlage behördlicher Akten. Nur einige Länder haben besondere Bestimmungen über die Unanwendbarkeit dieser Vorschriften getroffen, z. B. Hessen (§ 20 IV des Ausf.Ges.). Man wird sich fragen dürfen, ob die Anwen-

dung dieser Vorschriften nicht die Erforschung der Wahrheit so sehr erschweren kann, daß sie mit der hohen Aufgabe der Verfassungsgerichte unvereinbar ist.

10. Über die rechtliche Wirkung der Entscheidungen sind sehr verschiedenartige Bestimmungen getroffen. Einige Verfassungen oder Ausf.Ges. sehen generell vor, daß die Entscheidungen „Gesetzeskraft" haben[62]). Diese Bestimmung geht nicht weit genug, wenn es sich darum handelt, die Verfassungswidrigkeit einer Gesetzesvorlage wegen Unabänderlichkeit einer Verfassungsbestimmung oder die Notwendigkeit verfassungsändernder Mehrheit festzustellen; denn im ersten Fall muß auch der zu Verfassungsänderungen befähigte Gesetzgeber, im zweiten Fall wenigstens der einfache Gesetzgeber an die Entscheidungen gebunden sein. Die Entscheidung soll dann nicht nur Gesetzes-, sondern Verfassungskraft haben, ja bei Unzulässigkeit der Verfassungsänderung sogar die erhöhte Verfassungskraft entsprechend Art. 79 III GG; die maßgebliche Auslegung einer Verfassungsbestimmung muß nun einmal den Rang der Bestimmung teilen, die ausgelegt wird, wenn die gewollte Bindung erzielt werden soll. In Art. 136 II der Verfassung von Rheinland-Pfalz ist das klarer erkannt, indem auch die ausdrückliche Bindung des Gesetzgebers (und zwar sogar bezüglich der Unabänderlichkeitsklausel) vorgeschrieben und damit gerade der verfassungsändernde Gesetzgeber gemeint ist. § 19 des Ausf.Ges. von Rheinland-Pfalz summiert bemerkenswerterweise Rechtskraft und Bindung für alle Gerichte und Verwaltungsbehörden, ja evtl. sogar Gesetzeskraft. Die Rechtskraft ist hier, da sie von der Verkündung oder Zustellung abhängt, offenbar inter „partes" zu verstehen. § 13 II des Ausf. Ges. von Baden spricht von Rechtskraft für und gegen jedermann und von Bindung für die Streitteile und für alle Gerichte und Verwaltungsbehörden, zusätzlich von Gesetzeskraft für bestimmte Fälle. Andererseits ist die „Gesetzeskraft" keineswegs immer nötig, so bei der Wahlprüfung und bei der Ministeranklage[63]).

---

[62]) Dabei ist zweifelhaft, ob ein einfaches Gesetz ohne Ermächtigung durch die Verfassung den Entscheidungen des Verfassungsgerichts Gesetzeskraft beilegen kann, ob damit nicht ein zweiter „Weg der Gesetzgebung" begründet oder ausgeweitet wird. Soweit z. B. das richterliche Prüfungsrecht reicht, liegt die Ermächtigung m. E. implicite vor. Bedenken hätte ich, wenn ein einfaches Gesetz den künftigen einfachen Gesetzgeber an die „Auslegung" der Verfassung binden wollte, weil hier dem Spruch notwendigerweise sogar Verfassungskraft zukommen müßte, was sich bei dem Versuch einer späteren gesetzlichen Aufhebung des Spruchs bemerkbar machen würde.

[63]) Je nach dem Sachgebiet werden die Entscheidungen der Verfassungsgerichte also nicht nur verschieden tenoriert sein, sondern auch verschiedene Rechtswirksamkeit haben müssen. § 27 des Entwurfs des Ausf.Ges. des Bundes spricht nicht von Rechtskraft, sondern nur von Bindung der Verfassungsorgane des Bundes und der Länder sowie aller Gerichte und Behörden. Als ob nicht z. B. auch der Bund und die Länder selbst gebunden wären! Nach § 35 II des hessischen Ausf.Ges. sind die Fest-

Die Feststellung der allgemeinen Verbindlichkeit von Völkerrecht muß den gleichen Vorrang vor dem Bundesrecht haben, den Art. 25 GG für diese Regeln des Völkerrechts selbst statuiert.

Soweit Entscheidungen Gesetzeskraft haben, kann man die Regeln über das Inkrafttreten von Gesetzen nicht anwenden. Dies gilt vor allem für Entscheidungen, die authentisch auslegen oder einen bestehenden Rechtszustand als bereits bestehend autoritativ feststellen, wie es z. B. nach Art. 100 II GG der Fall ist. Die Frage, ob es den Verfassungsgerichten in solchen Fällen erlaubt ist, das Inkrafttreten ihrer Entscheidung selbst klarzustellen, und die Ungültigerklärung eines Gesetzes ex tunc oder ex nunc will ich heute im einzelnen nicht prüfen. Auch die Geltungsdauer der Sprüche mit Gesetzeskraft kann nicht völlig den Regeln über die Gesetze folgen. Obsolet dürften sie ebenso wie Gesetze werden. Mit den schon erwähnten Einschränkungen wird ihre Abänderung durch formelles Gesetz und hinreichend ermächtigte gesetzesvertretende Verordnung möglich sein. Hier ist Gesetzeskraft w e n i g e r als Rechtskraft, weil neue Gesetze im Zweifel rechtskräftige Entscheidungen unberührt lassen. Gesetzeskraft ist aber auch insofern w e n i g e r als Rechtskraft, als eine Aufhebung einer gesetzeskräftigen Entscheidung durch Einleitung eines neuen Verfahrens in der gleichen Frage nicht unmöglich ist, während Rechtskraft den erneuten Antrag wegen res judicata ausschlösse. Wenn aber eine gesetzeskräftige Entscheidung aufgehoben werden kann, so ergeben sich besondere Probleme, soweit es sich um eine authentische Auslegung handelt; denn diese muß grundsätzlich für b e i d e Entscheidungen rückwirkende Kraft auf den Zeitpunkt des Erlasses der ausgelegten Norm beanspruchen. Allerdings können auch Auslegungen dem Wandel gesellschaftlicher Auffassungen unterworfen sein, was übrigens auch für die Vereinbarkeit von Landes- und Bundesrecht gilt, vielleicht sogar für die Fortgeltung älteren Rechts gegenüber dem heutigen Verfassungsrecht, da auch die Auslegung des letzten nicht konstant ist. Wenn in Baden (Art. 114 IV) das Verfassungsgericht auch über die Geltung von Gesetzen zu entscheiden hat, so besteht das gleiche Problem hier auch, soweit das Verhältnis der lex prior zur lex posterior zu klären ist.

Eine besondere Frage ergibt sich übrigens hier für Berlin: Berlin hat das GG auf seinem Gebiet mit Wirkung vom 1. 10. 1950 in Kraft gesetzt und eine Übernahme von Bundesrecht als

---

stellungen des Sachverhalts und die rechtliche Beurteilung der Tat durch das Verfassungsgericht bindend für alle Gerichte und Behörden. Wenn der Staatsgerichtshof seinem Urteilstenor hier nicht eine Formulierung gibt, die für eine solche Bestimmung völlig ausreicht, würden auch die Urteilsgründe partiell Bindungskraft besitzen.

Berliner Recht[64]) verfassungsrechtlich möglich gemacht. Erklärt das Bundesverfassungsgericht ein so übernommenes Gesetz später für grundgesetzwidrig, so gilt es im Zweifel als niemals existent. Damit aber entsteht für Berlin die Frage, ob nunmehr der Übernahmebeschluß selbst seiner Grundlage beraubt und damit gegenstandslos geworden ist, oder ob es für Berlin erst eines erneuten Gesetzgebungsbeschlusses der Berliner Legislative bedarf[65]).

Bei der Wahlprüfung wird nach gemeindeutscher Rechtsauffassung eine Rückwirkung nicht angenommen; der Abgeordnete war zunächst vollgültig berufen, auch wenn seine Wahl später für ungültig erklärt wird. Wie steht es aber, wenn sich auf Anklage gegen einen Abgeordneten ergibt, daß er seine Stimme verkauft hat? Hier entsteht das Problem der Gültigkeit der erkauften Stimmabgabe und der etwaigen Korrektur von Beschlüssen des Parlaments, auf das ich hier nur hinweisen kann.

Ein ähnliches Problem ergibt sich, wenn auf Ministeranklage die Verfassungs- oder Gesetzwidrigkeit von Handlungen des Ministers festgestellt wird. Besteht die Pflichtwidrigkeit in Unterlassungen, so kann die Verpflichtung zur Vornahme des Aktes oder zum Schadensersatz die Folge sein; besteht sie in positivem Tun, so ergibt sich die Frage der Zurücknahme des Aktes, der Aufhebung der Abstimmung im Kabinett und im Bundesrat, falls Handlungen in einem Bundesorgan überhaupt durch einen Akt der Landesrechtsprechung tangiert werden können und die Tätigkeit der Ländervertreter im Bundesrat nicht ausschließlich als eine Teilnahme an der Ausübung der Bundesgewalt betrachtet werden kann, was wiederum angesichts des föderalistischen Charakters des Bundes und der Bindung an Instruktionen der Landesregierung nicht leicht möglich ist.

11. Schließlich noch einige Bemerkungen zur Vollstreckung und ihrer etwaigen Unterbindung: Das für die Vollstreckung zuständige Organ bestimmen die Verfassungen oder Ausf.Ges. häufig. Wo Gesetzeskraft oder Bindung für alle Gerichte oder Behörden vorgeschrieben ist, wird man daraus entnehmen müssen, daß auch dem Vollstreckungsorgan kein Ermessensspielraum über das Ob und wenig Spielraum über das Wie der etwaigen Vollstreckung gewährt ist, so zweifelhaft auch sein mag, ob der Begriff „Behörden“ an sich auf Minister-

[64]) Art. 87 der Berliner Verfassung ließ noch offen, ob Berlin nicht das Bundesrecht als solches bei sich in Kraft setzen wollte. Das Genehmigungsschreiben der Alliierten Kommandantur zur Verfassung vom 29. 8. 1950 verlangt jedoch Verabschiedung „als Berliner Gesetz".

[65]) Eine Entscheidung des Berliner Verfassungsgerichts ist nicht vorgesehen, sondern nur eine gutachtliche Äußerung über die Verfassungsmäßigkeit eines Gesetzes (Art. 72 III der Berliner Verfassung).

präsidenten usw. angewandt werden kann. „Rechtskraft“ aber kann nicht die spezielle Vollstreckungspflicht des Vollstreckungsorgans auslösen, auch wenn es sich um „Rechtskraft für jedermann“ handelt. Eher möchte ich die Einsetzung eines Vollstreckungsorgans als grundsätzlich gleichbedeutend mit der Statuierung einer Vollstreckungs p f l i c h t ansehen. In einigen Verfassungen fehlen Bestimmungen über die Vollstreckung überhaupt[66]). In Württemberg-Hohenzollern gibt nur die Verfahrens- und Geschäftsordnung (vom 26. 7. 1950, Reg.-Bl. S. 273 § 9 III) dem Vorsitzenden des Staatsgerichtshofs die Ausführungsbefugnis; wenn auch nach Art. 65 IV der Verfassung alle Entscheidungen Gesetzeskraft haben, so ist hier die Befugnis einer Verfahrens- und Geschäftsordnung (§ 7 Abs. 1 des Ausf. Ges.) doch wohl überschritten, mag auch der Landtag diese Ordnung genehmigt haben[67]). Die eigene Ausführung seiner Entscheidungen muß die seltene Ausnahme bleiben, etwa wenn die Entscheidung gegen die Regierung selbst gerichtet ist, wie das in dem Ausf.Ges. von Hessen (§ 23 II) oder Rheinland-Pfalz (§ 20 II) bestimmt ist.

Bei Entscheidungen des Reichsstaatsgerichtshofs der WRV wurde die Möglichkeit bejaht, den Vollzug zu inhibieren; in dem bekannten Fall Preußen gegen das Reich ist das durch Notverordnung vom 6. 2. 1933 (RGBl. I S. 43) auch praktisch geschehen. Ob das ohne verfassungsrechtliche Kompetenzen zu „Maßnahmen“ möglich ist, darf bezweifelt werden; denn ein Gesetz zur Unterbindung des Vollzugs dürfte an dem Verfassungsprinzip von der Allgemeinheit des Gesetzes scheitern[68]), gleichgültig, ob dieser Spruch des Verfassungsgerichts selbst Gesetzeskraft hat oder nicht. Dabei könnte sich auch die Frage ergeben, ob nicht etwa Art. 37 oder 91 GG unter heute noch un-

---

[66]) Auch das GG enthält keine Vorschrift über das Vollstreckungsorgan, womit es von Art. 19 II WRV bemerkenswert abweicht. § 32 des Entwurfs des Ausf.Ges. hilft dem ab. Aber kann dieses Gesetz hierfür dem Bundespräsidenten Kompetenzen beilegen, die er an sich nicht besitzt?

[67]) Entweder gibt die Regelung über die Vollstreckung keine neuen materiellen Befugnisse; dann ist sie eine bloße Zuständigkeitsregelung, und dann kann diese Zuständigkeit in der Hand des Vorsitzenden des Verfassungsgerichts nicht viel ausrichten. Oder die Regelung gibt materielle Befugnisse; dann bedürfen diese der Klarstellung und sind in einer bloßen Verfahrens- und Geschäftsordnung nicht genügend fundiert, weil in die normalen und regelmäßig gesetzlich geregelten Kompetenzbereiche eingegriffen wird, neue Gehorsamspflichten (evtl. auch außerhalb des öffentlichen Dienstes) begründet werden usw. In jedem Fall ist es bedenklich, daß das Verfassungsgericht seine Entscheidung selbst durchsetzen muß. Wo keine Bestimmungen über die Vollstreckung erlassen sind wird sich die Zuständigkeit aus dem Begriff der „Regierung“ ergeben; auch nachdem die aus der frühkonstitutionellen Zeit stammende h i s t o r i s c h e Vermutung der Zuständigkeit zugunsten der Regierung heute verschwunden ist, besteht doch die Zuständigkeit aus B e g r i f f u n d F u n k t i o n der Regierung fort, besonders bei unserer relativ stark betonten Gewaltenteilung.

[68]) Daß das Prinzip von der „Allgemeinheit des Gesetzes“ auf manche verfassungsgerichtliche Entscheidungen, die „Gesetzeskraft“ besitzen, nicht anwendbar ist, sei am Rande vermerkt.

voraussehbaren Verhältnissen eine Auslegung erfahren werden, die auch „Maßnahmen" erlaubt. Soweit aber eine Länderverfassung „Maßnahmen" auch zur Unterbindung des Vollzugs einer verfassungsgerichtlichen Entscheidung erlaubt, wäre eine solche Maßnahme der Landesgewalt auch dann zulässig, wenn das Land gemäß Art. 99 GG die Entscheidung seiner Verfassungsstreitigkeiten dem Bundesverfassungsgericht übertragen hat, weil dieses dann Landesgewalt ausübt. Anders steht es m. E., wenn mangels einer Regelung des Landes nach Art. 99 GG und mangels eines genügenden Ausbaus der eigenen V. das Bundesverfassungsgericht auf Grund des Art. 93 I Z. 4 GG zu entscheiden hat, weil es im letzten Fall m. E. Bundesgewalt ausübt.

Hier begegnet uns abermals das Widerstandsrecht: Ist es ein echtes vor- oder überstaatliches Recht, so muß es gegenüber aller Staatsgewalt gelten, auch der durch die Verfassungsgerichte ausgeübten[69]). Wer diese Konsequenz vermeiden will, kann dem Widerstandsrecht und damit auch den Menschenrechten, wenn er vom juristischen und nicht vom religiösen Standpunkt aus urteilen will, m. E. nicht uneingeschränkt den vor- oder überstaatlichen Charakter zusprechen, weil eine Bindung an die Entscheidung der Verfassungsgerichte dem widerspräche. Es scheint mir, als wenn die Verfassungsgeschichte durch viele Jahrhunderte in vielen Ländern die Tendenz erkennen läßt, das Widerstandsrecht in rechtlich geordnete Bahnen zu lenken und auf bestimmte Organe zu verlagern, im ganzen also zu „verstaatlichen". Dabei darf nicht verkannt werden, daß die Verstaatlichung nicht erst den Ausschluß eines Widerstandsrechts gegenüber dem gefällten Spruch des Verfassungsgerichts bedeutet, sondern bereits die Absorption des Widerstandsrechts durch die bloße Kompetenz des Verfassungsgerichts und evtl. sogar durch die ausschließliche Antragsberechtigung bestimmter Organe beim Verfassungsgericht. Bei dieser Auffassung ist das Widerstandsrecht keine Begrenzung der V., sondern ist in ihr aufgegangen, freilich evtl. nicht ausschließlich in ihr, sondern auch in der Strafgerichtsbarkeit gegen Hochverrat, in der Verwaltungsgerichtsbarkeit sowie in den Zuständigkeiten aller sonstigen Gerichte und Behörden, die ja sämtlich die Verfassung auf ihrem Gebiete zu wahren haben. Dann aber ist auch das Widerstandsrecht nur ein nicht glücklicher, sondern irreführender Ausdruck für einen relativ vollendeten Zustand der Rechtsstaatlichkeit, vor allem auf dem Gebiete der V.; ein Ausdruck, der freilich nicht darüber hinwegtäuschen kann, daß es schließ-

[69]) Heyland a.a.O. S. 89f., 97 f. spricht deshalb mit Recht mehrfach von dem Widerstandsrecht gegen richterliches Urteil.

lich doch der Staat ist, der hier maßgeblich über das Individuum und seine Rechte, einschl. des Widerstandsrechts entscheidet. Aber auch das ist noch nicht die letzte Seite des Problems. Gegenüber der funktionierenden demokratischen Ordnung mag eine Absorption des Widerstandsrechts denkbar sein; gegenüber dem Umsturz wäre es naiv, Widerstandsrecht und -pflicht auf einen Brief an das Verfassungsgericht als angebliche „Widerstandshandlung" beschränken und der Handvoll Richter den wirklichen Widerstand „im Namen des Volkes" überlassen zu wollen. Hier denkt m. E. die hessische Verfassung realistischer, indem sie von jedermann — nicht nur zur Verteidigung der Menschenrechte — wirklichen Kampf verlangt, etwa von der Arbeiterschaft den Generalstreik und von jedem anderen das Entsprechende. Dann würde gegenüber dem Umsturz der individuelle Widerstand durch die V. nicht absorbiert, sondern jedermann einschließlich der Verfassungsgerichte wäre nebeneinander zum Widerstand berechtigt und verpflichtet. Ich kann diese Fragen selbstverständlich hier nur aufwerfen.

III.

Wir haben bisher die Grenzen der V. de lege lata besprochen. Es könnte zweckmäßig erscheinen, eine Untersuchung de lege ferenda anzuschließen; denn es ist schon von einer Hypertrophie der heutigen V. gesprochen worden[1]). Doch obwohl die Verfassungsgeber uns auch nach meiner Ansicht mit der heutigen V. kein geringes Risiko auferlegt haben und obwohl die Verfassungsrichter selbst ihre Verantwortung oft kaum tragbar finden werden, sollten wir jetzt an Fragen de lege ferenda nicht herangehen. Der Gedanke an eine gesetzgeberische Wiederbeschränkung ist im jetzigen Augenblick, in dem diese V. gerade geschaffen worden ist, wenig sinnvoll. Heute haben wir zunächst einmal von dem auszugehen, was geltendes Recht ist. Hier bleibt uns jetzt zu prüfen, wie die so gestaltete V. funktioniert. Das ist nur möglich in Erkenntnis ihrer staatsrechtlichen, aber auch ihrer staatstheoretischen und politischen Bedeutung, ihrer grundsätzlichen Funktion in unserem Verfassungs- und politischen Leben. Hieraus muß sich ergeben, was die Erfüllung dieser Funktion voraussetzt. In diesen Voraussetzungen liegen bereits die prinzipiellen Grenzen der V. M. E. ist auf unserem Gebiet ganz besonders zu unterscheiden zwischen den Grenzen, die der V. in den Verfassungen usw. selbst gesetzt sind, und den Grenzen, auf die sie bei ihrem Funktionieren stößt; denn darüber, daß die Normen über die V. nicht allein ihren tatsächlichen Ablauf bestimmen, kann kaum

[1]) So Friesenhahn in Festschr. f. Thoma S. 40 Anm. 3.

eine Meinungsverschiedenheit bestehen. Wir haben uns daher zunächst die Frage vorzulegen: Wie funktioniert wesensgemäß die V.? Da es sich nach Formen, Verfahren und Bezeichnung um Gerichtsbarkeit handelt, für die die Unterwerfung unter Rechtsnormen und die Entscheidung nach Rechtsnormen wesentlich ist, will ich das Problem so präzisieren: Wie steht es mit der Herrschaft der Normen in der V.? Welche Schranken sind ihrer Wirksamkeit in der Arbeit der Verfassungsgerichte gesetzt?

Normen können nur auf typische Fälle abgestellt werden, Normativität setzt Normalität voraus. Der Verfassungsgeber kann aber das künftige Verfassungsleben nur zum Teil, jedoch weitgehend gerade nicht in seinen konkreten Konfliktslagen aus den bisherigen typischen Lebensabläufen und Verfassungserfahrungen entnehmen. Er ist deshalb weitgehend auf gedankliche Konstruktionen angewiesen. Schon aus diesem Grund muß er sich mit allgemeinen Begriffen und Regeln begnügen. Soweit er aber künftige Konfliktslagen präziser voraussehen kann, läßt sich oft nicht im voraus übersehen, wie sie zweckmäßig zu regeln wären. Dies ist ein weiterer Grund dafür, daß Normen entweder besonders allgemein formuliert werden oder überhaupt fehlen. Oft sind deshalb in den Verfassungen bewußt „Lücken“[2]) gelassen oder bloße Prinzipien enthalten. Es finden sich sogar echte Widersprüche[3]). Ferner sind nicht nur die einzelnen Normen, sondern ist das ganze verfassungsrechtliche Normensystem sehr locker, d. h. der Zusammenhang zwischen den einzelnen Normen, den durch sie geregelten Funktionen und Institutionen wenig präzise und erschöpfend geregelt. Verfassungsurkunden können auch nicht überladen werden und sollen obendrein der künftigen Weiterentwicklung genügend Raum lassen. Für das nichtförmliche Verfassungsrecht gilt all dies in z. T. geringerem Grad ebenfalls.

Selbst wenn aber Normen vorhanden und präziser formuliert sind, so taucht doch gerade dann in jedem Konfliktsfall die Frage auf, ob dieser Fall als ein typischer nach einer vorhandenen Norm behandelt werden kann, sei es, weil schon der Tatbestand als ein besonderer erscheint, sei es, weil die bestehende Norm zu praktischen Ergebnissen führt, die „unmöglich gewollt“ sein können. Im letzten Fall wird der Richter evtl. sogar

---

[2]) Zum Lückenproblem vgl. z. B. Kelsen, Reine Rechtslehre S. 100 ff. Seiner Auffassung, daß „Lücken“ im innerstaatlichen Recht nicht zu vermuten sind, daß man von ihnen höchstens in einem handwerklichen Sinn sprechen sollte, schließe ich mich weitgehend an. Vgl. hierzu auch Jerusalem, Kritik der Rechtswissenschaft S. 57 f., Triepel, Die Kompetenzen des Bundesstaats und die geschriebene Verfassung, Festgabe für Laband Bd. II S. 253, 309, 311 u. a. m.

[3]) Über Antinomien im GG vgl. Klein in Ztschr. f. d. ges. Staatswissenschaft Bd. 106 (1950) S. 398 ff.

gezwungen, den Tatbestand erneut daraufhin zu prüfen, ob er nicht eine Besonderheit bietet, die ihn von der strikten Anwendung der Norm befreit.

Die Norm ergibt also weit weniger noch als für andere Gerichte[4]) z w i n g e n d den Inhalt der Entscheidung. Selbst wenn sie wegen ihrer gerade auf dem Gebiet des Verfassungsrechts oft sehr allgemeinen Formulierung formal „angewendet“ werden kann, so ist sie doch gerade dann weitgehender Interpretation bedürftig und zugänglich; das Ergebnis ist in diesem Fall das gleiche: Der Verfassungsrichter ist zwar der Norm „unterworfen“, hat sie jedoch selbst erst zu konkretisieren, d. h. ihr den realen Inhalt erst selbst zu geben. Die Entscheidung von Konflikten ist deshalb nicht nur den jeweils zuständigen Verfassungsfaktoren, sondern schließlich den Verfassungsgerichten in weitem Umfang überlassen, ohne daß eine enge inhaltliche Bindung an das Verfassungsrecht möglich wäre.

Die Auslegung der Verfassung unter Heranziehung des Inhalts einfacher Gesetze ist nicht so einfach möglich, wie sonst unter dem Gesichtspunkt der „Einheit der Rechtsordnung“; denn als Gesetz höheren Ranges hat die Verfassung Anspruch auf primäre Geltung. Die gesamte übrige Rechtsordnung muß grundsätzlich aus der Verfassung verstanden werden (wenn auch stets die Frage auftauchen kann, wie weit die Verfassung auf alten Rechtsvorstellungen usw. aufbaut und sie voraussetzt), aber nicht umgekehrt. Für älteres Recht ist das selbstverständlich. Für jüngeres Recht gilt zwar die starke Vermutung, daß die Entscheidungen des einfachen Gesetzgebers dem Willen der Verfassung entsprechen; aber dieser Grundsatz ist leichter zu verwirklichen, wenn es sich nur um die Frage handelt, ob ein einfaches Gesetz wegen Überschreitung des gesetzgeberischen Ermessens im W i d e r s p r u c h zur Verfassung steht und deshalb als ungültig erachtet werden muß, weil es sich hier nur um ä u ß e r s t e Grenzen der Vereinbarkeit mit der Verfassung handelt, als wenn die Frage die ist, ob ein einfaches Gesetz den Willen und Geist der Verfassung oder einzelner Verfassungsbestimmungen „klassisch“ ausdrückt und deshalb zur Auslegung der Verfassung selbst geeignet ist. Das letzte würde voraussetzen, daß der einfache Gesetzgeber auch heute schon selbstverständlich voll im Sinn der Verfassungen dächte, lebte und wollte. Daß diese Voraussetzung bei uns noch nicht ohne weiteres gegeben ist, beweist allein schon die große Bedeutung des richterlichen Prüfungsrechts.

---

[4]) Hierüber und zum Folgenden grundsätzlich z. B. Isay, Rechtsnorm und Entscheidung S. 20 ff., 28 und 177, ferner Beradt, Der Richter, S. 58 ff., Triepel a.a.O. S. 293 und 317 ff., Kelsen a.a.O. S. 90 ff. und passim, Kelsen, Justiz und Verwaltung S. 5 und 17, Jerusalem a.a.O. S. 15 ff. und passim, del Vecchio, Die Gerechtigkeit, 2. Aufl. S. 157.

Auch an der Staatspraxis und an etwaigem Verfassungsgewohnheitsrecht werden die Verfassungsgerichte nur wenig Anhalt finden. Beide sind in ihrer Existenz wie auch in ihrem Inhalt bei der Jugend unserer Verfassungen schwer feststellbar. Neue Staatspraxis stellt selbst eher einen möglichen Konfliktsstoff für die V. dar als eine Richtschnur. Mit neuem Gewohnheitsrecht wird kaum schon zu rechnen sein, obwohl es sich auf verfassungsrechtlichem Gebiet schon aus relativ wenigen Vorgängen ergeben kann. Der Rückgriff auf die Zeit unter der WRV ist aber keineswegs immer unbedenklich. In jedem Fall ist auch zu beachten, daß vorzeitige Verhärtungen vermieden werden müssen, weil dem Willen der jeweiligen Staatsorgane und sonstigen Verfassungsfaktoren vieles anheim gegeben sein und bleiben soll[5]).

Dann bleibt dem Richter nichts anderes übrig, als auf das Ganze der Verfassung, auf die sinnvollen Zusammenhänge von Normen und ganzen Verfassungsinstitutionen, ja der ganzen Wirklichkeit des politischen Lebens zurückzugreifen. Dabei verlangen auch solche Teile des Gesamtgefüges Berücksichtigung, die nicht unmittelbar „streitig" sind, aber doch mittelbar betroffen werden, weil eine Verschiebung an einer Stelle das gesamte Sinngefüge der verfassungsmäßigen Ordnung ändert[6]). So sind es schließlich sehr allgemeine Erwägungen, die die Entscheidungen der Verfassungsgerichte letztlich tragen müssen, jedenfalls m. E. in der Mehrzahl aller Fälle, die vor die Verfassungsgerichte kommen.

Die Verfassung ist daher für die Arbeit der Verfassungsgerichte nicht mehr als eine mehr oder minder klare, mehr oder minder scharf umrissene, aber auch mehr oder minder mit Mängeln behaftete Grundkonzeption einer politischen, sozialen und geistigen Gesamtordnung unseres Lebens, aus der aber die Ordnung in concreto auch vom Verfassungsgericht nicht einfach abgelesen werden kann. Geltung der Verfassung, Unterworfenheit unter die Verfassung bedeutet deshalb für die Tätigkeit des Verfassungsrichters bei weitem nicht dasselbe wie Geltung des Gesetzes und Unterworfenheit unter das Gesetz für die Tätigkeit des Richters sonst.

Aus allen diesen Gründen gilt für die Verfassungsgerichte weit mehr noch als für alle anderen Gerichte die Feststellung von Isay[7]), daß die heute noch vertretene Auffassung falsch ist,

---

[5]) Daß die Einführung umfassender verfassungsgerichtlicher Entscheidungsbefugnisse das Streben nach baldigen autoritativen Entscheidungen züchten und damit frühzeitig Präjudizien zu zahlreichen Einzelfragen des Verfassungsrechts schaffen kann, ist nicht das geringste Bedenken gegen den heutigen Ausbau der V.

[6]) Vgl. Anm. 52 f. zu Abschnitt II und unten Anm. 18.

[7]) A.a.O. S. 20 ff., bes. S. 28 und 177.

der Richter sei nur der, der das Recht feststellt, aber nicht aufstellt, er sei nach Montesquieu nur „der Mund des Gesetzes“[8]). So einfach sei es „fast niemals“. Die Entscheidungen der Verfassungsgerichte unter der WRV zeigen m. E. sehr deutlich, daß sie nicht aus den Normen entnommen worden sind, sondern aus allgemeinen Erwägungen, ja daß sie z. T. um des Ergebnisses willen „gewollt“ sind. Es handelt sich in allen Fällen, die ernsthaft zweifelhaft sind — und andere werden kaum vor die Verfassungsgerichte kommen —, gerade bei der V. nicht nur um Konkretisierung des Rechts durch Auslegung, sondern um eine weitaus selbständigere, geradezu um eine eigene schöpferische Tätigkeit, um ein selbständiges Weiterdenken des Willens der Verfassung aus ihrem Geist heraus. Hierbei kann es eine Erleichterung bringen, daß dies nicht abstrakt, sondern in einem konkreten Konflikt geschieht, in dem sich der Tatbestand und seine Bedeutung, ja vielleicht schon die Lösungsmöglichkeiten für das Verfassungsgericht abzeichnen, in dem die Beteiligten zur Klärung beitragen usw. Trotzdem möchte ich diese Erleichterungen für das Verfassungsgericht nicht hoch veranschlagen, denn für seine Entscheidung bringen sie schließlich doch nur Gesichtspunkte bei, aber keine Grundlage. Es fehlt geradezu zwangsläufig der Umstand, daß unter allen denkbaren Entscheidungen diejenige, die das Verfassungsgericht schließlich fällt, die einzige ist, die Recht ist. Statt dessen ist es weitgehend so, daß die gefällte Entscheidung nicht aus den Normen hergeleitet, sondern nur als aus ihnen begründbar erwiesen wird[9]). Ihre „Begründung“ ergibt also nicht die Gründe, die zu ihr führen mußten, sondern nur die, die diese Richter zu ihr geführt haben. Sie ergibt, daß die Entscheidung nicht rechtlich undenkbar, jedenfalls nicht willkürlich ist, m. a. W. daß so entschieden werden konnte, aber nicht, daß juristisch notwendig so entschieden werden mußte.

Bei dieser Sachlage stellt jede Entscheidung eines Verfassungsgerichts eine mehr oder minder selbständige Beteiligung dieses Gerichts an der Gestaltung des politischen und sozialen Lebens dar. Schon im Zivilprozeß ist die soziale Wirkung eines Urteils über einen einzelnen Anspruch, der aus einer vorübergehenden einmaligen Begegnung im gesellschaftlichen Leben entstanden ist, verschieden von der sozialen Wirkung einer Entscheidung, die in einem gesellschaftlichen Dauerverhältnis ergeht[10]). Im Verfassungsleben handelt es sich nun ge-

[8]) Montesquieu sagt sogar, die Richter sollten „des êtres inanimés“ sein (De l'esprit des lois, 11. Buch, 6. Kap., Abs. 49).

[9]) Isay, a.a.O. S. 28 und ähnlich S. 177 stellt das sogar für die Tätigkeit der anderen Gerichte fest.

[10]) Bei einem einzelnen Anspruch außerhalb eines Dauerverhältnisses ist die Angelegenheit für das gesellschaftliche Leben in der Regel mit der Erfüllung des zu-

radezu grundsätzlich um Dauerverhältnisse, also praktisch immer um soziale Gestaltung durch verfassungsgerichtliche Entscheidung. Aber selbst wenn wir zunächst nur den einzelnen Fall betrachten, so hat doch die Entscheidung über ihn im Verfassungsleben eine präjudizielle und damit allgemeine Bedeutung, so daß sie fast von selbst zum Bestandteil unserer politischen und sozialen Grundordnung wird, wenn nicht im juristischen, so doch im praktischen Sinn. Wer ein Gesetz auf Grund des richterlichen Prüfungsrechts als verfassungsmäßig anerkennt, läßt es damit zu[11]), wer ihm die Anerkennung versagt, schaltet es aus. Wer die Kompetenzen der obersten Staatsorgane, die Rechte von Minderheiten in Parlamenten abgrenzt, wer Parteien verbietet oder bestehen läßt usw., wirkt unmittelbar auf Kräfte ein, die ihrerseits den maßgebenden Anteil an der politischen und sozialen Gestaltung besitzen. Selbst Entscheidungen über Verfassungsbeschwerden haben oft keine geringere politische und soziale Bedeutung als die Ausübung des richterlichen Prüfungsrechts[12]). Es wird auch allgemeines Einverständnis darüber bestehen, daß die Verfassungsgerichte zur Bildung von Staatspraxis und Verfassungsgewohnheitsrecht viel beitragen können und sollen.

Wir müssen deshalb grundsätzlich feststellen: Wer so wie unsere Verfassungsgerichte an der maßgeblichen Gestaltung der Grundlagen unseres politischen und sozialen Lebens mitzuwirken hat, ist nicht nur im formalen, im juristischen Sinn ein Verfassungsorgan, sondern erhält selbst eine nicht nur kontrollierende und hemmende, sondern zwangsläufig auch eine aktive politische Funktion[13]). Die Verfassungs-

---

erkannten Anspruchs erschöpft und erledigt. Die Angelegenheit findet ihre mehr oder minder reibungslose Eingliederung in die Totalität des sozialen Lebens relativ leicht, normalerweise schon durch die Beschränkung ihrer sozialen Wrkungen auf die Streitparteien. Ein Dauerverhältnis aber wird durch das Urteil selbst, d. h. mehr oder minder im ganzen affiziert, denn das Urteil erzeugt Wirkungen auf ein solches Verhältnis u. U. sehr grundlegender Art und noch in der Zukunft.

[11]) Es ist bei unseren Grundrechten usw. keineswegs undenkbar, daß sich aus dem richterlichen Prüfungsrecht der Verfassungsgerichte die Stellung einer „dritten Kammer" entwickelt, weil bei allen bedeutenden Gesetzen leicht die Tendenz auftreten wird, die Gültigkeit zu bezweifeln, bis sie vom zuständigen Verfassungsgericht bejaht worden ist. Von dort bis zur Einregistrierung durch die Parlamente in Frankreich ist nur ein kleiner Schritt. Deren historische Bedeutung für die französische Revolution ist bekannt.

[12]) Auch Verfassungsbeschwerden gegen Verwaltungsakte und Urteile präzisieren den Inhalt der Rechtsordnung. G. Jellinek, Allgemeine Staatslehre, 3. Aufl. S. 608, bezeichnet authentische Verfassungsinterpretation beim richterlichen Prüfungsrecht als „in Wahrheit gesetzgeberische Tätigkeit".

[13]) Nachdem der Begriff des Politischen durch die bekannte Schrift Carl Schmitts eine ebenso interessante wie einseitige Behandlung erfahren hat, sollten wir uns fragen, ob die frühere Judikatur und Literatur zu diesem Begriff, die Diskussion über das Reichsvereinsgesetz usw. wirklich von ihm vollständig erledigt ist. Der Begriff des Politischen bezieht sich m. E. auf die soziale Gestaltung und Behauptung nach innen und außen, also auf alle Institutionen, Akte, Kräfte und Probleme, in denen wir

gerichte haben (soweit sie nicht an einfache Gesetze gebunden sind) geradezu die Aufgabe, in dem mehr oder minder weiten und lockeren Rahmen des Verfassungsrechts selbst den pouvoir constituant auszuüben, wobei schließlich nicht einmal der Inhalt des ursprünglichen Verfassungsrechts selbst unberührt bleiben wird. Wenn ich „Regierung" hier im Sinn des angelsächsischen „government" und nicht des „gouvernement" verstehe, so sind die Verfassungsgerichte eher mit Unabhängigkeit ausgestattete, in speziellem Verfahren mit mancherlei Garantien tätige Regierungsorgane besonderer Art, als normengebundene, den anderen Gerichten vergleichbare Gerichte. Die V. ist deshalb in großem Umfang keine echte Gerichtsbarkeit im hergebrachten Sinn dieses Wortes, und das keineswegs nur, insoweit sie „ursprüngliche" V. ausübt, wie beim Parteienverbot und der Aberkennung von Grundrechten, wo sie besonders deutlich an der „Regierungsgewalt" (sogar im engeren Sinn des Wortes) teilhat. Kelsen[14]) hat darauf hingewiesen, daß es gleichgültig sei, ob man die Aufgabe der Verfassungsgerichte noch als echte Justiz auffassen könne. Ich glaube, daß er Recht hat, weil V. niemals und nirgends mit anderer Gerichtsbarkeit wesensgleich ist, weil sie sich niemals und nirgends in auch nur annähernd gleicher Weise wie andere Gerichtsbarkeit auf die Bindung an das Gesetz hat beschränken und allein verlassen können. Es kommt nicht darauf an, ob auch andere Gerichte mehr oder minder (und gelegentlich sogar sehr) frei von solcher Bindung sind, und ob auch ein Verfassungsgericht gelegentlich durchaus gebunden sein kann; maßgebend ist allein, daß die Bindung für die anderen Gerichte charakteristisch ist, für die Verfassungsgerichte aber nicht, daß für das politische und soziale Leben die Bindung der anderen Gerichte ebenso relevant ist und ihre Funktion legitimiert, wie die Nichtbindung der Verfassungsgerichte für das Verfassungsleben relevant ist, ohne allerdings deren Funktion legitimieren zu können. Hier liegt die entscheidende Schwierigkeit: Es wird die legitimierende Kraft, die die sonstige Gerichtsbarkeit in unseren Verhältnissen erworben hat, benutzt für eine Institution und ein Verfahren, für die und in denen die Voraussetzungen dafür zwangsläufig fehlen. Es wird im Sinn der Gewaltenteilung als Funktion der richterlichen Gewalt gekennzeichnet, was tatsächlich im größten Umfange einer anderen Gewalt angehört.

---

die Souveränität im Spiel befindlich wissen und die wir eben deshalb als „politisch" kennzeichnen, um auszudrücken, daß hier die Souveränität im Sinne Hermann Hellers im Spiel ist oder in das Spiel gezogen wird.

[14]) Vgl. den Aufsatz „Wer soll der Hüter der Verfassung sein?" in „Die Justiz", Bd. VI S. 576 ff., bes. S. 583 f.

Schon im Zivilprozeß muß der Richter, wenn ihm präzise Normen fehlen, sich ein Bild von der Lage machen, die sich aus der beabsichtigten Entscheidung mutmaßlich ergeben wird. In ungleich stärkerem Umfang muß der Verfassungsrichter sich durch gedanklich-konstruktive Vorwegnahme der politischen Wirkungen ein Bild von der politischen Ordnung machen, die aus der einen oder anderen Entscheidungsmöglichkeit voraussichtlich hervorgeht. Er muß erstreben, daß auf der Basis der beabsichtigten Entscheidung künftig sinnvoll weitergehandelt werden kann. Seine Entscheidung muß durch die künftige Entwicklung „bestätigt" werden, sich in ihr bewähren können. Mit der eigenen Entscheidungsbefugnis des Verfassungsgerichts ist also ein Element der *Entscheidung von der Zukunft her* zwangsläufig verbunden. Selbst darüber, was bedeutsam ist für eine verfassungsrechtliche Institution, für das gegenseitige Verhältnis von Verfassungsorganen usw., läßt sich ausschließlich aus der Vergangenheit nur bei annähernd gleichbleibenden Verhältnissen, also bei ruhiger Entwicklung ein richtiges Urteil bilden; nichts beweist dies deutlicher als die weitgehende Zurückhaltung der Verfassungen selbst vor zu eingehenden Normierungen. Schon dann, wenn es sich nur darum handelt, ob ein Fall als ein atypischer, als ein „besonderer" behandelt werden muß, weil die verfassungsrechtliche Regelung, die zur Verfügung steht, Ergebnisse herbeiführen würde, die „unmöglich gewollt" sein können, handelt es sich um eine geistige Vorwegnahme der Zukunft, um eine Entscheidung *von den Wirkungen des Spruchs her*. Dies bezieht sich keineswegs nur auf Fragen der Zuständigkeit und des Zusammenspiels der Verfassungsfaktoren, sondern auch auf Fragen der materiellen Ordnung des politischen und sozialen Lebens. Es gilt erst recht, wenn nicht nur die Anwendung oder Nichtanwendung einer bestimmten Regel, sondern die Wahl zwischen mehreren Regeln oder die Entscheidung nur auf Grund allgemeiner Prinzipien und Erwägungen in Betracht kommt. Hier ist „prudentia" erst recht „providentia". Die Haltung „pereat mundus!" kann niemals die sein, die ein Verfassungsgericht einzunehmen hat, im Gegenteil: Nicht die Begrenzung des Blicks auf die formale „Erledigung" der Akten, sondern die möglichst zutreffende Berücksichtigung aller denkbaren Folgen der Entscheidung gehört zu den grundlegenden Aufgaben der Verfassungsgerichte. Damit entfällt aber auch weitgehend die Möglichkeit, zwischen Verfassungsauslegung und Verfassungswandlung durch die Urteile der Verfassungsgerichte klar zu unterscheiden.

Dies bedeutet nichts anderes, als daß wir vom Verfassungsgericht selbst politisches Denken verlangen, daß die Verfassungsrichter auch als „Politiker" entscheiden, nämlich im gewissen Sinn selbst konstruktiv Politik treiben. Auch das künftige Leben, für das eine Verfassung „gilt", ist historisches Leben und wandelt sich als solches, in manchen Perioden allmählich und fast unmerklich, in anderen überstürzend rasch. Die allmähliche Wandlung von Sinn und Bedeutung der Verfassungsnormen, die allmähliche Entstehung von Staatspraxis und Verfassungsgewohnheitsrecht wird die geringsten Schwierigkeiten bereiten. Hier wird es oft ausreichen, zu fragen, was der Verfassungsgeber selbst bestimmt haben würde, wenn er für den konkreten Fall eine Bestimmung hätte treffen wollen, oder was er in der heutigen Lage bestimmen würde, wenn er heute zu entscheiden hätte. Schwieriger ist es, wenn die Verfassung die politischen Kräfte und Verhältnisse, die Wirkungen der Normen usw. falsch beurteilt hat[15]) oder wenn diese später eine unvoraussehbare Entwicklung nehmen. Keine Verfassung kann der Zukunft einfach „auferlegt" werden, sondern stets wird ein Spannungsverhältnis zur Wirklichkeit eintreten. Im äußersten Fall kann vom Verfassungsgericht nicht nur ein Mitgehen mit Wandlungen verlangt werden, die sich im Verfassungsleben bereits weitgehend durchgesetzt haben, sondern kann nur noch die Wahl zwischen der Öffnung neuer verfassungsrechtlicher Wege und einer Krise bleiben, die eine Reinigungskrise oder aber eine tödliche Krise für die Verfassung werden kann. Dann wächst der Verfassungsrichter selbst in die Stellung eines verantwortungsvollen Staatsmannes hinein[16]). Aber nicht erst in solchen Situationen, in denen ein Staatsstreich oder eine Revolution droht, steht das Verfassungsgericht vor ausgesprochen dynamischen Entwicklungen!

In diese Situationen ist das Verfassungsgericht allerdings nicht mit der Freiheit gestellt, die ein „politisches" Staatsorgan besitzt. Durch seine Ausgestaltung als „Gericht" wird ausgedrückt, daß die konservierende Funktion die grundsätzliche Basis aller seiner Entscheidungen bleiben muß. Ist aber das, was grundsätzlich konserviert werden muß, nicht an sich eindeutig und gilt die Verpflichtung zur Konservierung nicht absolut, sondern nur in polarer Spannung mit unvermeidlicher Anpassung und Fortführung, so erhebt sich die Frage, wodurch die Ent-

---

[15]) Gerade wenn der Verfassungsgeber seine Konzeptionen klar, widerspruchslos und möglichst erschöpfend ausgedrückt hat, zeigt sich, wie wenig er sie der Zukunft und den verschiedenen politischen und sozialen Kräften auferlegen kann. Der zwingende Charakter von Verfassungsrecht allein löst dieses Problem nicht. Triepel a.a.O. S 278 sagt unter Berufung auf Bryce: „Starre Verfassungen haben nur die Wahl, ob sie gebogen oder gebrochen sein wollen."

[16]) Wir brauchen uns nur vorzustellen, daß das Parteiverbot nach Art. 21 GG schon vor 1933 möglich gewesen wäre und daß etwa im Jahre 1932 von einer Landesregierung der Antrag auf Verbot der NSDAP gestellt worden wäre.

scheidung des Verfassungsgerichts als „richtig" erwiesen werden kann.

Nicht juristische Notwendigkeit der Entscheidung, sondern eine Art Evidenz ihrer Richtigkeit, von der noch zu sprechen ist, ist also das Höchsterreichbare.

Bei den anderen Gerichten wird es sich darum handeln, daß dann, wenn die Normen nicht diese Entscheidung und keine andere als richtig erweisen, doch ihre sozialen Wirkungen regelmäßig hinreichend übersehbar sind und als „gerecht" erscheinen. Hierüber wird in der Regel eine allgemeine Übereinstimmung „aller billig und gerecht Denkenden" bestehen können. Eben weil dies grundsätzlich möglich ist, wird es darauf, daß eine solche Beurteilung jeder einzelnen Entscheidung gar nicht stattfindet, überhaupt nicht mehr ankommen. Selbst „Fehlentscheidungen" werden von dieser grundsätzlichen Legitimation und von der ebenso grundsätzlichen Anerkennung überschattet, daß der Richter sich um die Gerechtigkeit seines Spruches nach besten Kräften bemüht und daß auch er nicht frei von Irrtum ist, ja daß auch die Richtigkeit einer abweichenden Auffassung nicht unzweifelhaft festzustehen braucht. Auf dem Gebiet des Verfassungsrechts hingegen kommt „Gerechtigkeit" oder ein ähnliches allgemeines Prinzip nur in Ausnahmefällen in Betracht, etwa wenn es sich um Grundrechte, insbesondere um den Gleichheitssatz handelt. In der Regel aber ist diese Basis zu schmal, um den tragenden Gedanken für eine verfassungsgerichtliche Entscheidung abzugeben, weil dies immer bedeutet, daß auf dieser Basis — gewiß nur in Ergänzung des anderweitig Bestimmten — die formale und materielle politische und soziale Gesamtordnung weiter konkretisiert oder ausgebaut werden muß. Selbstverständlich liegt es im Wesen des Staates, daß er grundsätzlich den Gerechtigkeitsmaßstäben der Zeit entsprechen soll. Ich will hier nicht die Verschiedenheit der Maßstäbe bei den verschiedenen Gesellschaftsgruppen usw. behandeln, ebenso wenig das Problem der Verschiebung der herrschenden Auffassungen und ihre Ursachen. Aber daneben kommen auch praktische, organisatorische und Machtgesichtspunkte in Betracht, etwa bei Fragen der Durchführbarkeit einer Norm oder Entscheidung oder bei ihren politischen und gesellschaftlichen Auswirkungen. Man denke etwa an die Verschiedenheit, mit der höhere Lohnforderungen einerseits und höhere Preisforderungen andererseits nicht nur unter dem Gesichtspunkt der Gerechtigkeit, sondern auch ihrer Durchführbarkeit und ihrer Folgen allgemein beurteilt werden. Es können sogar Gründe, die in normalen Zeiten als unzulässige Zweckmäßigkeitserwägungen betrachtet werden würden, unter besonderen Verhältnissen als zulässige Gerechtigkeitserwägungen gelten[17]). Der Gesichtspunkt der Gerechtigkeit tritt vor allem zurück, wenn es sich um organisatorische, besonders um Zuständigkeitsfragen handelt; zwischen Bundestag und Bundesrat herrscht keine „Gerechtigkeit", sondern eine sinnvolle funktionelle Ordnung, die teilweise auf Zweckmäßigkeitsgründen, teilweise aber auch auf — klar oder unklar gewollter — Machtverteilung beruht. Selbst für das Beispiel des Gleichheitssatzes sind allzu verschiedene Gerechtigkeitsmaßstäbe vorhanden. Selbst dieser Satz, als Gerechtigkeitssatz verstanden, besagt u. U. nicht mehr, als daß gleich zu behandeln ist, was nicht „an sich" gleich *ist*, sondern was *unter dem Gesichtspunkt der fraglichen Behandlung* gleichzu*stellen* ist und umgekehrt. Es findet hier zwar ein regressus, aber doch nicht ein regressus auf eine *sichere* Größe statt; ja es ergibt sich, wenn die Ungerechtigkeit ungleicher Behandlung nicht wegen ihrer praktischen Wirkungen offensichtlich ist, nicht viel mehr als eine Tautologie: gleich „ist", und „deshalb" gleich behandelt werden muß, was gleich behandelt werden muß. Mit anderen allgemeinen Prinzipien dürfte es m. E. nicht viel besser stehen. Gerade hierüber bedarf es freilich noch einer eingehenden Untersuchung.

In manchen Fällen mag die „Richtigkeit" der Entscheidung aus der besonderen Zweckmäßigkeit des Ergebnisses klar genug hervorgehen. Trifft sie zusammen mit der Möglichkeit, dieses Ergebnis auch rechtlich überzeugend in die geltende verfassungsmässige Ordnung einzufügen, so ergibt das die volle Richtigkeit dieser Entscheidung. Läßt sich das zweckmäßigste Ergebnis nicht so gut rechtlich begründen, wie ein minder zweckmäßiges, so kann der Anspruch auf Einfügbarkeit der zweckmäßigsten Entscheidung in die verfassungsmäßige Ordnung gesenkt werden, falls die Zweckmäßigkeit dieser Entscheidung besonders deutlich ist; sonst muß eine minder zweckmäßige, jedoch besser einfügbare und deshalb rechtlich besser begründbare Entscheidung gefällt werden, die jedoch „tragbar" sein muß. Welches ist nun aber die zweckmäßigste, welches ist eine tragbare Entscheidung? Erwägungen hierüber sind weitgehend politisch und dem Kampf der Meinungen besonders ausgesetzt. Sie sind deshalb nicht zwangsläufig jeder wissenschaftlichen Betrachtung entzogen, sondern können durch eine

[17]) Ein Beispiel hierfür war die Einführung einer „Reichshilfe" der Festbesoldeten im öffentlichen Dienst. Die Gesetzesvorlage war zunächst im Juli 1930 vom Reichstag abgelehnt; dann wurde die Reichshilfe durch Notverordnung vom 16. 7. 1930 RGBl. I S. 207 eingeführt, auf Grund eines Reichstagsbeschlusses gemäß Art. 48 WRV durch neue Notverordnung vom 18. 7. 1930 RGBl. I S. 223 wieder aufgehoben und nach Auflösung des Reichstags wenige Tage später durch Notverordnung vom 26. 7. 1930 RGBl. I S. 311 als Sondersteuer endgültig eingeführt.

realistische Staatslehre und Staatsrechtslehre für den demokratischen Staat in unserer Zeit und bei uns u. U. fundiert werden, wovon noch zu sprechen sein wird. Selbstverständlich wäre es besser, wenn wir auf einen allgemeinverbindlichen Bestand an Grundüberzeugungen und an praktisch-politischem Verhalten zurückgreifen könnten; indessen sind weder unser Volk im ganzen noch die unmittelbar an der laufenden Politik mitwirkenden Teilnehmer und Kräfte des politischen Lebens durch Jahrzehnte demokratischen Verfassungslebens geschult und daran gewöhnt. Sie müssen selbst erst in die Demokratie hineinwachsen, die ja nicht dann schon besteht, wenn sie verfassungsrechtlich „eingeführt" worden ist. Noch weniger verfügen wir über eine Freiheit des Bewußtseins, die es uns ermöglichen würde, unseren Weg in innerer Souveränität mit politischem Takt einigermaßen sicher von Fall zu Fall selbst zu finden. Das oft beklagte Mißverhältnis zwischen Mehrheiten und Minderheiten ist nur ein Beispiel hierfür, das durch die weitgehende lange Zeit hindurch erzwungene Negativität unserer Oppositionen und durch manches andere mehr zwar erklärt werden kann, aber doch mit dem Ende der konstitutionellen Monarchien und des Autoritarismus nicht einfach entfallen ist.

Die Konkretisierung der bestehenden und die geistige Vorwegnahme der künftigen Gesamtordnung kann nur in begrenztem Umfang eine Auferlegung durch das Verfassungsgericht darstellen. Sie kann keinen anderen sozialen Gesetzen unterliegen als die Verfassungsgebung selbst, die immer auf einer „Annahme" durch das Volk beruht, gleichgültig, in welcher Form sie sich rechtlich vollzieht. Auch die Entscheidungen der Verfassungsgerichte besitzen gegenüber den politischen und sozialen Kräften keine größere Gewalt als die Verfassungen selbst. Auch die Autorität unserer Verfassungsgerichte, die nicht in alter Tradition begründet ist, muß erst durch deren Praxis erworben werden und darf nicht zu einem neuen Autoritarismus führen. Es bedarf also der Herstellung von „Rechtsfrieden", wenn die Gestaltungen durch die verfassungsgerichtlichen Entscheidungen ihren Zweck erfüllen sollen, d. h. es bedarf ihrer inneren Annahme durch die bedeutsamsten sozialen und politischen Kräfte. Das Verfassungsleben muß als politisches Leben auf dem Zusammenarbeiten dieser Kräfte aufgebaut sein, und dieses Zusammenwirken muß ein positives sein und bleiben. Es ist zu beachten, daß Verfassungsnormen im gewissen Sinn stets leges imperfectae sind, weil ein Zwang zur positiven Zusammenarbeit nicht immer möglich ist. Nicht anders steht es mit verfassungsgerichtlichen Entscheidungen. Die Tatsache, daß der Reichsstaatsgerichtshof unter der WRV sich möglichst mit Feststellungsurteilen begnügte, zeigt, daß ihm dieser Umstand bewußt war. Zu den Wirkungen der Entscheidung, von denen oben die Rede war und die der Verfassungsrichter zu bedenken hat, gehört daher immer auch die Reaktion der anderen Verfassungsfaktoren auf die Entscheidung, und zwar wegen der Interferenz aller Verfassungsnormen und Verfassungsfaktoren keinesfalls nur die der etwaigen Streitparteien[18]).

Daß sich hieraus geradezu zwangsläufig auch Folgerungen auf die Zusammensetzung der Verfassungsgerichte ergeben, scheint mir offenbar zu sein. Ich begrüße daher ihre Besetzung unter Berücksichtigung der politischen Parteien, weil hierdurch eine grundsätzliche Basis des Vertrauens dieser bedeutsamen Verfassungsfaktoren geschaffen, weil ihnen hierdurch selbst eine „gefilterte" Möglichkeit zur Mitarbeit bei der Gestaltungsaufgabe der Verfassungsgerichte geschaffen und weil hierdurch eine gewisse Gewähr dafür gegeben wird, daß die Vorstellungen von der Ordnung, die aus der Entscheidung hervorgehen wird, adäquat sind. Es scheint mir geradezu empfehlenswert, daß das Verfassungsgericht in seinen Entscheidungsgründen selbst möglichst den Weg angibt, der zu dem erstrebten verfassungsmäßigen Zusammenspiel aller politischen Kräfte auf Grund der Entscheidung führen kann, damit die Entscheidung selbst nicht nur als rechtlich herbeigeführt, noch weniger nur als durch Rechts- oder Gesetzeskraft erzwungen, sondern auch als die Basis für die Fortsetzung des gemeinsamen politischen Weges erwiesen wird.

Werden diese Gesichtspunkte nicht berücksichtigt, so wird die V. in ihrem Funktionieren an Grenzen stoßen, die ihr nicht gezogen zu sein brauchen. Sie wird zu ihrer eigenen Vermeidung oder Umgehung beitragen[19]). Schon wenn bedeutende politische

---

[18]) Die Stellung des Kanzlers bei der Ministerernennung zum Bundespräsidenten berührt auch seine Stellung zu seinen Ministerkollegen und zwangsläufig auch deren Stellung gegenüber dem Parlament und den Fraktionen der Regierungskoalition und der Opposition. Eine Entscheidung über die Verfassungswidrigkeit einer Partei betrifft nie nur diese selbst und ihre derzeitige Führung und Mitgliedschaft, sondern stets auch deren Abgeordnete, selbst wenn sie nicht ihr Mandat automatisch verlieren, nämlich ihre künftige Wahlaussicht und damit ihr heutiges Verhalten, sie betrifft die Mehrheitsverhältnisse entweder sofort oder bei künftigen Wahlen, die anderen Parteien mindestens bei künftigen Wahlen und damit die Position der Regierungen, kurz das politische Schicksal des ganzen Volkes und die derzeitige oder mindestens künftige Bildung und Zusammensetzung der Verfassungsorgane und andere Verfassungsfaktoren.

[19]) Die Notverordnung des Reichspräsidenten zur Herstellung geordneter Regierungsverhältnisse in Preußen vom 6. 2. 1933 RGBl. I S. 43, die sich formal auf das Verhalten des Landes Preußen gegenüber dem Urteil des Reichsstaatsgerichtshofs vom 25. 10. 1932 stützte, ist gewiß durch die Ereignisse des 30. 1. 1933 und alles, was damit zusammenhängt, ausgelöst worden; tatsächlich aber entsprang sie doch wohl der politischen Unmöglichkeit des Entscheidungsinhalts, so sehr man anerkennen möchte, daß das Gericht sich um ein „annehmbares" Ergebnis bemüht hat, annehmbar freilich

Kräfte auch nur den Weg zum Verfassungsgericht vermeiden, kann die V. zu einem Instrument der anderen politischen und sozialen Kräfte werden.

Wir sollten also anerkennen, daß die Verfassungsgerichte in der politischen Realität keineswegs so wie in der rechtlichen Regelung über den anderen Verfassungsfaktoren stehen, daß sie ihnen viel eher in ihrer politischen Funktion nebengeordnet sind. Das Verfassungsleben besteht nun einmal nicht aus einzelnen Akten der Vollziehung von Verfassungsnormen oder von verfassungsrechtlichen Entscheidungen, sondern aus einem weitgehend nicht nur unnormierten, sondern auch unnormierbaren dauernden Zusammenspiel der Verfassungsfaktoren. Auch Verfassungsrechtssätze und verfassungsrechtliche Entscheidungen sind nicht immer vollstreckbar, und selbst die Vollstreckung, die stattfindet, braucht das Problem nicht wirklich für das politische Leben zu lösen. Immer kann es Situationen geben, in denen alles auf den Willen der Verfassungsfaktoren, auch einer unterlegenen Streitpartei, und nichts mehr auf ihre bloße Gehorsamspflicht gegenüber einer verfassungsgerichtlichen Entscheidung ankommt[20]). Es hat ja seinen guten Grund, daß im Verfassungsrecht so vieles dem jeweiligen politischen Ermessen der Verfassungsfaktoren überlassen wird; Entscheidungen der Verfassungsgerichte können nicht an sich eine stärkere, sondern nur eine konkretere und insofern wirksamere politische Effektivität besitzen als die Verfassungsnormen selbst. Schon Montesquieu hat die Frage aufwerfen

---

in erster Linie für die stärkere Seite, die zugleich die letzte verfassungsmäßige Autorität in der damaligen Situation zu sein schien.

Ich würde es für wenig realistisch halten, wenn wir den Gedanken ausschließen wollten, daß uns noch sehr ernste Verfassungskonflikte bevorstehen können, auch ernste Krisen der V. selbst. Sie muß sich gegenüber und bei wirklichen „Großmächten" des innerstaatlichen politischen Lebens durchsetzen und hat dazu nicht mehr als die Kraft ihrer Gründe zur Verfügung. Der Versuch, sich dem Spruch zu entziehen oder die tatsächliche Entscheidung vorwegzunehmen, ist in großen Konflikten nicht unwahrscheinlich. Es ist auch möglich, daß Organe, die an der Bildung der Verfassungsgerichte beteiligt sind, nicht handeln oder ihr Handeln auch nur hinauszögern, so daß das Verfassungsgericht nicht oder nicht genügend besetzt und damit funktionsunfähig würde. Im Bund selbst könnte eine Änderung der neuerdings erörterten Zuständigkeiten der Senate des Bundesverfassungsgerichts durch einfaches Gesetz, evtl. sogar durch Notgesetz nach Art. 81 GG praktisch ähnliche Bedeutung haben.

[20]) Wenn z. B. bei Verneinung des Selbstauflösungsrechts eines Parlaments eine starke Minderheit nicht mehr mitarbeitet, wenn sie sich aller geschäftsordnungsmäßigen Möglichkeiten zur Opposition bedient, so kann ein Punkt erreicht werden, an dem die Entscheidung bedeutungslos wird, weil die Majorität gezwungen ist, sich mit der Opposition in der Frage, um die der Streit um die Selbstauflösung entbrannt ist, zu einigen, oder aber selbst nach einer Auflösung zu suchen. Ähnlich steht es mit der Kompetenz des Kanzlers nach dem GG oder der Ministerpräsidenten nach den Länderverfassungen, die Minister durch Richtlinien der Politik zu binden; denn auch hier geht es nicht um die rechtliche Kompetenz allein, sondern auch um die politische Realität, in der ein rechtlich zur Einhaltung solcher Richtlinien verpflichteter Minister regelmäßig als Führer einer Koalitionspartei sehr viel selbständiger sein kann, evtl. so selbständig, daß er den Kanzler oder Ministerpräsidenten politisch sogar übergeht und sich seiner Richtliniengewalt entzieht oder ihn bei ihrer Ausübung maßgebend bestimmt.

müssen, ob die von ihm verlangte wechselseitige Hemmung seiner drei Verfassungsfaktoren, die er sich obendrein als je homogen vorstellte, nicht etwa bewirke, daß sie nebeneinander „devroient former un repos ou une inaction“[21]). Er hat sie dahin beantwortet, daß diese drei politischen Faktoren, die er zu den obersten Staatsorganen machen wollte, durch die notwendige Entwicklung der Dinge („par le mouvement nécessaire des choses“) gezwungen sein würden, vorwärts zu schreiten, und zwar „d'aller de concert“. Diese Notwendigkeit besteht für unsere heutigen so viel zahlreicheren und keineswegs homogenen Verfassungsfaktoren nicht minder, ist aber schwerer zu erfüllen. Sie gilt gegenüber Entscheidungen der Verfassungsgerichte nicht minder als gegenüber den Verfassungsnormen selbst. Auch sie sind — ebenso wie die Verfassungen — allen Verfassungsfaktoren anvertraut. Der Verfassungsrichter kann nur z. T. voraussetzen, daß das Zusammenwirken auf der Basis seiner Entscheidung durch den verfassungsmäßigen Gehorsam oder durch einen selbstverständlichen „Drang zur Macht“ gewährleistet sein werde. Er wird es möglichst vermeiden, durch seine Entscheidung einen Wechsel von Personen in Verfassungsorganen oder von Mehrheiten herbeizuführen. Selbst wenn sie nur indirekt dazu führen könnte[22]), wäre das ein höchst verantwortungsvolles Unterfangen für ein Verfassungsgericht, eine Wirkung von kaum übersehbarer Tragweite[23]). Die Konfliktslage könnte bis zur Unheilbarkeit verschärft werden. Die Selbstverständlichkeit des Zusammenspiels der Verfassungsfaktoren, die wir in England erkennen, muß also auf der Basis der verfassungsgerichtlichen Entscheidungen erreicht werden. Die Entscheidung darf nicht desintegrieren, sondern muß integrieren. Die beste Wirkung wird u. U. dadurch erzielt, daß die bloße Möglichkeit, das Verfassungsgericht anzurufen, bereits zu einem vernünftigen Zusammenspiel und evtl. zum Kompromiß führt. Es hat also seinen guten Sinn, wenn der Verfassungsrechtsweg — abgesehen vom Land Hessen — nicht von Amts wegen beschritten wird. Ebenso hatte es seinen guten

---

[21]) A.a.O. Abs. 56.

[22]) Ich denke z. B. daran, daß bei der Feststellung der Verfassungswidrigkeit eines Gesetzes oder eines Gesetzgebungsplans eine bestehende Mehrheit auseinanderbrechen kann, an die politischen Folgen einer Verurteilung bei Ministeranklage oder eines Parteienverbots in kritischen Fällen, wenn eine knappe Mehrheit davon abhängt auch an die Wirkungen einer wahlprüfungsrechtlichen Entscheidung, so sehr die Wahlprüfung heute schon technisch, d. h. unpolitisch geworden ist.

[23]) Solche Veränderungen zu vermeiden durch eine Entscheidung, die an den bestehenden Kräftegruppierungen, an der derzeitigen Besetzung der Verfassungsorgane usw. nichts ändert, wird in der Regel als minder verantwortungsvoll erscheinen, weil für die menschliche Betrachtung nun einmal — auch im politischen Leben — „nichts ändern“ nahezu gleichbedeutend ist mit „nichts verursachen“ und damit nicht verantwortlich sein für das, was geschieht.

Sinn, wenn der Reichsstaatsgerichtshof wiederholt auf eine Einigung der Streitparteien hingewirkt, wenn er sich wiederholt auf bloße Auslegung der Verfassung beschränkt und eine „Verurteilung" zu bestimmten Maßnahmen möglichst vermieden hat, weil es sich selten nur um eine einmalige Befolgung der gefällten Entscheidung, sondern um ein sinnvolles Weiterhandeln auf der Basis dieser Entscheidung handelte, die selbst rechtlich oder wenigstens politisch zum Bestandteil unserer verfassungsmäßigen Ordnung werden mußte. Die politische und soziale Grundordnung wird nicht durch Verfassungen, Gesetze und verfassungsgerichtliche Entscheidungen allein gestaltet, sondern auch durch das politische und soziale Verhalten dazu. In diesem Wirkungszusammenhang steht das Verfassungsgericht ständig und unausweichlich.

Nun ist der Anteil der Verfassungsgerichte an der politischen und sozialen Gestaltung nicht nur aus diesem Grund ein ganz besonderer; hinzu kommt, daß diese Gerichte nur auf Anruf tätig werden, also der eigenen Initiative entbehren. So weit auch die praktisch-politische Wirkung ihrer Entscheidungen reicht, so wird sie doch dirigiert und damit beschränkt durch den Tatbestand, der vor sie gebracht wird. Hiervon freie, selbständige Versuche zur Lösung politischer oder sozialer Probleme können sie nicht unternehmen. Gewiß ist die Institution durch ihre richterliche Unabhängigkeit so isoliert, daß „bestellte" Anträge nicht zu erwarten sind, anders als beispielsweise die indirekten „Regierungsvorlagen" zu Gesetzen in den USA, die durch nahestehende Abgeordnete eingebracht werden.

Trotzdem werden hierdurch materiell selbständige Versuche zur Gestaltung des politischen und sozialen Lebens nicht unter allen Umständen verhindert. Sie sind nicht nur in geeigneten Konfliktsfällen niemals unmöglich, sondern es ist auch dort, wo es in der Welt V. gibt oder gegeben hat, Kritik dieser Art niemals ausgeblieben[24]). Verfassungsgerichtliche Entscheidungen werden oft bestimmte Maßnahmen auf dem Gebiet der Gesetzgebung, der Verwaltung oder auch des praktisch-politischen Verhaltens von Verfassungsfaktoren herbeiführen und sogar erzwingen. Das Verfassungsgericht kann selbst konkrete Anregungen dieser Art geben. Dabei kann es mehr oder minder darauf ankommen, wie sie von anderen Verfassungfaktoren aufgegriffen und verwirklicht werden. Aber selbst ein indirekter Zwang zu solchen Maßnahmen wird oft eine Belastungsprobe für die Verfassung und die V. selbst darstellen.

Ein Senat mit solchen Aufgaben war und bleibt überall und jederzeit nur dann erträglich, wenn es sich um eine Instanz

---

[24]) Vgl. z. B. Soltau, Die souveräne richterliche Gewalt in der Verfassung, im Rechtsleben und im politischen Bilde der USA, J. R. 1950 S. 485 ff., bes. S. 489.

handelt, die an der Macht selbst im übrigen nicht beteiligt ist, die grundsätzlich nur den anderen Verfassungsfaktoren ihren Anteil an der Bildung der Staatsorgane und an der Ausübung der Staatsgewalt zuweist. Die nicht nur rechtliche, sondern auch tatsächliche Unfähigkeit, den eigenen Machtbereich zu erweitern, soziale und politische Macht zu akkumulieren, kann nie voll gegeben sein, weil das Verfassungsgericht auch seine eigenen Kompetenzen maßgeblich auszulegen hat. Es wäre ein ernstes Krisenzeichen, wenn eine gesetzliche Begrenzung der V. auf Grund der Praxis auch nur erwogen werden sollte. In jedem Fall muß das Verfassungsgericht frei bleiben von der Absicht, selbst kämpferisch politische Tendenzen durchzusetzen. Es muß als letzte, aber auch allgemeinste, der Konkretisierung besonders bedürftige Bindung diejenige an die in der Verfassung, in ihrem Grundrechts- wie in ihrem organisatorischen Teil sich spiegelnden Grundentscheidungen, Wertungen und Wertrelationen und an die auf dieser Basis gewollten Entwicklungsmöglichkeiten des politischen und sozialen Lebens bestehen bleiben.

Das erfordert eine große innere Freiheit der Richter, auch eine Freiheit gegenüber ihrem eigenen politischen, weltanschaulichen und sozialen Standort, ja was noch mehr ist: eine Freiheit von Bindungen an ihre eigenen, oft ungeprüften und unbewußten Voraussetzungen des Denkens[25]). Freiheitliche Demokratie besteht nicht nur auf Grund von Menschen- und Bürgerrechten, sondern besteht in der Freiheit des Kampfes der

[25]) Hier mag man das Hauptbedenken gegen die Bildung der Verfassungsgerichte unter Berücksichtigung der Parteien sehen. Nach fast allen Verfassungen werden diese Gerichte durch die Volksvertretungen gebildet, nach manchen mit ausdrücklichem Hinweis auf die Vertretung der Parteien in den Verfassungsgerichten. Dadurch können Bindungen an feste Meinungen oder gar an Forderungen in die Verfassungsgerichte getragen werden, selbst wenn kein unmittelbares parteipolitisches Interesse am Ausgang der Sache besteht. Trotzdem halte ich es für richtig, daß die Verfassungen nicht nur auf ein abstraktes politisches Interesse gebaut und ihm den Schutz der Verfassungen anvertraut haben. Berufsrichter allein stehen der Sache, um die es sich handelt und die hier so sehr Berücksichtigung verlangt, m. E. zu fern, mindestens bei uns heute. Die Erfahrungen mit den Staatsgerichtshöfen und Wahlprüfungsgerichten der Zeit unter der WRV sprechen auch für die Verwendung von Politikern und politisch interessierten und bewährten Männern und Frauen aus dem Volk in diesen Gerichten. Heute ist sie bei den Aufgaben unserer Verfassungsgerichte geradezu unvermeidbar. Wir unterscheiden uns von den totalitären Einparteienstaaten doch nicht nur formal, sondern durch die volle Anerkennung der Tatsache, daß Parteien absolut notwendige Ausdrucksformen geistiger und nichtgeistiger Realitäten unseres sozialen Lebens sind. Sie sind geradezu der Transformator, ohne den das Individuum gar nicht zur vollen Entfaltung seiner Persönlichkeit kommen könnte, nämlich nicht zum sozialen Handeln und zur Mitbestimmung über das soziale Schicksal. Freiheitliche Demokratie wollen heißt deshalb auch die Parteien grundsätzlich als tragende Säulen unseres gemeinsamen Lebens anerkennen und dieses Leben durch sie entscheidend mitgestalten lassen, auch und gerade in den Verfassungsgerichten. Ich denke nicht, dahin mißverstanden zu werden, daß ich die Parteipolitik in den Gerichtssaal tragen will; denn es ist wohl offenbar, welch hohes Maß von Reife des politischen Urteils mir für die Verfassungsrichter notwendig zu sein scheint, die allerdings auch nicht nur auf Grund von Fachkenntnissen und bewußter Beschränkung auf das Fachliche sich von selbst einstellt, zumal hier weniger als an jeder anderen Stelle Fachkenntnisse genügen.

Geister und Meinungen. In normalen Zeiten mit ruhiger und stetiger Entwicklung ist sie bereits schwer genug zu verwirklichen. In einer Situation, in der das bloße Beharren bei den Auffassungen von gestern und heute oder ein einfaches Wiederanknüpfen an die Zeit vor 1933 nicht ausreicht, muß von den Verfassungsrichtern geradezu politische Weisheit verlangt werden. Sie ist nie nur auf Ausschnitte des menschlichen Lebens beschränkt, sondern ist etwas Umfassendes; sie muß sich auf die sozialen Fragen, auf wirtschaftliche Probleme und das geistige Leben in einem geradezu universalen Sinn erstrecken und muß vor allem auch ein Bild von der Natur des Menschen und vom Sinn des persönlichen und sozialen Daseins in unserer Zeit umfassen.

Damit ist aber das Problem der Objektivität und der Neutralität aufgeworfen. Rechtliche Unabhängigkeit führt nicht von selbst zur Objektivität, sondern kann sie nur schützen, wo sie vorhanden ist, und sie reicht selbst dazu allein nie aus. Sie genügt auch in Verbindung mit der Unmöglichkeit, Macht zu akkumulieren, nicht einmal zur Begründung der notwendigen Distanz. Obendrein ist für die Verfassungsgerichte nicht nur Distanz erforderlich, sondern umgekehrt auch das Gegenteil davon, nämlich ein essentielles Darin-Stehen in den Problemen, die zu entscheiden sind. Zwischen der Distanz von den politischen Ereignissen, Kräften und Fragen und diesem Mitten-Darin-Stehen führt der Weg hindurch, auf dem der Richter keines von beiden vermeiden kann und sich keinem von beiden hingeben darf. Auch darf die Neutralität, die von ihm gefordert wird, nicht einfach als eine Neutralität zwischen den Streitparteien verstanden werden, soweit es solche im konkreten Fall gibt[26]). Vielmehr handelt es sich um eine Neutralität zwischen den realen Interessen geistiger und nichtgeistiger Art, die selbst von vorhandenen Streitparteien eines gegenwärtigen Streits nicht immer rein und erschöpfend ausgedrückt zu sein brauchen. Denn indem zwischen den konkreten Parteien eines Streits entschieden wird, wird tatsächlich über diese von ihnen selbst nur subjektiv ausgedrückten Interessen entschieden. Tatsächlich betroffen, d. h. gefördert oder gehemmt werden diese Interessen selbst[27]). Interessen sind nicht als solche illegitim,

[26]) Daß das Verfassungsgericht in den Fällen, in denen es unmittelbar die freiheitliche Demokratie zu verteidigen hat, nicht neutral in dem sonstigen Sinn sein kann, versteht sich von selbst. So wichtig das Problem der Grundrechte der Gegner der Demokratie und der rechtlichen Stellung antidemokratischer Parteien auch ist, so gehe ich doch heute hierauf nicht näher ein.

[27]) Z. B. kann eine Streitigkeit „zwischen Bund und Land" in Wahrheit eine Streitigkeit zwischen der Koalition, die hinter der Bundesregierung steht, und der Koalition, die die Landesregierung bildet, sein. „Das Land" und „der Bund" sind konkret immer bestimmte Regierungen und Majoritäten und deren Interessen. Nicht anders steht es bei der Vereinbarkeit von Landesrecht mit Bundesrecht oder von Bundesgesetz mit dem GG: immer sind reale Interessen und Kräfte im Spiel.

sondern sind gerade aus dem Wesen der freiheitlichen Demokratie, die die Fülle des gesellschaftlichen Lebens und die Individualität nicht nur des einzelnen Menschen, sondern auch der Gruppen bejaht, grundsätzlich legitim, auch wenn der Interessenkampf die Form der Machtausübung und des Machtkampfs annimmt. In diesem Interessenkampf, der mit rechtlichen Argumentationen ausgefochten werden kann, die von den motivierenden Interessen u. U. nicht das geringste verlauten lassen, werden also die Verfassungsrichter sich ihren eigenen Standpunkt bilden müssen. Daß nicht nur die eigene soziale Stellung, die ich hier in einem umfassenden Sinn verstehe, ein größeres Verständnis für die eine oder andere Seite mit sich bringen kann, sondern daß der Richter überhaupt aus dem Bereich seiner persönlichen Lebenserfahrung heraus entscheidet, daß es demgegenüber erst eines bewußten Korrektivs bedarf, das sich nicht in bloßer Toleranz oder in subjektivem Gerechtigkeitsstreben erschöpfen kann, sondern ein hohes und nur selten aufgebrachtes Maß an Klarheit des Denkens und an Ethos verlangt, sollte nicht bestritten werden. Es scheint mir, als ob es unter Juristen heute weniger als früher diese Selbstverständlichkeit des „Realisierens", d. h. der klaren Vorstellung solcher soziologischen Tatsachen gäbe, als ob Max Weber, Max Scheler und Karl Mannheim für uns umsonst gelebt hätten. Das mag aus der Lage, in der wir uns befinden, die nach einer neuen Fundierung richterlicher Unabhängigkeit sucht, erklärlich sein; auch hier gilt aber der Satz „ab integro nascitur ordo", nur aus der Klarheit und Wahrheit des Gedankens kann eine wahre Ordnung entstehen.

Ziehen wir aus dem in diesem Abschnitt Gesagten die Folgerungen, so ergibt sich, daß hier die bedeutsamsten, die nicht nur speziellen, die nicht nur allgemeinen, sondern die prinzipiellen Schwierigkeiten und Grenzen der V. liegen: Der Mangel an juristischen Bindungen der Verfassungsgerichte muß so weit wie möglich, kann aber für eine echte Gerichtsbarkeit im sonstigen Sinn niemals genügend ersetzt werden durch innere Bindungen an die freiheitliche Demokratie. In den Verfassungsrichtern muß deren Geist in höchstem Maße lebendig sein. Aus ihm heraus müssen sie den grundsätzlichen Einklang der anderen Verfassungsfaktoren erstreben und selbst in ihm zu bleiben suchen, da sie die politische und soziale Ordnung zwar mit, aber nie allein gestalten, da sie helfen sollen, diese Faktoren zu integrieren. Andernfalls würde gerade freiheitliche Demokratie mehr noch als andere Verfassungen unmöglich, weil V. wirklich, d. h. wirksam wäre. Wenn wir auch festgestellt haben, daß die Verfassungsgerichte selbst ein Stück des pouvoir constituant ausüben, daß sie die verfassunggebende Gewalt stets gegenwärtig und im konkreten Fall zur Entscheidung im Rahmen der bestehenden Verfassung fähig machen, so müssen wir dies dahin einschränken, daß nicht nur ihre Tätigkeit im Rahmen der bestehenden Verfassung, sondern grundsätzlich auch im Einklang mit den politischen Verfassungsfaktoren auszuüben ist und daß sie ein politisches Gesamtbild nicht nur vom Verfassungsrecht, sondern auch von der jetzigen und künftigen Verfassungswirklichkeit besitzen müssen.

Mag diese Aufgabe auch über das Fassungsvermögen einer Gerichtsbarkeit in der üblichen Bedeutung des Begriffs hinausgehen, so kann doch der Versuch, diesen Träger der Staatsgewalt mit richterlicher Unabhängigkeit auszustatten und ein richterliches Verfahren einzuführen, deshalb als zweckmäßig erscheinen, weil er in unserer konkreten Lage das Aufeinanderprallen schroffer gegnerischer Standpunkte mildern und eine ruhige Weiterentwicklung gewährleisten helfen kann. Freilich wirft diese Lösung keineswegs nur die Frage auf, ob wir den Verfassungsgerichten mehr aufgetragen haben, als Gerichte leisten können[28]), sondern auch die viel ernstere Frage, ob wir etwa den Glauben an die politischen Gestaltungskräfte unserer Zeit verloren haben oder ob wir Neuentwicklungen hemmen wollen[29]). Es wäre äußerst bedenklich, wenn freiheitliche Demokratie im Sinn der Restauration oder Erhaltung der bestehenden sozialen Verhältnisse und nicht a u c h als Freiheit zur Neugestaltung verstanden würde. Die Aufgabe unserer Verfassungsgerichte kann insofern vielleicht z. T. verglichen werden mit derjenigen der ersten deutschen Länderregierungen vor den Verfassungsgebungen: Man könnte diese als eine Art kommissarische Diktatur zur Demokratie hin bezeichnen, weil sie — neben der Befriedigung der dringendsten äußeren Notdurft — die Hauptaufgabe hatten, Demokratie in Deutschland wieder herbeizuführen. Was damals hinauslief auf die Schaffung der ersten Voraussetzungen hierfür und was an Verfassungsbestimmungen noch nicht gebunden war, muß heute von den Verfassungsgerichten mit fortgesetzt werden, allerdings auf der Basis der Verfassungen, in ihrem Rahmen und entsprechend ihrer Rolle als Gericht mehr zulassend als aus eigener Initiative führend und formend. Sie sind nicht die einzigen

[28]) Das gilt nicht nur wegen des Fehlens hinreichend bestimmter Normen usw., also aus j u r i s t i s c h e n Gründen, sondern auch aus t a t s ä c h l i c h e n, weil ein Organ, dem die eigene Initiative fehlen muß, immer eine gewisse Ähnlichkeit mit einem Arzt hat, den man nur zur Beseitigung von Symptomen und Beschwerden, aber nicht zur wirklichen Heilung der Krankheit ruft.

[29]) Werner Weber, Weimarer Verfassung und Bonner Grundgesetz, S. 12 urteilt über das GG: „An ihm ist nichts von unbekümmerter Frische, vorwärtsgreifendem Wagnis und mutiger Entscheidung." Was die Verfassungen unmittelbar nicht entschieden haben, ist damit doch zunächst faktisch zugunsten des Bestehenden entschieden. Da jede Gerichtsbarkeit grundsätzlich eine konservierende Funktion hat, liegt hierin eine gewisse indirekte Verankerung der bestehenden sozialen und politischen Verhältnisse.

„Hüter der Verfassung", aber sie sind es auch, und auch für sie bedeutet dies nicht: behüten können, was ist, sondern schaffen helfen, was erst werden soll. Es erhebt sich sogar die Frage, ob die Verfassungsgerichte nicht selbst Repräsentationsorgane sind, auf die ich heute jedoch nicht eingehen kann.

Bewältigen läßt sich diese Aufgabe der Verfassungsgerichte, falls überhaupt, so nur auf Grund eines klaren, eines umfassenden und sehr realistischen Bildes von der Demokratie hic et nunc, eines Bildes, das in kaum einer Hinsicht mehr den Vorstellungen des 19. Jahrhunderts, auch nicht seiner Staatslehren, entspricht und das auch in unseren Verfassungen sehr unvollkommen ausgedrückt ist. Diese Demokratie bedarf realer Substrate und konkreter Verwirklichungen in unseren sozialen Verhältnissen und in unserer geistigen Welt. Sie ist nicht zuletzt auch ein soziologisches, philosophisches und selbst anthropologisches Anliegen[30]). Als solches muß sie den Verfassungsrichtern in allen ihren Zusammenhängen nicht etwa nur nicht fremd, sondern sogar lebendig vertraut sein. Sie selbst zu erforschen, kann jedoch nicht die Aufgabe von Juristen und noch weniger die von Richtern sein, die nur bei Gelegenheit einzelner Entscheidungen daran mitwirken. Verfassungsrichter sind — wenn ich die Dynamik des Verfassungslebens ausklammere — in ihrem Amt eher zu vergleichen einem Mosaikbildner, dem in der Verfassung nur eine Kohleskizze des

[30]) Ich erwähne die Philosophie und die geisteswissenschaftliche Anthropologie bewußt vor allem im Hinblick auf die Menschenrechte, aber auch auf die Demokratie. Wer sind die Menschen, denen diese Freiheitsrechte und diese Vollmacht zur Gestaltung auch des öffentlichen Teils ihrer eigenen Angelegenheiten überantwortet sind? Welches Bild vom Menschen hat den Verfassungsgebern vorgeschwebt? In unserer Zeit schwerlich von Menschen, die der Konzeption „der Mensch ist von Natur gut" entsprechen, schwerlich von Menschen, deren Entwicklung, so wie sie ihnen als „naturgegeben" vorschwebt, die „freie Entfaltung der Persönlichkeit" ist, von der das GG spricht und die uns aufgegeben, aber nicht „von selbst" gegeben ist. Der heutige Mensch ist nicht einmal geistig und in seinen sozialen Bezügen ein In-dividuum, eine Einheit. Er will sich in der modernen Malerei und in der Existenzialphilosophie vielleicht nicht richtig verstanden finden; aber es kann kein Zufall sein, daß ihm seine Zerrissenheit oder Nichtigkeit in unserer Zeit im Spiegel vorgehalten wird, wo immer ernsthaft über den Menschen nachgedacht und nach seinem Sein gefragt wird. Die Soziologie wie die Psychologie bestätigen dies zu ihrem Teil. Auch die Staatslehre unserer Zeit wird sich nicht nur zu den Geisteswissenschaften rechnen dürfen, sondern auch die geistige und soziale Situation der Zeit voll verarbeiten müssen. Die staatsrechtlichen Konzeptionen unserer Verfassungen scheinen mir an der Oberfläche dieser Phänomene geblieben zu sein, noch dem Positivismus anzugehören, indem sie seine letzte „Blüte" verneinen, ihn selbst aber geistig nicht überwinden. Das kann gewiß auch nicht das Werk des Staatsrechts und nicht einmal das der Staatslehre allein sein. Noch ist neue geistige Zucht selbst in der Dichtung, der frühesten Offenbarung neuer geistiger Epochen, wenn ich richtig sehe, kaum aufgetaucht. Aber die Probleme werden in anderen Wissenschaften erkannt und bearbeitet, während das Staatsrecht sich in den Menschenrechten wie in der Demokratie mit der Antithese zum totalitären Autoritarismus begnügt und damit nicht einmal realistisch ist. Aber auch unsere Staatslehre scheint noch nicht viel weiter zu sein. Eine grundsätzliche Ausnahme macht Kipp's „Mensch, Recht und Staat". Die freiheitliche Demokratie als die Lebensform der abendländischen Gesellschaft wird so gesund und zukunftskräftig sein, wie der abendländische Mensch und seine Gesellschaft es sein werden. Beide sind es nicht kraft einer demokratischen Verfassung und ihrer Menschenrechte; beides ist überhaupt nicht gegeben, sondern aufgegeben.

ganzen Bildes zur Verfügung gestellt worden ist, und der jeweils auf Anfordern nur an einer bestimmten Stelle ein einziges Steinchen einsetzen kann, das er aber nach Größe, Farbe, Konturen usw. jeweils so wählen muß, daß es zu dem ganzen Bild paßt, einem Bild, das nur in der Skizze vor ihm liegt, das er aber im Geist immer lebendig vor sich sehen muß, so daß er alle künftigen Steinchen passend zu dem heute eingesetzten richtig auswählen und einsetzen kann, „richtig" im Sinn des als vollendet ausgeführt nur gedachten Gesamtbildes. Diese Skizze der Verfassung weiter auszuführen, dieses Gesamtbild im ganzen zu entwerfen, ist vielmehr eine Aufgabe der Wissenschaft, weil jene Aufgabe der Verfassungsgerichte ohne solche nähere Ausführung der Skizze fast unlösbar wird. Diese Aufgabe unserer Wissenschaft muß vor allem von der Staatslehre und Staatsrechtslehre unserer Zeit gelöst werden, zweifellos nicht ohne eine Erweiterung ihres traditionellen Arbeitsgebiets und ihrer Arbeitsmethode und in intensiver Zusammenarbeit mit den anderen Disziplinen der Geistes- und vor allem der Sozialwissenschaft. Soltau[31]) spricht für die USA von „einem dem Kontinental-Europäer fast unfaßbaren Phänomen", „der wesentlichen Übereinstimmung von verfassungsrechtlicher Konstruktion, praktischer Rechtsübung und politischer Realität, erklärlich nur aus einer den Bürgern jenes großen demokratischen Staatswesens gemeinsamen und verbindlichen Lebens- und Gesellschaftskonzeption und Tradition".

Das war aber stets in allen großen Zeiten unserer Wissenschaft ihre Aufgabe, angefangen von Plato und Aristoteles. Ob wir Bodinus, Grotius, Hobbes, Locke, Montesquieu, Kant, Fichte, Schleiermacher oder wen immer nehmen, stets handelte es sich um eine politisch-konkrete Staatsphilosophie und -lehre, in der alle geistigen und nichtgeistigen Kräfte der Zeit zu einem Gesamtbild zusammengefaßt wurden, das überzeugen wollte, um zu wirken, sei es konservativ oder motorisch. Mögen ihre Lehren auch in der Notwendigkeit unseres Lehrbetriebes leicht eine abgegriffene Münze werden, so sind sie doch aus Geist und Lage der Zeit heraus verständlich, und waren sie jedenfalls aus ihr und für sie geschrieben. Ohne eine gleiche Basis für die freiheitliche Demokratie hic et nunc bliebe alle V. in Gefahr, ein mehr oder minder orientierungsloses Suchen in Einzelheiten zu werden, wäre also den Verfassungsgerichten eine Aufgabe aufgebürdet, mit der sie gerade heute und bei uns gar nicht fertig werden könnten. In der klaren Erkenntnis der Beschränktheit des rein juristischen Standpunkts und der rein juristischen Aufgabe bei ihrer Arbeit und in der ebenso klaren Erkenntnis der notwendigen Bindung an eine reale politische Gesamt-

[31]) A.a.O. S. 484.

konzeption der freiheitlichen Demokratie hier bei uns sehe ich die weitaus bedeutsamste „Grenze“ der V. Gerade die Verengung des Blicks wäre kaum irgendwo gefährlicher als hier. Sie ist als Tendenz aller „Zuständigkeit“ immanent und kann nur vermieden werden, wenn den Verfassungsrichtern die ganze Breite und Fülle der Zusammenhänge gegenwärtig ist, in der ihre Arbeit steht. Die Aufgabe, ihnen die unerläßliche Grundlage hierfür zu liefern, liegt bei der Wissenschaft unserer Zeit.

Ich glaube nicht, daß damit allein freiheitliche Demokratie bei uns schon gewährleistet wäre; aber ich bin der Überzeugung, daß ohne sie keine sinnvolle Mitarbeit der Verfassungsgerichte am Aufbau und an der Sicherung der freiheitlichen Demokratie entsprechend dem Auftrag unserer Verfassungen möglich ist.

Leitsätze des Mitberichterstatters über die Grenzen der Verfassungsgerichtsbarkeit

I.

1. *Die Verfassungsgerichtsbarkeit im formellen Sinn, d. h. die Institution besonderer Verfassungs- oder Staatsgerichtshöfe, ist als Ergänzung der anderen Gerichtsbarkeiten entstanden, um eine besondere Aufgabe zu erfüllen (s. u. 2). Die bei den Verfassungsgerichten zusammengefaßten Zuständigkeiten bilden daher unter dem Gesichtspunkt dieser Aufgabe eine Einheit.*

2. *Verfassungsgerichtsbarkeit im materiellen Sinn ist der gerichtliche Schutz des Verfassungsrechts zur Gewährleistung des verfassungsmäßigen Funktionierens der Staates. Es werden grundsätzlich die für einen Verfassungszustand wesentlichen oder die kritischen rechtlichen Konfliktsmöglichkeiten unter verfassungsgerichtlichen Schutz gestellt. Hierin liegt ein Element der Bewertung durch den Verfassungsgeber.*

3. *Grosso modo deckt sich auch heute die Verfassungsgerichtsbarkeit im materiellen Sinn mit den Zuständigkeiten der Verfassungsgerichte.*

4. *Aus der relativen Einheitlichkeit des Verfassungsgefüges in den heutigen deutschen Verfassungen und der relativen*

Übereinstimmung der Entscheidungen der Verfassungsgeber (Ziff. 2, letzter Satz) hat sich ergeben, daß (bei aller Verschiedenheit der Ausgestaltung im einzelnen) die Zuständigkeiten der Verfassungsgerichte insofern überraschend einheitlich aufgebaut sind, als sich gleichartige Zuständigkeiten meistens bei mehreren Ländern finden und selten ein Land mit Einzelregelungen ganz außerhalb steht. Wohl nirgends wird die Grenze dessen überschritten, was als Verfassungsgerichtsbarkeit im materiellen Sinn aufgefaßt werden kann (s. Ziff. 2).

5. *Auch eine nähere Prüfung der Zuständigkeiten, bei denen die Frage der Überschreitung besonders nahe liegt, zeigt, daß auch diese Zuständigkeiten im einzelnen auf die Aufgabe begrenzt oder zu begrenzen sind, die sich aus der Verfassungsgerichtsbarkeit im materiellen Sinn ergibt.*

II.

A. Allgemeine Grenzen materiell-rechtlicher Art:

6. *Nicht nur förmliches Verfassungsrecht, sondern auch Recht niedrigeren Ranges kann Gegenstand der Verfassungsgerichtsbarkeit sein, wenn seine Wahrung für das von der Verfassung gewollte Funktionieren des Staates von unmittelbarer Bedeutung ist. Insofern ist die Rechtsprechung unter der WRV grundsätzlich zu bestätigen, in Einzelheiten zu korrigieren.*

7. *Die Verfassungsgerichtsbarkeit dient auch dem Schutz ungeschriebener verfassungsrechtlicher Prinzipien.*

8. *Soweit Hoheitsrechte nach Art. 24 GG auf zwischenstaatliche Einrichtungen übertragen werden, entfällt die deutsche Verfassungsgerichtsbarkeit.*

9. *Die Verfassungsgerichte stehen teilweise über dem einfachen Gesetz, ja — insoweit es sich um die Unabänderlichkeit von Verfassungsteilen handelt — sogar über dem verfassungsändernden Gesetz. Da sie das Unabänderlichkeitsprinzip weitgehend erst selbst zu konkretisieren haben, haben sie auch den Umfang ihrer Bindung weitgehend selbst zu bestimmen; dies gilt entsprechend von der Prüfung der Verfassungsmäßigkeit einfacher Gesetze.*

Die Freiheit von der Bindung an das einfache Gesetz besteht auch, wo allgemeine Regeln des Völkerrechts den Vorrang besitzen (Art. 25 GG). Fraglich ist, ob dieser Vorrang auch gegenüber der Abänderungsvorschrift des Art. 79 I GG besteht. Bindungen der Verfassungsgerichte können sich auch aus früheren oder künftigen Entscheidungen völkerrechtlicher Instanzen ergeben.

10. Die Verfassungsgerichtsbarkeit ist gebunden an den Verfassungszustand, zu dessen Schutz sie errichtet ist. Staatspraxis und Verfassungswandlung hat sie zu berücksichtigen; sie berühren ihren eigenen Bestand nicht. Mit einer Revolution findet sie selbst ihr Ende. Das allgemeine Prinzip der normativen Kraft des Faktischen muß noch näher präzisiert werden, weil ein Verfassungsgericht in der Regel schon während der revolutionären Ereignisse Stellung nehmen muß. Widerstandsrecht und Widerstandspflicht, besonders in der hessischen Ausprägung, scheinen die normative Kraft des Faktischen überhaupt zu leugnen. Dabei entsteht die Frage, ob das Widerstandsrecht ein freies individuelles ist oder von förmlichen Rechtsbehelfen (besonders im Verfassungsrechtsweg) absorbiert wird, im ersten Fall die weitere Frage, ob es auch gegenüber der von den Verfassungsgerichten selbst ausgeübten Staatsgewalt besteht.

B. Allgemeine Grenzen verfahrens-rechtlicher Art:

11. Die Unterscheidung zwischen Verfassungs- und Verwaltungsgerichtsbarkeit, nicht zwischen Staats- und Verwaltungsrecht, ist maßgebend für die Zulässigkeit des Verfassungsrechtsweges („andere öffentlich-rechtliche Streitigkeiten innerhalb eines Landes" im Sinn des Art. 93 I Ziff. 4 GG im Gegensatz zum Rechtsweg nach Art. 19 IV GG. Entsprechendes gilt für ähnliche Länderbestimmungen).

12. Auch der Verfassungsrechtsweg ist unzulässig gegenüber Akten anderer Instanzen, die nach Ermessen zu treffen sind. Die überkommenen Grundsätze hierüber werden im allgemeinen beibehalten werden können; insbesondere wird aus unserem grundsätzlichen Ausbau der Verfassungsgerichtsbarkeit nicht zu entnehmen sein, daß die Prinzipien über die Freiheit des gesetzgeberischen Ermessens inhaltlich eingeschränkt werden sollen.

Bisher endgültige Entscheidungen nicht gerichtlicher Instanzen über Rechtsstreitigkeiten in den Ländern sind künftig nicht mehr endgültig (Art. 93 I Ziff. 4 GG). Das gilt auch innerhalb der „Souveränität" der Parlamente in ihren eigenen Angelegenheiten (z. B. „endgültige" Entscheidung des Ältestenrates über Ordnungsstrafen). Jedoch kann sich in der bisherigen Endgültigkeit die Absicht ausdrücken, dieser Instanz eine besondere Ermessenfreiheit zuzubilligen; demgegenüber schafft auch Art. 93 I Ziff. 4 GG keine v o l l e, sondern nur eine auf die äußersten Grenzen beschränkte Überprüfungsmöglichkeit. Entsprechendes kann gelten, wo Landesrecht das Landesverfassungsgericht auf bloße A u s - l e g u n g beschränkte und von der E n t s c h e i d u n g über die Anwendung ausschloß.

13. *Der Verfassungsrechtsweg wird nur bei Subsidiaritätsklausel unzulässig durch andere gerichtliche Verfahren.*

14. *Parallel zum Ausbau der sachlichen Zuständigkeiten geht eine Ausdehnung der Parteifähigkeit und des rechtlich geschützten Interesses. Geschützt wird grundsätzlich das Sinngefüge des objektiven Verfassungsrechts, nicht die eigene Rechtsposition der „Partei". Deshalb tritt an die Stelle der „Partei" weitgehend der „Beteiligte".*

    Daß die Verfassungsgerichte regelmäßig nur auf Antrag tätig werden, ist ein Vorzug, ermöglicht aber auch die Entstehung ungesunder Staatspraxis und tatsächliche Dispositionen über den objektiven Verfassungszustand. Die Einrede der Unzulässigkeit des Verfassungsrechtswegs wegen eines Schiedsvertrags kann nur in besonderen Fällen durchgreifen (wenn echte subjektive Rechte der Streitteile zur Entscheidung stehen). Eine Ausdehnung der Zuständigkeit der Verfassungsgerichte durch Vereinbarung der Streitteile erscheint unzulässig.

15. *Einstweilige Anordnungen sind zulässig, soweit sich nicht aus der Natur des Streitgegenstandes anderes ergibt (z. B. bei der Wahlprüfung).*

16. *„Gesetzeskraft" ist eine unzureichende Charakterisierung der rechtlichen Wirkung des Spruches, insofern eine höhere Kraft beansprucht werden muß (Feststellung der Unzulässigkeit einer Verfassungsänderung oder der Notwendigkeit verfassungsändernder Mehrheit, der allgemeinen Verbindlichkeit und damit des Vorranges von Völkerrecht). „Gesetzeskraft" schließt die Einwendung der res judicata nicht aus. Für andere Gebiete geht die Bezeichnung „Gesetzeskraft" zu weit.*

    Weder die Regeln über das Inkrafttreten noch die über die Geltungsdauer von Gesetzen können auf gesetzeskräftige Entscheidungen ohne weiteres angewendet werden. Auch Entscheidungen der Verfassungsgerichte können obsolet werden oder dem Wandel gesellschaftlicher Auffassungen unterliegen, besonders bei authentischer Auslegung von Gesetzen.

17. „Gesetzeskraft" oder „Bindung für alle Gerichte und Behörden" wird Vollstreckungsorganen keinen Ermessensspielraum über das „Ob" und grundsätzlich wenig Spielraum über das „Wie" der Vollstreckung gewähren. „Rechtskraft für jedermann" begründet keine spezielle Vollstreckungspflicht, sondern nur eine allgemeine Bindung an die Entscheidung. Das ist bedeutsam, wo Vollstreckungsorgane überhaupt nicht bestimmt sind.

Die Unterbindung des Vollzugs durch Notverordnung (Beispiel: VO vom 6. 2. 1933, RGBl. I S. 43) setzt die verfassungsrechtliche Ermächtigung zu „Maßnahmen" voraus, die im Grundgesetz jedenfalls ausdrücklich nicht gegeben ist.

III.

18. Verfassungsgerichtsbarkeit ist durch spezielle Normen wenig gebunden und angesichts ihrer Aufgabe auch wenig bindbar. Sie hat die politischen Gesamtentscheidungen mehr oder minder zu konkretisieren und ist daher weitgehend Ausübung des pouvoir constituant. Um so wichtiger sind die inneren Bindungen.

Jeder einzelne Spruch muß einer Grundkonzeption der freiheitlichen demokratischen Verfassung entsprechen, die konkret und widerspruchslos auszudrücken auch den Verfassungsgebern nicht immer gelungen ist.

Diese Grundkonzeption ist nicht nur rein rechtlicher Art, sondern schließt soziale Verhältnisse und eine philosophisch und anthropologisch fundierte Auffassung vom Menschen ein. Sie kann daher nicht nur von Richtern in oder bei Gelegenheit von einzelnen Entscheidungen entwickelt werden, sondern ist eine wissenschaftliche Aufgabe der Staatslehre und des Staatsrechts unserer Zeit.

Die Grenzen der Verfassungsgerichtsbarkeit

(3. Aussprache)

Peters-Köln: Zum Referat von Herrn Kaufmann einige Worte: Mir scheint, daß Herr Kaufmann bei seiner Beurteilung der Tätigkeit des Verfassungsgerichtshofs nur die eine Seite der richterlichen Aufgaben gesehen und untersucht hat, und zwar die, die wir auf den Universitäten fast ausschließlich pflegen: die Subsumtion. Aber es erscheint mir wichtig, auch die andere Seite der richterlichen Tätigkeit zu betonen, die nicht in der Gesetzesanwendung, sondern in der Aufklärung des Sachverhalts beruht. Gerade die letztere beansprucht auch sonst zumindest quantitativ den größeren Teil der Arbeitskraft des Richters. Die Aufklärung des Tatbestands gehört auch zu den Aufgaben jedes Verfassungsgerichts. Dabei ist Wesentliches von Unwesentlichem zu trennen. Dieser nachher unter bestimmte Normen zu subsumierende Tatbestand ist seinem Wesen nach im Bereich der Verfassungsgerichtsbarkeit häufig politisch. Damit kann sich der Verfassungsrichter anläßlich der Ordnung des Tatsachenmaterials politischer Erwägungen oft nicht enthalten, eben weil er zuerst den von ihm rechtlich zu wertenden Sachverhalt finden muß. In Wirklichkeit ist also nicht, wie Herr Kaufmann mit Recht betont, die eigentliche Gesetzesanwendung politisch; wohl aber liegt in der Tatbestandsaufklärung nicht selten eine politische Arbeit des Richters, der er sich nicht entziehen kann.

Es ist daher m. E. auch nicht möglich, daß der Verfassungsgerichtshof dort seine Mitwirkung verweigert, wo ihm — wie in Art. 18, 21 GG — politische Werturteile übertragen sind. Da — ob mit Recht oder Unrecht, bleibe hier dahingestellt — die Verfassungsgerichtshöfe bei weiten Kreisen der Bevölkerung in politischer Hinsicht als besonders objektiv gelten, hat man ihnen eine Schiedsfunktion in gewissen politischen Streitfragen übertragen, wo man der Regierung das erforderliche Vertrauen für gewisse Maßnahmen nicht entgegenbringt. Derartige schiedsrichterliche Tätigkeit ist aus den zwischenstaatlichen Beziehungen der Staaten nicht unbekannt. Es kommt nur auf den Willen des Verfassungsgesetzgebers an, ob er einer möglichst objektiven Instanz, hier: dem Verfassungsgerichtshof, Aufgaben übertragen will, die von Haus aus eigentlich nicht justiziabel sind. Das halte ich für zulässig.

Die Gefahr eines gouvernement des juges, die in der französischen und schweizerischen Literatur eine Rolle spielt, besteht in der Tat bei uns. Hier müssen Grenzen gesetzt werden. Aber man muß sich allgemein darüber klar sein, daß Auslegung von Gesetzen und Auslegung von Verfassungen voneinander wesentlich verschieden sind. Daher braucht der beste Zivilrichter noch kein guter Verfassungsrichter zu sein, wie unsere Juristen — in Verkennung von Verfassungsleben und Verwaltung — vielfach annehmen. Für die Verfassungsgerichtsbarkeit spielen Existenzfragen des Staates wie die Aufgaben der Rechtsschöpfung eine entscheidende Rolle. Wird dieser Gesichtspunkt mißachtet, so müßte auch die neue deutsche Verfassungsgerichtsbarkeit wieder scheitern.

Abschließend möchte ich nur noch widersprechen der Auseinanderreißung des Zusammenhangs von Recht und Moral am Schlusse des im ganzen so ausgezeichneten Referats von Herrn Kaufmann.

Bachof-Heidelberg: Ich möchte zunächst eine Fragestellung aufzeigen, ohne die aufgezeigte Frage selbst hier in extenso erörtern und beantworten zu wollen. Es ist heute gesagt worden, daß die Entscheidung solcher Fragen außerhalb der Grenzen der Verfassungsgerichtsbarkeit liege, „für die keine Rechtsnormen bestehen". Hier stellt sich sofort die Frage, wann eine Norm Rechtsnorm ist, und ob insbesondere alle Normen der Verfassung echte Rechtsnormen im strengen Sinne und deshalb auch justiziabel sind, oder ob es nicht vielmehr Verfassungsnormen geben kann, die lediglich politische Direktiven an den Gesetzgeber darstellen. Ich darf an den umstrittenen Art. 72 Abs. 2 des Grundgesetzes erinnern, wonach der Bund das Gesetzgebungsrecht im Bereich der konkurrierenden Gesetzgebung nur hat, soweit „ein Bedürfnis nach bundesgesetzlicher Regelung besteht", und wobei weiterhin in den Ziff. 1 bis 3 Direktiven dafür gegeben sind, unter welchen Voraussetzungen ein solches Bedürfnis zu bejahen ist. Hier sind nun Begriffe verwendet, die so unbestimmt sind — Unmöglichkeit einer „wirksamen Regelung" durch die Länder, „Beeinträchtigung der Interessen" anderer Länder oder der Gesamtheit, Wahrung der „Einheitlichkeit der Lebensverhältnisse" —, daß ich die Entscheidung über das Vorliegen dieser Voraussetzungen wegen der von Herrn Professor Kaufmann betonten Vielheit der abzuwägenden Gesichtspunkte kaum für justiziabel zu halten vermag. Hier handelt es sich um Dinge, deren Entscheidung man dem Richter nicht überlassen kann. Es ist nun zwar selbstverständlich, daß, wenn hier überhaupt eine verfassungsgerichtliche Prüfung möglich wäre, nur eine Prüfung auf die Einhaltung der heute mehrfach erwähnten „äußersten Grenzen" möglich wäre. Damit ist aber, glaube ich, die von mir aufgeworfene Frage noch nicht beantwortet. Die Frage, ob eine „Ermessungsüberschreitung" des Gesetzgebers vorliegt, scheint mir ihrerseits wieder eine eminent politische Frage zu sein. Auch an die verfassungsgerichtliche Prüfung der Einhaltung jener äußersten Grenzen kommt man nur und erst dann heran, wenn man zunächst die Justiziabilität der obigen Begriffe grundsätzlich bejaht. Gerade diese Justiziabilität erscheint mir als sehr zweifelhaft; denn hier stellt sich die Frage, ob jene Normen des Art. 72 Abs. 2 GG nicht eben nur politische Direktiven und somit gerade keine Rechtsnormen sind. — Ich hielt es für wichtig, dieses Problem wenigstens aufzuzeigen, auch wenn es mir nicht möglich erscheint, dazu jetzt abschließend Stellung zu nehmen.

Auf etwas anderes möchte ich dafür um so nachdrücklicher hinweisen. Und zwar möchte ich davor warnen, Begriffe, die auf einem ganz bestimmten Rechtsgebiet entwickelt worden sind, allzu unbedenklich in ein anderes Rechtsgebiet zu übernehmen. Auf der vorhin erwähnten Weinheimer Tagung ist die Frage des „Ermessensmißbrauchs" in Zusammenhang mit Art. 72 Abs. 2 GG erörtert worden. Ermessen und Ermessensmißbrauch sind aber Begriffe, die im Verwaltungsrecht entwickelt und dort in einem ganz konkreten Sinn umrissen worden sind. Wenn man diese Begriffe auf die Prüfung eines ganz anderen „Ermessens", nämlich des politischen Ermessens des Gesetzgebers, überträgt, dann ergeben sich leicht scheinbare Parallelen, die in Wirklichkeit schief sind. Der Ermessensbegriff dient im Verwaltungsrecht der Kontrolle von Verwaltungsakten, und ich halte die Übertragung der hier entwickelten Maßstäbe auf die Prüfung legislatorischer, unter politischen Gesichtspunkten ergehender Akte für sehr bedenklich. Es erscheint mir in diesem Zusammenhang und angesichts der häufigen unberechtigten Gleichsetzung auch notwendig, darauf hinzuweisen, daß der im deutschen Recht herausgebildete Begriff des Ermessensmißbrauchs keineswegs mit dem „détournement de pouvoir" des französischen Rechts identisch ist, und daß daher auch und erst recht dieser letztere Begriff bei den von uns zu erörternden Problemen nur mit äußerster Vorsicht gebraucht werden darf.

Apelt-München: Herr Bachof hat mit Recht auf den Unterschied hingewiesen, der besteht zwischen dem Ermessenbegriff im Verwaltungsrecht und dem Ermessenbegriff im Staatsrecht. In der Weimarer Zeit war schon einmal davon die Rede. Man hat nachgewiesen, daß die Nachprüfung des Ermessens im Staatsrecht von anderen Voraussetzungen auszugehen habe als im Verwaltungsrecht, daß den Regierungsstellen im Staatsrecht ein weiteres Ermessen gewährt werden müsse. Dann zum Begriff der Regierungsakte! Es ist leider von dem Begriff der Regierung nicht die Rede gewesen. Ich glaube, daß dem Akt der Regierung eine andere Funktion zukommt als dem Verwaltungsakt. Es wird eine interessante und wichtige Aufgabe sein, die Grenze zwischen Regierungs- und Verwaltungsakt neu festzulegen. Ich glaube, daß man dabei zu einer erheblichen Beschränkung der Verfassungsgerichtsbarkeit kommen muß.

Herr Draht hat am Schlusse seiner Ausführungen mit großem Recht auf die Hypertrophie der Verfassungsrechtsprechung hingewiesen, in der wir uns jetzt befinden; das hat bereits Herr Weber getan — auch ich selbst darf mich nennen. Ich habe den Eindruck, wenn ich Herrn Draht nicht mißverstanden habe, daß er in seinen Ausführungen gerade für eine Ausdehnung der Zuständigkeit der Verfassungsgerichte plädierte. Ich möchte vielmehr darauf hinwirken, daß die Verfassungsgerichte ihre Zuständigkeit beschränken; denn nur so kann dieser Hypertrophie gesteuert werden.

Das eine noch: In dieser Entwicklung, in der wir stehen, die kein anderes Land in ähnlicher Weise kennt, ist bei uns Deutschen wieder einmal der Pendel zu weit geschlagen. Die Verschiebung in der Gewaltenteilung ist im Grunde doch nichts anderes als ein ausgesprochenes Mißtrauensvotum gegen die Legislative. Wir sind drauf und dran, die Legislative um ihre fundamentale Stellung zu bringen. Sie ist die primäre Vertretung des Volkswillens. Wenn wir an Rousseau festhalten, so müssen wir immer wieder betonen: Das primäre Organ des Volkswillens in der Repräsentation ist das Volk und kann nie und nimmer eine Exekutive sein; denn auch die Rechtsprechung ist Exekutive. Sie hat keine Gesetze zu machen; sie hat nicht das Gemeinschaftsleben zu einer neuen Sozialordnung zu gestalten — das sind alles Aufgaben der Legislative. Kein Gericht kann diese Aufgabe den Parlamenten abnehmen. Es wäre eine Überforderung an die Rechtsprechung, wenn man die Lösung solcher Aufgaben von einem Richterkollegium verlangen wollte. Das ganze Volk hat die Entscheidung zu treffen, nicht ein Gericht.

W o l f f - Münster: Das entscheidende Kriterium für die Abgrenzung der rechtlichen von den politischen Verfassungsstreitigkeiten sehe auch ich darin, daß alle für unabhängige

Richter judikablen Fragen objektiv beantwortbar sein müssen. Echte gerichtliche Entscheidungen setzen daher voraus einerseits (manchmal freilich erst zu erschließende) objektive Rechtssätze, andererseits, daß die zu subsumierenden im Spiele stehenden Interessen (wennschon manchmal als nicht unzweifelhaftes Ergebnis schwieriger Ermittlungen) objektiv übersehbar sind. Für die Unübersehbarkeit der Interessen kommt es aber nicht, wie Herr Kaufmann sagte, auf die Vielheit der zu berücksichtigenden Interessen an; daraus folgen allenfalls praktische Schwierigkeiten. Nicht objektiv übersehbar sind vielmehr diejenigen Interessen und Interessenwerte, deren Beurteilung von einer Zukunftserwartung, von der bloßen Vermutung zukünftiger Entwicklung abhängen und für die auch die allgemeine Lebenserfahrung keine sichere Prognose gestattet. Erst derart ungewisse Sachverhalte sind nur unter „politischer" Verantwortung zu beurteilen und entziehen sich richterlicher Evidenz. Auch die schiedsrichterlichen Gestaltungen, auf die Herr Peters hinwies, setzen (oder unterstellen) eine übersehbare Interessenlage, die in einer im positiven Recht nicht vorgesehenen Weise geregelt wird. Die Einräumung freien Ermessens hat u. a. vornehmlich den Sinn, Raum zu lassen für die „politische" Einschätzung objektiv unsicherer Faktoren durch das ermächtigte Organ. Es gilt dann auch m. E. das, was Herr Kaufmann über die rechtlichen Grenzen des Ermessens ausgeführt hat: Nicht rechtswidrig ist, was unter vernünftigen Gesichtspunkten unter den, wennschon sehr unbestimmten, nur allgemeine Zuständigkeiten begründenden Rechtssatz subsumierbar ist. So lassen sich m. E. auch der verfassungs- und der verwaltungsrechtliche Ermessensbegriff unter einen Oberbegriff rechtlichen Ermessens bringen.

Nawiasky-München: Herr Kaufmann hat in seinem Vortrag den Schwerpunkt darauf gelegt, daß es gewisse immanente Grenzen der Verfassungsgerichtsbarkeit gebe. Allerdings hat er ebenso wie der Korreferent Drath betont, daß die Bestimmungen des Bonner Grundgesetzes im allgemeinen diese Grenzen nicht überschreiten. Infolgedessen handelt es sich nicht um eine praktische, sondern um eine theoretische Frage. Nur in einem Punkt hat er eine Ausnahme gemacht, indem er verlangte, daß das Bundesverfassungsgericht, wenn es aufgefordert wird, zu prüfen, ob eine politische Partei den im Grundgesetz festgelegten Grundsätzen entspreche, dieses Urteil ablehnen solle. Was diesen speziellen Punkt anbelangt, halte ich die vertretene Auffassung für unrichtig. Denn das Bundesverfassungsgericht ist durch das Grundgesetz geschaffen worden, ist daher dem Grundgesetz untergeordnet und steht nicht über ihm, sondern leitet seine Befugnisse daraus ab. Der Sachverhalt ist genau der gleiche wie im Fall des Bayerischen Verfassungsgerichtshofes, der jüngst die Frage aufgeworfen hat, ob eine Bestimmung der Bayerischen Verfassung zulässig sei. Es mußte ihm entgegengehalten werden, daß diese Fragestellung unzulässig ist. Denn der Bayerische Verfassungsgerichtshof ist nur durch die Bayerische Verfassung geschaffen worden, nicht aber etwa durch Naturrecht. Er hat also die Bayerische Verfassung zu vollziehen und kann sich nicht gegenüber dieser Verfassung auf ein höheres Naturrecht berufen. Entsprechend halte ich es für ausgeschlossen, daß das Bundesverfassungsgericht die Beantwortung einer Frage ablehnt, obwohl ihm die Beantwortung dieser Frage durch das Grundgesetz aufgetragen ist. Man könnte zwar als Theoretiker die Meinung haben, man solle einen Richter nicht mit der Beantwortung politischer Fragen betrauen; wenn aber durch das Verfassungsrecht dem Gericht eine solche Aufgabe übertragen ist, dann muß es diese vollziehen.

Nun zur theoretischen Frage.

Gewiß kann man vom gesetzgebungspolitischen Standpunkt aus sagen, daß eine Rechtsfrage wegen ihrer politischen Natur besser dem Verfassungsgericht nicht zur Entscheidung unterbreitet wird. Aber immanente Grenzen für die Justiziabilität gibt es nicht. Vielmehr handelt es sich um eine Frage der Rechtsentwicklung. Wir werden uns daran erinnern, daß es eine Zeit gegeben hat, in der das Fehderecht selbstverständlich war, weil man die Gerichte nicht für geeignet hielt, alle Streitigkeiten zu entscheiden, sondern sie zum Teil der persönlichen Austragung überlassen zu müssen glaubte. In der Zeit des Polizeistaats hielt man es für ausgeschlossen, die Entscheidungen der Verwaltungsbehörden der Kontrolle durch eine gerichtliche Instanz zu unterwerfen. Heute ist die Verwaltungsgerichtsbarkeit eine Selbstverständlichkeit. Wenn man an staatsrechtliche Fragen denkt, so ist zu erwähnen, daß man beispielsweise in der Schweiz keine Bedenken hat, alle verfassungsrechtlichen Streitfragen, welche die Kantone angehen, durch eine bundesgerichtliche Instanz entscheiden zu lassen. Verfassungsfragen, deren politische Natur doch außer Zweifel steht, machen davon keine Ausnahmen. Stellen wir uns vor, es würde zu einer europäischen Union kommen, so ließe sich leicht denken, daß auf ihrem Boden eine Instanz geschaffen würde, die über die Streitigkeiten zwischen den einzelnen europäischen Staaten zu entscheiden hätte, und die Weiterentwicklung könnte möglicherweise zu einem Weltstaat führen, der über einen Weltstaatsgerichtshof für Rechtsstreitigkeiten zwischen den einzelnen Nationen verfügen würde.

Aus dem Gesagten ergibt sich, daß jede politische Frage den Umständen entsprechend zu einer Rechtsfrage werden kann und daß es ausgeschlossen ist, sachlich immanente Grenzen der Rechtsprechung anzunehmen. Es kann nur in einem bestimmten Entwicklungsstadium unzweckmäßig sein, gewisse Fragen einem gerichtlichen Urteil zu unterwerfen.

Grewe-Freiburg: Diejenigen von Ihnen, die vor einer Woche an den Beratungen des Kongresses für Rechtsvergleichung in Tübingen teilgenommen haben, werden den Vortrag von Herrn Kaufmann in gewissem Sinne als ein Gegenstück zu dem Vortrag von Herrn Schneider in Tübingen empfunden haben.

Ich darf zu den Ausführungen von Herrn Apelt bemerken, daß in den Tübinger Diskussionen die Frage der „actes de gouvernement" ausführlich zur Sprache gekommen ist.

Mir scheint, daß in dem Vortrage von Herrn Kaufmann insoweit eine wichtige Korrektur an den in Tübingen vorgetragenen Thesen vorgenommen worden ist, als in Tübingen der Begriff des Politischen in sehr starkem Maße als Inbegriff des Intensitätsgrades einer sozialen Beziehung verstanden worden ist, der sich jeder beliebigen Frage mitteilen kann. Mit Recht hat der Herr Vortragende darauf hingewiesen, daß man von diesem Begriff des Politischen her nicht zu den Grenzen der Justiziabilität kommen kann. Eine bestimmte Strafsache kann und darf nicht dadurch injustiziabel werden, daß sie in den Lichtkegel des Politischen hineinrückt. Es ist notwendig, von einer gegenständlichen Grenzziehung auszugehen. Herr Kaufmann hat versucht, die Kriterien dieser Grenzziehung aus gewissen Parallelen mit dem Völkerrecht zu entwickeln. Er hat hier die Unterscheidung zwischen „politischen Streitigkeiten" und „Rechtsstreitigkeiten" herangezogen. Vielleicht wäre es ratsamer, wenn wir „Rechtsstreitigkeiten" und „Interessenstreitigkeiten" unterscheiden würden. Es können auch Rechtsstreitigkeiten in den Lichtkegel des Politischen hineintreten, und es wäre daher zweckmäßiger, terminologisch in der vorgeschlagenen Weise zu unterscheiden.

Daß diese Parallelen zwischen Völkerrecht und Staatsrecht sehr fruchtbar sind, ist in dem bekannten Buch von Brierly über die „Zukunft des Völkerrechts" dargetan worden. Beide Rechtsordnungen haben es mit mächtigen Kollektivgebilden zu tun, die leicht aufsässig werden, wenn es um ihre Lebensinteressen geht. Brierly hat darauf hingewiesen, daß es im zweiten Weltkrieg möglich war, daß in England öffentlich Aktionen der Gewerkschaften diskutiert wurden, die ganz klare gesetzwidrige Maßnahmen in sich schlossen. Es fragt sich nun allerdings, ob wir mit der Unterscheidung zwischen Rechtsstreitigkeiten und Interessenstreitigkeiten einen genügend breiten Ansatz gewonnen haben, um die Grenzen der Justiziabilität bestimmen zu können — und da habe ich gewisse Zweifel, und zwar Zweifel gerade dann, wenn man in weiterem Umfang auf ungeschriebenes Verfassungsrecht zurückgreift, wie Herr Kaufmann es getan hat. Gerade in diesem Fall verschwimmen die Grenzen zwischen dem ungeschriebenen Verfassungsrecht und dem rechtsnormfreien Bereich, von dem Herr Kaufmann gesprochen hat, sehr leicht. Wenn Herr Kaufmann als Beispiel die Frage erwähnt hat, ob der Bundespräsident an die Vorschläge des Bundeskanzlers hinsichtlich der Zusammensetzung des Kabinetts gebunden sei, eine Frage also, die nach seiner Ansicht aus einem Rechtssatz des ungeschriebenen Verfassungsrechts heraus beantwortet werden könnte, so muß ich sagen, daß ich sehr große Bedenken hätte, eine solche Entscheidung der Verfassungsgerichtsbarkeit zu unterwerfen. Wir stehen vor der Tatsache, daß gerade in dieser Frage das Grundgesetz im Art. 93 Nr. 1 einen entscheidenden Schritt über die Weimarer Verfassung hinausgegangen ist. Es ist mir zweifelhaft, ob darin ein wirklicher Fortschritt zu sehen ist.

Es bleibt die Frage offen, wie weit man nicht darüber hinaus auch in einem Bereich, in dem an sich Rechtsnormen des Verfassungsrechtes bestehen, zu einem Satz kommen muß, der dazu führt, daß Fragen der Machtverteilung zwischen den obersten Gewalten im Staate der Verfassungsgerichtsbarkeit entzogen sind, schon darum, weil in solchen Fällen die Frage der Exekutierbarkeit des Urteils problematisch wird.

Merk-Tübingen: Es herrscht m. E. ein gewisser Widerstreit zwischen politischer Führung und Macht auf der einen, und Recht und Gerichtsbarkeit auf der anderen Seite. Es ist doch die Frage, ob hier ein allgemeingültiger Ausgleich nach naturrechtlicher Art in befriedigender Weise für die Verfassungen aller Staaten und Zeiten gefunden werden kann. Ich glaube, es kommt sehr viel an auf die ganzen Machtverhältnisse in einem einzelnen bestimmten Staate in einer bestimmten Zeit, weiter auf die geschichtliche Überlieferung, die vorhandenen Bedürfnisse und Auffassungen, ferner, ob es sich um regelmäßige Zeiten oder um außergewöhnliche Notzeiten handelt. Je nachdem wird die Regelung ganz verschieden ausfallen.

Wohl eines der ältesten Beispiele einer Art von Einschränkung einer Verfassungsgerichtsbarkeit — im Sinne einer Nachprüfung von Handlungen der politischen obersten Gewalt — kann in der römischen Diktatur gefunden werden, wo ursprünglich die Berufung an das Volk (provocatio) gegenüber Sprüchen des Diktators im Zwangs- und Strafrecht ausgeschlossen war.

Im übrigen ist bei den einzelnen Völkern vor allem von Bedeutung, ob sie den Schwerpunkt in ihrem Verfassungsrecht legen auf die Betonung der politischen Führung und Macht oder aber auf eine weitgehende gerichtliche Nachprüfbarkeit von Maßnahmen der politischen Führung. Ich darf daran erinnern, daß in England die Staatsanklage seit dem Jahre 1805 nicht mehr angewendet worden ist, weil sich die parlamentarische Regierungsweise durchgesetzt hat. In Frankreich ruht — jedenfalls seit 1877 — der politische Schwerpunkt im Abgeordnetenhaus, jetzt in der Nationalversammlung; dort ist durch die Rechtsprechung des Staatsrats als obersten Verwaltungsgerichts eine Einschränkung der gerichtlichen Nachprüfung von gewissen Maßnahmen der Regierung vorgenommen worden, die zunächst nirgends festgesetzt war: so sind Handlungen der Regierung mit Bezug auf ihr Verhältnis zur Volksvertretung, die Erklärung des Belagerungszustandes, Maßnahmen der auswärtigen Politik, Gnadenerlasse usw. als sogenannte Regierungshandlungen im Gegensatz zu sogenannten Verwaltungshandlungen der Rechtsprechung des Staatsrats nicht unterworfen. Hier hat also die Volksvertretung bei der bestehenden parlamentarischen Regierungsweise das entscheidende Gewicht in der Hand behalten mit Bezug auf politische Fragen und Streitigkeiten und diese nicht einem unabhängigen Gerichtshof zur Entscheidung übertragen. In Deutschland haben in der Geschichte eigentümliche Wandlungen stattgefunden. Nachdem schon im alten Reiche die Landesherren von ihren Landständen und den einzelnen vor den obersten Reichsgerichten wegen Mißbrauchs der Landeshoheit oder wegen Eingriffs in wohlerworbene Rechte belangt werden konnten, soweit nicht ein Vorrecht des Berufungsausschlusses erteilt war, war dann nach der Überwindung des unbeschränkten Fürstenstaates in der Frankfurter Reichsverfassung von 1849 ein weitgehender gerichtsförmiger Rechtsschutz mit Bezug auf politische Streitigkeiten vor dem Reichsgerichte vorgesehen, offenbar aus einem gewissen Mißtrauen heraus gegen die obersten Gewalten, in Nachwirkung der Verhältnisse des unbeschränkten Fürstenstaates. Heute ist es bei uns wieder ähnlich, nachdem die politische Leitung der staatsrechtlich unbeschränkten Führergewalt im nationalsozialistischen Staate versagt hat. Das Bonner Grundgesetz beruht wiederum auf dem Gedanken eines weitreichenden gerichtlichen Rechtsschutzes mit Bezug auf politische Fragen. Wenn insbesondere nach der Bestimmung des Art. 93 Ziff. 1 GG die Entscheidung über die Auslegung des Grundgesetzes aus Anlaß von Streitigkeiten über den Umfang der Rechte und Pflichten eines obersten Bundesorgans einem Verfassungsgerichtshof, dem Bundesverfassungsgericht, zugewiesen ist, so halte ich das für zu weitgehend. Es bleibt abzuwarten, ob die Entwicklung ähnliche Wege einschlagen wird wie in Frankreich in der Weise, daß das Bundesverfassungsgericht sich insbesondere darauf beschränkt, die äußersten Rechtsschranken für das freie Walten der obersten politischen Gewalten in seiner Rechtsprechung zu überwachen. Es gibt gewisse innere Schranken der Gerichtsbarkeit gegenüber der Staatsführung, wenn diese wirksam sein, insbesondere auch in ihrer Entschlußkraft nicht gelähmt werden soll. Das ist zweifellos ein richtiger Gedanke, wie dies auch Herr Kaufmann dargelegt hat und wie es auch in dem — geschriebenen oder ungeschriebenen — Verfassungsrecht einzelner Staaten zum Ausdruck kommt. Und wenn auch einem Verfassungsgerichtshof, wie bei uns dem BVG, die Entscheidung gewisser Verfassungsfragen übertragen ist, so sollte er doch stets auch diese inneren Schranken beachten — entsprechend der allgemeinen Aufgabe der Rechtspflege, nur die Rechtsordnung als solche aufrechtzuerhalten — und nicht versuchen, die Regierung und die Volksvertretung auch mit Bezug auf den Bereich ihres freien politischen Ermessens unter seine Zügel zu bringen und so die oberste politische Leitung in gewisser Weise an sich zu reißen, ohne doch selbst Träger politischer Verantwortlichkeit zu sein.

Abendroth-Wilhelmshaven: Ich möchte anknüpfen an das, was Herr Nawiasky zum Problem der immanenten Grenzen der Verfassungsgerichtsbarkeit gesagt hat. Mir scheint, daß Herrn Nawiasky insofern zugestimmt werden kann, als man nicht mit apriorischer Sicherheit von vornherein sagen kann, es bestünden irgendwelche immanenten Grenzen für Staatsgerichtsbarkeit und Verfassungsgerichtsbarkeit und daß also das Bundesverfassungsgericht sich einer ihm im Grundgesetz übertragenen Zuständigkeit nicht einfach entziehen kann. Aber die Verfassungsgerichtsbarkeit steht jeweils im konkreten politischen Ganzen der verfassungsrechtlichen Ordnung des einzelnen Staates. Und von hier aus können wir aus den Generalnormen, die diesen Staat charakterisieren sollen, durchaus die konkreten immanenten Grenzen auch der Verfassungsgerichtsbarkeit zu erkennen trachten.

Ich glaube, daß wir von hier aus unter Berücksichtigung der Tatsache, daß ja schließlich das Grundgesetz in Art. 20 Abs. 1 und 28 Abs. 1 unseren Staat in bestimmter Weise charakterisiert, etwas zu dieser Problematik auszusagen vermögen. Damit stoßen wir allerdings an eine Problematik, die von Herrn Drath aufgegriffen wurde, daß uns nämlich eine demokratische Staatslehre für unsere Periode, für das 20. Jahrhundert, noch sehr weitgehend fehlt und daß wir daran zu arbeiten haben. Ich glaube, daß das, was Herr Apelt zum Problem der Hypertrophie der Verfassungsgerichtsbarkeit gesagt hat, sehr weitgehend richtig ist, und ich freue mich, daß es auch hier wieder gesagt wurde. Von hier aus hat nach meiner Meinung die Wissenschaft des öffentlichen Rechts zu arbeiten, um die Arbeitsgrundlagen zu schaffen, die dem Bundesverfassungsgericht helfen, einigermaßen die Grenzen einzuhalten, die davor bewahren, daß der demokratische Bundesstaat in einen Staat der verfassungsgerichtlichen Diktatur umschlägt.

Nun hat zweifellos das Grundgesetz in manchen seiner Normen — Art. 93 Abs. 1 und Art. 100 etwa in Verbindung mit Art. 3 Abs. 1 wurden mit Recht zitiert — hier die Grenzen überschritten, die dem Verfassungsgericht seine Arbeit leicht machen würden. Eben deshalb wird auch von hier aus nach meiner Meinung zu prüfen sein, inwiefern durch die Tatsache der Übertragung dem Wesen nach politischer Grundentscheidungen an das Verfassungsgericht in manchen Fällen der Zwang entsteht, gerade vom Standpunkt der demokratischen Staatslehre aus erstens darauf hinzuweisen, daß es notwendig sei, dafür zu sorgen, daß nicht nur der Jurist und auch nicht nur der Öffentlich-Rechtler im Staatsgerichtshof zu Wort kommen sollte, sondern daß sich auch das politische Kräfteverhältnis der Nation im Staatsgerichtshof spiegeln muß und daß zweitens der Staatsgerichtshof in seiner Judikatur sich bewußt bleiben sollte, daß er den Gesetzgeber nur dann zur Ordnung rufen darf, wenn völlig eindeutige Verletzungen der durch das Grundgesetz gezogenen Schranken vorliegen, während die inhaltliche Ausfüllung dieses äußersten Rahmens in allen Fällen, in denen — man denke etwa an die zur Problematik des Gleichheitssatzes erforderlichen Bewertungen — der Gesetzgeber zur Konkretisierung verfassungsrechtlicher Grundsätze primär legitimiert erscheint, dem Gesetzgeber überlassen bleiben muß.

Kaufmann-Bonn (Schlußwort): Es ist eine allgemeine Beobachtung bei wissenschaftlichen Veranstaltungen, daß ein Referat an den Hörern vorüberrauscht und so Mißverständnisse über den Vortrag entstehen. Das war auch heute wieder der Fall. Sehr viel von dem, was mir kritisch und polemisch entgegengehalten wurde, habe ich selbst ausdrücklich gesagt.

Herr Peters stellte die Frage, ob es nicht möglich und zulässig sei, der Verfassungsgerichtsbarkeit auch schiedsrichterliche Funktionen zuzuweisen. Er dachte dabei offenbar an eine Parallele zum Völkerrecht. Hier unterscheiden wir in der Tat drei Arten von schiedsrichterlicher Erledigung von Streitigkeiten: die reine Rechtsentscheidung, die Entscheidung ex aequo et bono und die an rechtliche Normen nicht gebundene völlig freie Entscheidung. Ich möchte die beiden letzten Entscheidungen mit Entschiedenheit für die Verfassungsgerichtsbarkeit ablehnen. Es kam mir ja vor allem darauf an zu zeigen, daß eine Juridizierung der Politik durch die Verfassungsgerichtsbarkeit unbedingt abgelehnt werden muß. Das wäre aber der Fall, wenn ein Verfassungsgericht rechtlich völlig frei oder auch Entscheidungen ex aequo et bono zu treffen hätte. Im übrigen denkt Herr Peters nur an die völkerrechtliche Schiedsgerichtsbarkeit; einem Schiedsgericht kann in der Tat auch die Aufgabe eines politischen Zwangsausgleichs von den Parteien durch ein Spezialkompromiß übertragen werden; dann wird das Schiedsgericht in einer solchen politischen Entscheidungen angepaßten Weise zusammengesetzt. Der Vergleich der Verfassungsgerichtsbarkeit mit internationalen Einrichtungen führt uns aber nicht zu völkerrechtlichen Schiedsgerichten, sondern zu wirklichen internationalen Gerichten: Der Haager Internationale Gerichtshof ist auf rechtliche Entscheidungen beschränkt. Zwar sieht Art. 36 auch vor, daß im beiderseitigen Einvernehmen die Parteien auch eine Entscheidung ex aequo et bono beantragen können. Was damit gemeint ist, ist — auch in den sehr interessanten Diskussionen über diese Frage im Institut de Droit international — nicht klarzustellen gewesen. Jedenfalls ist von dieser Möglichkeit niemals Gebrauch gemacht worden. Selbst in der Entscheidung zu dem von mir erwähnten Zonenstreit zwischen Frankreich und der Schweiz, in dem es nahegelegen hätte, den Kompromiß in diesem Sinn zu interpretieren, hat der Gerichtshof in seiner Entscheidung seine Aufgabe mit besonderer Betonung streng auf die Entscheidung reiner Rechtsfragen beschränkt. Gewiß können auch im Gebiete des Verfassungsrechts schiedsrichterliche oder Vermittlungsinstanzen nützlich sein. So ist der Vermittlungsausschuß zwischen Bundestag und Bundesrat eine Einrichtung, die sich bewährt hat. Aber ein Verfassungsgerichtshof würde seine Autorität als Gericht verlieren, wenn er mit politischen Zwangsausgleichen belastet würde.

Alles, was Herr Bachof gesagt hat, unterschreibe ich vollkommen. Ich glaube, seine Gedanken fast mit denselben Worten ausgedrückt zu haben. Es ist in der Tat notwendig, zwischen Verwaltungsermessen und dem Ermessen, das politischen Instanzen übertragen ist, zu unterscheiden; das Verwaltungsermessen ist daher in anderem Sinne justiziabel als das politische Ermessen.

Zu Herrn Apelt kann ich sagen, daß ich den Ausdruck „actes de gouvernement“ absichtlich nicht gebraucht habe; der Sache nach aber war es mein Anliegen, das, was Regierung ist, von allem anderen abzugrenzen und zu versuchen, das Zuständigkeitsfeld der Regierung näher zu bezeichnen. Daß ein gewisses Mißtrauen gegen die Legislative bei der Verfassungsgerichtsbarkeit am Platze und gesund ist, leugne ich nicht. Mit dem vielfach so mißverstandenen Rousseau hat das freilich alles nichts zu tun. Auch glaube ich, bei der Nachprüfung von Gesetzen immer wieder betont zu haben, wo die Grenze dafür liegt.

Herr Wolff stimmt im wesentlichen mit mir überein. Er will die Vielheit der Gesichtspunkte durch die Unübersehbarkeit der Lagen ersetzt wissen. Ich habe dagegen nichts einzuwenden, kann aber einen wesentlichen Unterschied darin nicht sehen; denn Unübersehbarkeit liegt eben dann vor, wenn eine Vielheit von Gesichtspunkten in Betracht zu ziehen ist.

Mit Herrn Nawiasky werde ich mich niemals verständigen können. Das ist bereits auf der Münsterer Tagung hervorgetreten. Da gibt es eben eine unübersteigbare Grenze der Verständigung. Ich suche das a priori, das jedem Gesetz vorausgeht. Leugnet man dies, dann kann man sich darüber nicht miteinander unterhalten. Ich sehe nicht, warum nicht auch der Verfassungsgesetzgeber die ihm a priori gezogenen Grenzen sollte überschreiten können. Für mich war es ein erhebender Tag, als ich in der bekannten Entscheidung des Bayerischen Verfassungsgerichtshofes lesen konnte, daß auch die Verfassung gegen das Naturrecht verstoßen kann. Das ist möglich, weil die Verfassung auch von Menschen gemacht wird, sogar von politischen Menschen, die aus politischen Gründen die wesensmäßigen Grenzen überschreiten können. Also volle Übereinstimmung mit dem Bayerischen Verfassungsgerichtshof und totale Differenz mit Herrn Nawiasky.

Wenn Herr Grewe auf den guten Vortrag von Herrn Schneider in Tübingen hingewiesen hat, so habe ich ihn natürlich im Sinn gehabt, als ich bei der Erörterung des Problems der politischen Fragen die Tübinger Schlagworte von der Intensität des Streites und von dem politischen Schlaglicht gesprochen habe. Ob der Ausdruck Interessenstreitigkeiten besser ist als der Ausdruck politische Streitigkeiten, kann dahingestellt bleiben; es ist Geschmacksache. Mir scheint der Ausdruck Interessenstreitigkeiten wenig glücklich für die Unterscheidung, weil hinter jeder Rechtsfrage immer auch Interessen stehen. Es kommt vielmehr auf die anzuwendenden Normenarten an. Herr Grewe hat mich an einem Punkte mißverstanden. Ich habe bei der Frage Bundeskanzler und Bundespräsident gerade gesagt, daß die Frage, wer Recht hat, nicht justiziabel ist, daß aber dahinter die Norm steht: Verständigt Euch! Arbeitet zusammen! Es geht aber meines Erachtens wieder zu weit, wenn man sagen würde, daß alle Fragen der Machtverteilung keine justiziablen Fragen sind. Sie sind es vielmehr in typischer Weise, wenn es um die Fragen der Zuständigkeit geht. Es ist daher natürlich zum Beispiel eine justiziable Frage, ob für einen völkerrechtlichen Vertrag die Zustimmung des Bundestages und Bundesrates erforderlich ist oder nicht. Fragen der Machtverteilung auf Grund von Rechtsnormen sind typisch juristische Fragen, während die Frage, ob das zuständige Organ richtig oder nicht richtig gehandelt hat, in dessen politischem Ermessen liegt.

Herr Merk hat die Frage der Notzeiten angerührt; auch sie hatte ich berührt, als ich ausführte, daß eine Verfassung im allgemeinen von der Voraussetzung ausgeht, daß alle Organe normal funktionieren. Es erhebt sich freilich die Frage, ob eine Verfassung gut tut, auch für Fälle dieser Art ein bestimmtes Organ mit Zuständigkeiten zu betrauen. Ich glaube in der Tat, daß dies zweckmäßig ist. So habe ich zum Beispiel Zweifel, ob die Bayerische Verfassung und das Bonner Grundgesetz dies in ausreichendem Maße getan haben. Ich stehe unter dem Eindruck, daß die Besatzungsmächte sich dies Recht vorbehalten wollten; denn man darf bei dem Bonner Grundgesetz nicht vergessen, daß es gleichzeitig mit dem Besatzungsstatut entstanden ist.

Ob ich Herrn Abendroth mit seiner partiellen Zustimmung zu Herrn Nawiasky richtig verstanden habe, weiß ich nicht. Jedenfalls würde ich ihm dasselbe erwidern, was ich Herrn Nawiasky gesagt habe. Herr Abendroth hat bei der Frage, ob es a priorische Grenzen gibt, auf verschiedene Typologien hingewiesen. Das ist eine Fragestellung, die ich in diesem Zusammenhang ablehnen muß. Mir geht es nicht um Typologien, sondern vielmehr darum, ob es ein a priori, d. h. begründete Maßstäbe gibt, an denen alles, was individuelle Menschen mit allen ihren Fehlern und Irrtümern in konkreter Lage tun, meßbar ist oder nicht. Diese Frage bejahe ich allerdings, und von dieser Fragestellung war mein ganzes Referat geleitet.

Drath-Berlin (Schlußwort): Ich habe nicht den Eindruck, daß die Gegensätze zwischen den Referaten und den Diskussionsbeiträgen so grundsätzlich sind, bis auf wenige Punkte, die aber noch sehr eingehender Untersuchung bedürfen, so daß ich nur auf einige Bemerkungen der Diskussion eingehen will. Der ganze Komplex ist sowieso ungeheuer groß, so daß noch manches zu sagen wäre.

Ich bin nicht der Meinung, daß in unseren Verfassungen die Grenzen der Verfassungsgerichtsbarkeit überschritten worden sind, von denen ich zunächst gesprochen habe, nämlich daß es sich oft gar nicht um Verfassungsgerichtsbarkeit handele. Erst im letzten Abschnitt meines Referats habe ich die Frage aufgeworfen, ob man nicht zu weit gegangen ist, indem man Gerichte für nichtrichterliche Aufgaben einsetzte. Hier liegt in der Tat das Problem des gouvernement des juges. Unsere Verfassungsgerichte müssen an der Gestaltung unserer politischen und sozialen Verhältnisse in großem Maße Anteil nehmen. Wir leben ohne Frage in einem gewissen Mißtrauen gegen unsere eigene politische Gestaltungsfähigkeit, d. h. gegen die Richtigkeit der auf politischer Ebene zu erwartenden Entscheidungen, und haben aus diesem Mißtrauen, das nicht nur in normalen inneren Gegensätzen, sondern auch in der Situation einer historischen Epoche kommender Neugestaltungen begründet ist, unsere Zuflucht zur Verfassungsgerichtsbarkeit genommen. Damit aber wird ein besonders starkes politisches Element in aller Tätigkeit der Verfassungsgerichte unvermeidlich; denn schon in einfacheren Zeiten wäre Verfassungsgerichtsbarkeit etwas grundsätzlich anderes als andere Gerichtsbarkeit.

Gewiß kann in solchen Lagen den Verfassungsgerichten nicht genügend Zurückhaltung und Selbstbegrenzung empfohlen werden. Ein Beispiel dafür ist die Judikatur zu Art. 48 WRV, die die Ermächtigung des Reichspräsidenten keineswegs restriktiv auslegte. Aber auch die Selbstbegrenzung hat in anderer Hinsicht Grenzen, nämlich dort, wo die Verfassungsgerichte unter dem Entscheidungszwang stehen, d. h. die eigene Entscheidung nicht verweigern dürfen. Hier können sie die Zügel nicht einfach locker lassen, sondern müssen klar sprechen: ja oder nein.

Das gilt m. E. besonders für das schwierige Parteiverbot.

Die Warnung, den Begriff des Ermessens aus dem Verwaltungsrecht zu übernehmen, wäre berechtigt, wenn wir nicht alle klar wüßten, daß wir vom „Ermessen" des Gesetzgebers oder eines Regierungsorgans in einem ganz anderen Sinn sprechen als vom Ermessen einer Verwaltungsbehörde. Auch das letzte ist ja in sich graduell sehr verschieden, und für Verfassungshandeln können nicht enge Grenzen des Verwaltungsrechts übernommen werden. Wo z. B. die Verfassungen sich mit allgemeinen Zielsetzungen oder Formulierungen begnügt haben und begnügen mußten, darf der Verfassungsrichter nicht sein politisches Ermessen an die Stelle desjenigen der politischen Organe setzen, das grundsätzlich ein weit freieres ist als beim Verwaltungshandeln.

Eine feste Unterscheidung zwischen dem rechtsnormenfreien und dem rechtlich normierten Raum gibt es in der Verfassungsgerichtsbarkeit weniger als sonst. Das Prinzip der Bundestreue z. B. erlaubt es uns, manche konkrete Rechtsfolge aus ihm abzuleiten; aber auch da gibt es einen Grenzstreifen, in dem Zweifel möglich sind, und keine feste Grenzlinie. Machtverteilung und Machtausübung sind nun einmal der Hintergrund aller verfassungsrechtlichen Konflikte, und daraus ergibt sich freilich die Frage, ob unsere Versuche, solche Machtauseinandersetzungen mit gerichtlichen Mitteln unter Kontrolle zu halten, nicht zu weit getrieben sind.

Mit Herrn Merk stimme ich weitgehend überein: Alle Verfassungsinstitutionen sind hic et nunc gebunden und anders nicht erklärbar. Wir Deutschen haben nach 1933 das Pendel weit nach der anderen Seite ausschlagen lassen und versuchen heute, durch besondere Verstärkung rechtsstaatlicher Prinzipien und Institutionen mit der Politik fertig zu werden, mit einer gerade durch den Ausschlag nach der anderen Seite besonders schwierigen Politik. Andere Länder mit stetigerer politischer Entwicklung sind hierin glücklicher. In England wird die Auffassung der Regierung über die Anerkennung fremder Regierungen usw. von den Gerichten als selbstverständlich akzeptiert und nicht überprüft. Aber die Verfassungsgerichtsbarkeit kann auch in dieser Hinsicht Gutes wirken; sie kann dazu führen, uns aus dem Obrigkeitsstaat herauszuführen, d. h. unser Volk politisch selbstverantwortlich zu machen, und kann dann dazu beitragen, uns vor künftigen extremen Pendelausschlägen zu bewahren. Gewiß fehlt uns das soziale Substrat und die Tradition für ein echtes demokratisches Selbstbewußtsein, ganz abgesehen von unseren obrigkeitsstaatlichen politischen Verhältnissen. Offensichtlich muß einer funktionierenden Demokratie eine lange Periode echter liberaler Zustände vorausgehen, in der selbstbewußte Bürger heranwachsen, in der jedermann die Möglichkeit besitzt, sich jedem unangenehmen Druck zu entziehen, gleichgültig ob er von der Obrigkeit oder vom Arbeitgeber usw. kommt. Das ist nötig, um freiheitsbewußte Menschen zu bilden, und das gab es in anderen Ländern mit unbebrenzteren Möglichkeiten mehr als bei uns[1]). Da kann uns die Verfassungsgerichtsbarkeit helfen,

[1]) Der Schrift von Hölzle, Das Alte Recht und die Revolution, S. 64, verdanke ich den Hinweis auf ein Wort von Wilhelm Ludwig Wekhrlin: „Wollt ihr eine raisonable

zu der bürgerlichen Haltung zu kommen, die erst die freiheitliche Demokratie ausmacht; daß es ihr allein gelingt, erscheint mir zweifelhaft, denn ein Ersatz für eine gewachsene Demokratie ist auch die Verfassungsgerichtsbarkeit nicht. Man kann unter schwierigen Verhältnissen ein vorhandenes demokratisches Fundament leichter weiter erhalten als es überhaupt erst bauen.

Ich habe allerdings Bedenken, die menschliche Natur in den Punkten, in denen das Naturrecht heute eine so bedeutsame Rolle in unserem Schrifttum und selbst in der Judikatur spielt, als a priori gegeben zu denken. Sie ist geschichtlich ausgeformt, und diese besonderen Formungen ergeben erst den konkreten Inhalt des Naturrechts. Doch kann ich heute hierauf nicht weiter eingehen.

Was mir jedoch angesichts der Ausgestaltung unserer heutigen Verfassungsgerichtsbarkeit als das Dringlichste erscheint, läßt sich am besten an dem Arbeitsbereich Max Webers zeigen: Er war ursprünglich Jurist; aber er wurde dann der Nationalökonom und Soziologe, als der er in der ganzen Welt bekannt ist. Er starb jedoch mitten in seiner letzten Vorlesung, und diese hieß „Allgemeine Staatslehre und Politik". Das scheint mir ein Zeichen dafür zu sein, daß es für uns heute noch mehr als vor 30 Jahren gerade als Verfassungsrechtler des Versuches bedarf, klar und konkret zu sagen: Wie ist unter den Verhältnissen des 20. Jahrhunderts und hier bei uns in Deutschland nach unseren Verfassungen die freiheitliche Demokratie möglich? Dies den Verfassungsgerichten zu überlassen, damit sie es von Fall zu Fall sagen, wenn ein Streit vor sie kommt, ist nicht möglich. Hier liegt m. E. eine der bedeutendsten Grenzen der Verfassungsgerichtsbarkeit. Sie braucht ein umfassendes und konkretes Gesamtbild der freiheitlichen Demokratie gemäß unseren Verfassungen. Das kann man nicht in einzelnen Entscheidungen erst entwickeln, sondern das muß auch dem Verfassungsgericht als Gesamtbild bei jeder Entscheidung bereits zur Verfügung stehen. Dies aber ist eine Aufgabe, die uns als den deutschen Staatslehrern selbst gestellt ist[2]).

Freiheit auf die Spitze bringen, so werdet reich!" W. war offenbar der Zusammenhang zwischen dem steigenden Reichtum des englischen Bürgertums und der englischen Verfassungsentwicklung noch deutlich gegenwärtig, während wir im allgemeinen aus einer Idee der Freiheit argumentieren.

[2]) Ich glaube, mich nicht zu irren, wenn ich einen erheblichen „Materialien-Kult" vor allem mit dem GG feststelle. Ist das richtig, so bezeugt es eine weitgehende Unsicherheit in der Auffassung unserer Demokratie. Dieser Eindruck scheint mir die Notwendigkeit einer konkreten demokratischen Staats- und Staatsrechtslehre für uns zu bestätigen. Um so erfreulicher sind Entscheidungen, die eindeutig vom Materialien-Kult abrücken (Württemberg-Badischer Verw.GH Karlsruhe v. 25. 6. 1948, A. ö. R. 75/251, Bayerischer Verw.GH v. 9. 4. 1951, DVBl. 1951/410 u. a. m.).

II. Zweiter Beratungsgegenstand

Die Gestaltung des Polizei- und Ordnungsrechts insbesondere in der britischen Besatzungszone

1. Bericht von Professor Dr. Hans J. Wolff, Münster (Westf.)

Ein halbes Jahrhundert lang hat das Polizeirecht den soliden Kern des deutschen Verwaltungsrechts und erst recht der deutschen Verwaltungsrechtslehre gebildet. Die organisatorischen Grundlagen waren seit der Mitte des 19. Jahrhunderts im wesentlichen gelegt. Seine materiellen und formellen Grundsätze hat vornehmlich das preußische Oberverwaltungsgericht, dessen 75. Geburtstag wir am 20. November 1950 gedenken, in einer an den meisterhaft formulierten § 10 II 17 ALR anknüpfenden bewunderungswürdigen Rechtsprechung entwickelt. 1931 war das allgemeine Polizeirecht zur preußischen Kodifikation des Allgemeinen Teils reif geworden.

Was eine feste Grundlage und Ansatzfläche für weitere verwaltungsrechtliche Kodifikationen hätte werden können, wurde kaum zwei Jahre später seiner eigenen rechtsstaatlichen Grundlagen — im wahrsten Sinne des Wortes: — beraubt. Degradiert zur Vogelscheuche, wehrte es allenfalls frechen Spatzen und wies nur noch den Feldhüter in seine Schranken. Schwert, Flinte und andere Zwangs- und Mordwerkzeuge aber riß eine anonyme Hydra an sich und diskreditierte mit dem Namen des Staates zum dritten Male den der „Polizei", dem Achtung und Ansehen zu verschaffen sich Männer wie Carl Severing erfolgreich bemüht hatten.

Es ist daher nicht zu verwundern, daß die totale Umkehr, die dem Zusammenbruch der Hybris folgte, durch eine tiefgreifende Neugestaltung des Polizeiwesens eine Wiederholung ihres Mißbrauchs gründlich vereiteln wollte. Verständlich ist es auch, daß die Besatzungsmächte dieser Neuordnung ihre eigene Polizei-Ordnung zugrunde legten, ohne deren Einfügung in das deutsche organisatorische Gefüge und materielle Rechtssystem besondere Aufmerksamkeit zu widmen. Nur die französische Militärregierung bedachte, daß der vornazistische Rechtszustand rechtsstaatlichen Anforderungen hinreichend entsprach, um durch seine Restituierung „demokratischen" Anforderungen zu genügen. In der britischen Besatzungszone insbesondere hat die Neuordnung des Polizeirechts eine Fülle von Fragen aufgeworfen, die die Landesgesetzgeber im Interesse einer guten, zweckmäßigen und billigen Verwaltung so bald wie möglich werden beantworten müssen. Zur Lösung der damit aufgegebenen Probleme beizutragen wird das Hauptanliegen meines Referates sein.

Das Thema — die Gestaltung des Polizei- und Ordnungsrechts — erfordert jedoch zunächst noch einen Rückblick in die Vergangenheit und einen Überblick über die gegenwärtige Rechtslage, um von diesem Standpunkt aus einen Ausblick auf eine wünschenswerte Neugestaltung zu gewinnen. Dabei werde ich mich freilich in knappster Form auf die für die bevorstehenden Gestaltungsaufgaben m. E. wichtigsten Momente beschränken müssen und auch beschränken können, da ich in diesem Kreise die Kenntnis der geschichtlichen Entwicklung des Polizeibegriffs und des Polizeirechts voraussetzen, wegen der im wesentlichen importierten Einrichtungen des englischen Rechts auf den Beitrag Hans Schneiders in der Festschrift für Julius von Gierke[1]) und im übrigen, insbesondere bzgl. des geltenden Rechts und der vorliegenden Entwürfe auf das „Polizeirecht" von Pioch verweisen kann[2]).

I. Rückblick.

Im Rückblick auf die geschichtliche Entwicklung des Polizeirechts erscheint mir besonders folgendes bemerkenswert:

a) Der Polizei-Begriff hat mehrere Momente, sein Gegenstand mehrere Dimensionen, die nur noch quantitativ (intensiv) variabel sind, z. T. allerdings selbst pro toto genommen werden, nämlich[3])

1. funktional: Gewährleistung einer sozialen, politischen und Rechts-Ordnung innerhalb des Staates durch Verwaltungsorgane erforderlichenfalls unter Machteinsatz auf Grund nicht genau bestimmter Tatbestände;

---

[1]) Berlin 1950 S. 234—265, sowie derselbe in „Polizei-Praxis" 1949 S. 321 ff., 355 ff.

[2]) Hans-Hugo Pioch: Das Polizeirecht einschließlich der Polizeiorganisation (Grundriß des Verwaltungsrechts, hgg. v. L. Ambrosius Bd. 25, Tübingen 1950). Dort sind auch die im folgenden erwähnten Rechtsquellen, nicht aber die Entwürfe abgedruckt.

[3]) Vgl. meinen z. T. ein wenig abweichenden Vortrag über Aufgaben und Organisation der Polizei- und Ordnungsverwaltung in systematischer und rechtspolitischer Hinsicht: Polizeirecht im neuen Deutschland (Polizei-Institut Hiltrup, Westf., 1949).

2. f u n k t i o n e l l:
Vermeidung von Mißständen, insbesondere Bekämpfung akuter oder (und) latenter, konkreter oder (und) abstrakter Gefahren
oder (und) Herstellung gewisser sozialer Zustände;
3. q u a l i t a t i v: negativ oder (und) positiv,
repressiv oder (und) praeventiv;
4. d i s p o s i t i v: speziell oder subsidiär oder universal; Subsidiarität besteht hinsichtlich
a) der Rechtsgrundlage (Generalermächtigung),
b) der Zuständigkeit anderer Behörden,
c) der Funktionsbefugnis nur bei dringender Eilbedürftigkeit (erster Zugriff);
5. m o d a l: konkrete oder (und) abstrakte Anordnungen;
6. e f f e k t i v: Ersatzvornahme, Zwangsgeld, unmittelbarer Zwang gegen Sachen oder (und) Personen, vorläufige oder (und) endgültige Bestrafung;
7. s a c h l i c h (Kompetenzen): Rechtssicherheitspolizei (z. B. Straßenverkehrspolizei, Kriminalpolizei),
politische Sicherheitspolizei (z. B. Staatsschutzpolizei, Fremden-, Paß-, Vereins-, Versammlungspolizei),
Verwaltungs-(Ordnungs-)polizei (z. B. Gesundheits-, Gewerbe-, Baupolizei),
Wohlfahrtspolizei,
Glückseligkeitspolizei;
8. ö r t l i c h: Orts- (Land- oder Stadt-), Kreis-, Landespolizei;
9. i n s t i t u t i o n e l l: ordentliche oder Sonder-Polizeibehörden (z. B. Wasserschutz-, Bahn-, Bergpolizei),
Allgemeine oder besondere Polizeibehörden (z. B. Polizeipräsidenten),
Orts-, Kreis- und Landespolizeibehörden,
staatliche oder kommunale Polizeibehörden,
Polizei-Verwaltungs-, -Exekutiv- und -Wirtschaftsbehörden,
handelnde und Aufsichtsbehörden,
Sammlungs- und Informationsstellen;
10. f o r m e l l: die Zuständigkeit der Polizeibehörden (z. B. auch Tier- und Landschaftspflege, Ausstellung von Quittungskarten der Invalidenversicherung).

b) Es hat zwar i m m e r der Sache nach und seit dem Beginn der Neuzeit auch dem Namen nach eine Polizei gegeben und muß sie auch geben, um die soziale Geltung der verfassungsmäßigen Ordnung i. w. S. nicht dem Zufall, insbesondere der Folgsamkeit der Regierten zu überlassen. In funktionaler Abhängigkeit vom Staatszweck galten jedoch jeweils Polizeibegriffe, die verschiedene Intensitäts- bzw. Quantitätsgrade jener Dimensionen miteinander verbanden. Dabei zeigt sich in charakteristischer Verbindung mit der Entstehung von Sonderbehörden eine allgemeine Tendenz der Einengung der polizeilichen Zuständigkeiten und damit des Polizeibegriffs.

c) Wie schon die Reaktionszeit und jede diktatorische Periode brachte jedoch erst recht die nationalsozialistische eine Ausdehnung der inhaltlichen und modalen organisatorischen und politischen Zuständigkeiten der Polizei durch Ausrichtung auf ein angebliches Volkswohl. Die Ausschaltung der Mitwirkung volkspräsentativer Organe und besonders die zunächst teilweise, dann vollständige Ausschaltung gerichtlicher Kontrolle enthob die Polizei praktisch aller rechtlichen Schranken. Es ist sehr lehrreich, daß dies de jure durch einen der kürzesten Paragraphen, nämlich § 7 des prG ü. d. Geheime Staatspolizei vom 10. 2. 1936, bewerkstelligt werden konnte. — Es gibt übrigens keinen Schutz gegen dergleichen, wenn die Voraussetzungen der Diktatur im übrigen gegeben sind.

II. Überblick.

a) Die „Anweisung des Obersten Befehlshabers an die Vorsteher der deutschen Polizeibehörden im Kontrollgebiet der Militärregierung Deutschland" 1945, verlangte Denazifizierung, Demilitarisierung und Dezentralisierung der Polizei.

Eine (nicht veröffentlichte) Instruktion der britischen Militär-Regierung (brMR) vom 25. 9. 1945 führte die britische Beschränkung der Polizei ein auf reine Exekutive (uniformierte Schutz- und Kriminalpolizei) „zur Verhinderung und Aufklärung von Straftaten sowie zur unbedingten Aufrechterhaltung von Gesetz und Ordnung" unter Ausschluß der „gesetzgebenden" und der „richterlichen Gewalt" (d. h. des Verordnungs- und Strafverfügungsrechts), anfangs sogar ohne die Zuständigkeit zum Erlaß schriftlicher Verfügungen und zur Anwendung mittelbaren Zwanges (Erl. OP Westf. v. 25. 2. 1946). Die übrigen ehemaligen polizeilichen Kompetenzen blieben ungeregelt.

Gegliedert ist die Polizei i. e. S. seit 1. 10. 1946 in je selbständige Stadtkreis- (SK-) und Regierungsbezirks- (RB-) Polizeien, so daß zwar überall eine gewisse Stärke erreicht, die örtliche Polizei aber allermeist von der Hauptstadt des Regierungsbezirks her ausgeübt wird.

Durch brMRVO 57 wurde zwar die Polizeigewalt den Ländern überlassen; doch standen und stehen diese unter anhaltendem starken Einfluß der Militär-Regierung bzw. der Regional Commissioners, die auch die *Polizeiorganisationsgesetzgebung* der Länder weitestgehend vorschrieben. Diese (nwÜbergangsG v. 20. 12. 46 i. d. Fssg. v. 6. 3. 1947 — GVBl 165 —, shG v. 4. 1. 1947 — Amtsbl. 11 —, nds. ÜbergangsG v. 23. 4. 1947 — GVBl. 58 —, hambG v. 7. 11. 1947 — GVBl. 73) löste die Polizeibehörden (außer in Hamburg) von den Verwaltungsbehörden und sah für jede einen Polizeiausschuß für die Haushalts- und Wirtschaftsverwaltung und für die politische Kontrolle sowie einen Polizeichef für die Exekutive vor. Die diesbezüglichen Grundsätze wurden in brMRVO 135 unter Stärkung des Polizeichefs ausgesprochen. Die materielle Zuständigkeit wurde dort in Art. 1 ähnlich wie in § 14 prPVG generell, aber sehr unexakt umschrieben; gemeint ist wohl mehr eine Beschränkung des Aufgabenkreises als eine Ermächtigung.

b) Die *geltenden Polizeigesetze der Länder* (niedersächsisches mehrfach verlängertes Übergangsgesetz v. 23. 4. 1947, hamburgisches G. v. 7. 11. 1947, schleswig-holsteinisches G. v. 23. 3. 1949 — GVBl. 61 — mit Änderung v. 23. 1. 1950 — GVBl. 23 — nordrhein-westfälisches G. v. 9. 5. 1949 — GVBl. 143 —)[3]) variieren mehr oder weniger jene Grundsätze und beschränken sich fast ganz auf eine organisatorische Neuregelung der allgemeinen Polizei im institutionellen Sinne. —

Die Wasserschutz-, Eisenbahn-, Berg- u. a. Sonderpolizeien stehen außerhalb dieser Organisation. Sie bleiben auch im folgenden außer Betracht.

1. SK-Polizeibehörden bestehen nur in Großstädten über 100 000 Einwohnern, in Niedersachsen nur in Braunschweig und Hannover. In Schleswig-Holstein gibt es je eine Polizeigruppe Nord, Süd, Kiel und Lübeck.

2. In Hamburg ist die *Polizeibehörde* staatlich. Sie untersteht einem Senator. Der Polizeiausschuß hat nur beratende Zuständigkeiten.

In Schleswig-Holstein ist die Polizei Einrichtung des Landes.

In Niedersachsen und Nordrhein-Westfalen bilden die SK- und RB-Polizeien (genauer Polizeibehörden) rechtsfähige öffent-

[3]a) Die nach Abschluß des MS ergangenen einschlägigen Gesetze, nämlich die Aufhebung der brMRVO 135 durch AHKVO 220 (ABl. 1950 S. 702), das ndsG ü. d. öffentl. Sicherheit u. Ordnung v. 21. 3. 1951 (GVBl. 79), die Neufassung des shPolG v. 31. 3. 1951 (GVBl. 91), die Neufassung des nwPolG v. 19. 6. 1951 (GVBl. 73), das shG über ein Verwaltungsabkommen zwischen der Bundesregierung und den Landesregierungen über die Errichtung von Bereitschaftspolizeien der Länder v. 18. 5. 1951 (GVBl. 105) mit jenem Verwaltungsabkommen v. 27. 10. 1950 als Anlage, und das nwG ü. d. Bereitschaftspolizei v. 3. 8. 1951 (GVBl. 105), konnten in dem insoweit z. T. überholten Text nicht mehr berücksichtigt werden.

liche Anstalten mit eigenen Rechten und Pflichten, eigenem, von den Gemeinden und dem Lande gespeistem Haushalt und eigener Dienstherrlichkeit, hängen also organisatorisch „in der Luft".

Sie sind für ihren Kompetenzbereich die Orts- und Kreispolizeibehörden des älteren Rechtes, so daß diese also heute ihren Sitz in der Hauptstadt des Regierungsbezirks haben. Folge: Sie sind „zu weit vom Schuß" und müssen eilbedürftige Entscheidungen auf örtliche Stellen delegieren.

3. Der Polizeiausschuß ist (außer in Hamburg) ein Unterorgan der Polizeibehörde und selbst Behörde i. S. d. § 25 Abs. 2 brMRVO Nr. 165 über Verwaltungsgerichtsbarkeit. Er vertritt die Polizeibehörde beamtenvermögensrechtlich, zivilrechtlich und zivilgerichtlich. Schadenersatz- und Entschädigungsklagen sind daher gegen ihn zu richten.

Seine sieben bis neun Mitglieder werden von den Stadträten bzw. Kreistagen der zum Polizeibezirk gehörenden Städte und Kreise aus deren Mitte (in Hamburg: aus der Bevölkerung) für deren Wahlperiode gewählt. Sie sind an Weisungen — auch des Rates der Stadt bzw. des Kreistages — nicht gebunden, haben jedoch in Nordrhein-Westfalen die Ansichten der entsendenden Kreise zu vertreten. Sie wählen einen Vorsitzenden aus ihrer Mitte und nach Bedarf Unterausschüsse. Beschlüsse werden mit einfacher Mehrheit gefaßt. Die laufenden Geschäfte führt ein vom Polizeiausschuß eingestellter Geschäftsführer mit seinem Verwaltungspersonal ohne Stimmrecht im Ausschuß. In Nordrhein-Westfalen bedarf es der Bestätigung durch den IM. Für die Außenvertretung sind m. E. die gemeinderechtlichen Vorschriften entsprechend anzuwenden[4]).

In Niedersachsen und Nordrhein-Westfalen führt der Polizeiausschuß die allgemeine Aufsicht über die Polizeieinheit, stellt den Haushalts- und Stellenplan auf, der jedoch vom Innenminister zu genehmigen ist, und verantwortet die Buch- und Kassenführung, auf die m. E. ebenfalls die kommunalrechtlichen Vorschriften Anwendung finden. Er ernennt, entläßt und versetzt den Polizeichef ggf. in den Ruhestand. In Nordrhein-Westfalen steht ihm auch die Ernennung, Beförderung und Entlassung der Polizeibeamten vom Obermeister an aufwärts auf Vorschlag des Chefs der Polizei zu. Überall beschließt er über die Personalfragen der Wirtschaftsverwaltungsbeamten, Angestellten und Lohnempfänger. In Schleswig-Holstein ist seine Stellung wesentlich schwächer. In Hamburg hat er sogar nur beratende Funktionen.

---

[4]) Vgl. dazu Elleringmann: Die allgemeine Außenvertretung der Gemeinden im Lande Nordrhein-Westfalen = Verwaltung und Wirtschaft H. 1 (Festschrift der Westfälischen Verwaltungsakademien, Münster, Berlin, Bad Godesberg, 1950) S. 77—118.

In Nordrhein-Westfalen kann die Landesregierung einen Polizeiausschuß, der seine Pflichten nicht erfüllt, durch einen Kommissar ersetzen.

4. Der Chef der Polizei ist der Leiter der Polizeieinheit, die — das ist der Vorteil der Zusammenfassung zu SK- und RB-Polizeieinheiten — verhältnismäßig stark und schlagkräftig ist.

Auch der Chef der Polizei ist „Behörde" i. S. d. § 25 Abs. 2 brMRVO 165, so daß „die Polizeibehörde" also aus drei „Behörden" besteht. Maßnahmen der Polizeibeamten sind Verwaltungsakte des Chefs der Polizei.

In Hamburg wird er vom Senat ernannt, sonst vom Polizeiausschuß gewählt. In Niedersachsen bedarf die Wahl der Genehmigung des Innenministers, in Nordrhein-Westfalen und in Schleswig-Holstein sind diesem die auf die Ausschreibung der Stelle eingegangenen Bewerbungen vorzulegen; er kann Bewerber ausscheiden. In Nordrhein-Westfalen bedarf der Gewählte außerdem noch der Bestätigung des Innenministers. — Entlassen wird er in Schleswig-Holstein auf Antrag des Polizeiausschusses durch den Innenminister, in Nordrhein-Westfalen durch den Polizeiausschuß mit Zustimmung des Innenministers. Das bezieht sich aber nur auf die Amtsstellung, da das Dienstverhältnis der Polizeibeamten nach sechs Dienstjahren lebenslänglich ist. In Nordrhein-Westfalen und m. E. auch in Niedersachsen und in Schleswig-Holstein (Arg. aus § 44 Ziff. 5 DBG) können die Polizeichefs in den Wartestand versetzt werden.

Der Chef der Polizei ist allein verantwortlich für den Einsatz der Polizeikräfte seines Bereiches, aber nicht für deren Leistungsgrad. Im Bedarfsfalle kann er polizeiliche Hilfe eines benachbarten Polizeichefs anfordern. Nur in Hamburg ist er an Weisungen des Polizeisenators gebunden. Er führt die Dienstaufsicht und hat die Disziplinargewalt über die Polizeibeamten, so daß er in Nordrhein-Westfalen den Polizeiausschuß vor ein fait accompli stellen kann. Dort werden die unteren, sonst alle Polizeibeamten von ihm ernannt, befördert und entlassen. Zurruhesetzung von Polizeibeamten steht in Hamburg dem Senat, in Nordrhein-Westfalen dem Polizeiausschuß, in Niedersachsen und in Schleswig-Holstein dem Polizeichef mit Zustimmung des Polizeiausschusses zu.

An den Beratungen des Polizeiausschusses nimmt er ohne Stimmrecht teil.

Entsteht ein Notstand durch das Verhalten eines Polizeichefs, so kann in Nordrhein-Westfalen der Innenminister diesen vorläufig vom Amte entheben und einen anderen oberen Polizeibeamten mit der Wahrnehmung der Geschäfte beauftragen.

5. Polizeiaufsichtsbehörde ist nur noch der Innenminister. Er wirkt mit bei der Ernennung des Polizeichefs, in Nordrhein-Westfalen auch des Geschäftsführers, in Schleswig-Holstein aller Polizeibeamten vom Inspektor an aufwärts und kann in Schleswig-Holstein und Nordrhein-Westfalen die Polizeibeamten auf ihren Antrag oder auf Antrag des Chefs der Polizei bzw. des Polizeiausschusses aus in ihrer Person liegenden Gründen versetzen. Er stellt — im Einvernehmen mit dem Finanzminister — den Haushaltsplan der Polizeibehörden fest (!) und kann allgemeine Dienstvorschriften, Laufbahnrichtlinien, Anstellungs- und Beförderungsbestimmungen u. ä. erlassen. Er kann ferner seinem Willen nach englischem Vorbild durch Gewährung oder Versagung besonderer Zuschüsse Nachdruck verleihen.

In Notfällen kann er Polizeieinheiten zur gegenseitigen Hilfeleistung zusammenfassen, in Nordrhein-Westfalen aber erst nach Ermächtigung durch den Hauptausschuß des Landtages oder in Eilfällen der Landesregierung.

In Nordrhein-Westfalen sind die Regierungspräsidenten mit gewissen Polizeiaufsichtsfunktionen (z. B. allgemeiner Aufsicht über die Polizeiausschüsse, Verhängung der Polizeiaufsicht, Bestätigung von Hilfspolizeibeamten — § 13 prPVG) beauftragt.

Den Innenministern stehen Polizeiinspektoren und in Nordrhein-Westfalen ein vom Landtag gewählter Polizeirat beratend zur Seite.

6. Die neuen Polizeibehörden sind — was besonders beamtenrechtlich wichtig ist — Rechtsnachfolger der ehemaligen Reichspolizei. Nur in Nordrhein-Westfalen ist diese Rechtsnachfolge gesetzlich (§ 1 Abs. 2 PolG) ausdrücklich ausgeschlossen worden. § 22 des Beamtenrechtsänderungsgesetzes vom 30. 6. 1933 findet hier keine Anwendung[5]). Auch in Nordrhein-Westfalen sind die neuen Polizeianstalten jedoch Rechtsnachfolger der früheren kommunalen Polizei.

7. Das Deutsche Polizeibeamtengesetz ist in Nordrhein-Westfalen durch § 7 III. SparVO v. 19. 3. 1949 aufgehoben; seine Geltung im übrigen ist zweifelhaft, m. E. mindestens in Hamburg und Schleswig-Holstein zu bejahen. Die Beamten der Polizei in Hamburg sind ohne Veränderung ihrer Anstellungsverhältnisse durch VO v. 10. Februar 1948 (GVBl. S. 5) als Beamte der Hansestadt Hamburg übernommen worden.

8. Die Polizeikosten werden je zur Hälfte von der Stadt bzw. den Kreisen und vom Lande getragen. Sie, insbesondere auch die kommunalen Anteile namentlich der kleinen Gemeinden, sind sehr erheblich höher als nach dem früheren preußi-

---

[5]) So auch nwOVG v. 15. 6. 1950 — IV A 257.

schen Recht. Außerdem leistet die derzeitige Polizei weniger, weil die gesamte Ordnungsverwaltung nicht mehr dazu gehört[6]).

c) Dieses Landespolizeirecht wird ergänzt durch einige bundesrechtliche Rechtssätze wie insbesondere

1. den Art. 91 GG, nach dem ein Land im Falle eines Staatsnotstandes die Polizeikräfte aus anderen anfordern und im Gefahrfalle die Bundesregierung mit Billigung der Besatzungsbehörden die Polizeikräfte der Länder ihren Weisungen unterstellen kann.

2. Nach Art. 72 Ziff. 10 GG hat der Bund ferner die ausschließliche Gesetzgebung über die Zusammenarbeit des Bundes und der Länder in der Kriminalpolizei und in Angelegenheiten des Verfassungsschutzes, die Einrichtung eines Bundeskriminalpolizeiamtes sowie die internationale Verbrechensbekämpfung. Derartige Einrichtungen des Bundes, von denen auch in Art. 87 GG die Rede ist, dürfen jedoch nach dem Willen der Besatzungsmächte noch nicht selbst über einen exekutiven Apparat verfügen. Das Bundesgesetz über die Zusammenarbeit des Bundes mit den Ländern in Angelegenheiten des Verfassungsschutzes vom 27. 9. 1950 (BGBl. 682) betont daher ausdrücklich in § 3 Abs. 2: „Polizeiliche Befugnisse oder Kontrollbefugnisse stehen dem Bundesamt für Verfassungsschutz nicht zu. Das Amt darf einer polizeilichen Dienststelle nicht angegliedert werden."

[6]) Deshalb und wegen der Änderung des Polizeikostenrechts während des Krieges durch das Gesetz vom 29. April 1940 ist ein Vergleich schwierig. Immerhin mögen folgende Zahlen angegeben werden:

	Staatliche Polizei				Gemeindliche Polizei		Polizeikosten (Zuschußbedarf) der Stadt insges.	
			Anteil der Stadt					
	überhaupt	je Kopf der Bevölkerung	überhaupt	je Kopf der Bevölkerung	überhaupt	je Kopf der Bevölkerung	überhaupt	je Kopf der Bevölkerung
Schleswig-Holstein								
1938: RM	15.400.000	6,69	—	—	?	—	—	—
1949: DM	29.300.000	10,86	—	—	?	—	—	—
RB-Münster								
1949: DM	10.006.435	6,29	—	—	?	—	—	—
Gelsenkirchen								
1938: RM	?	—	793.637	2,50	1.651.852	5,20	2.445.489	7,20
1949: DM	3.502.629	11,57	1.751.315	5,77	1.551.500	5,13	3.302.815	10,90
Münster (Westf.)								
1938: RM	?	—	336.063	2,38	196.747	1,40	532.810	3,78
1949: DM	1.277.531	11,75	638.324	5,87	286.929	2,64	925.253	8,51

3. Gleichwohl können Bundespolizeibehörden auch mit Exekutivbefugnissen eingerichtet werden, und zwar nicht nur die Bahnpolizei, sondern auch Bundesgrenzschutzbehörden, die in Art. 87 Abs. 1 Satz 2 GG erwähnt und von den Besatzungsmächten im sogen. Polizeibrief vom 14. April 1949 zu 1a ausdrücklich zugestanden sind. Auch für das zu errichtende Bundeskriminalpolizeiamt sind gewisse Exekutivbefugnisse vorgesehen[7]).

Die Bundespolizeibehörden haben nächst dem Bundesrecht das Landrecht des jeweiligen Eingriffsortes anzuwenden.

4. Der Wille der Besatzungsmächte zur Nicht-Militarisierung und Dezentralisierung der deutschen Polizei kommt übrigens noch in einer Anweisung der Alliierten Hohen Kommission an die Landeskommissare vom 21. September 1949[8]) zum Ausdruck. Dort wird auch u. a. erneut festgestellt, daß der Erlaß von Verordnungen und daß solche Funktionen, die „von Rechts wegen den Justizbehörden zustehen" nicht „Aufgaben der Polizei" sein dürfen und daß diese, d. h. die Polizeibehörden, keine Aufgaben übernehmen dürfen, die nicht in direktem Zusammenhang stehen mit der Sorge für die Aufrechterhaltung der öffentlichen Ordnung und Sicherheit, der Verhütung von Verbrechen und der rechtlichen Verfolgung von Verbrechen oder mit der Information der alliierten Behörden über Vorgänge, die deren Sicherheit beeinträchtigen.

Z. Z. schweben bekanntlich Verhandlungen mit dem Ziel, diese starre, sachlich schwer gerechtfertigte Haltung der Besatzungsmächte aufzulockern[9]).

d) Die Fortgeltung des preußischen Polizeiverwaltungsgesetzes vom 1. Juni 1931 (prPVG) für die Polizeibehörden i. e. S.[10]).

1. Trotz der organisatorischen Neuordnung und kompetenziellen Beschränkung ist auch die Polizei im neueren, engeren Sinne überall „Angelegenheit des Staates" geblieben. In Hamburg und Schleswig-Holstein ist das unzweifelhaft. Auch in Niedersachsen und Nordrhein-Westfalen ist § 1 prPVG niemals

---

[7]) Das Gesetz ist inzwischen am 8. März 1951 (BGBl. S. 165) ergangen.

[8]) „Die Polizei" 1949 S. 382 f. und Pioch: Polizeirecht, Anlage 8 (S. 208 ff.) nebst Ergänzungsschreiben ebenda Anlage 46 (S. 288).

[9]) Durch eine dem Bundesminister des Innern am 14. November 1950 mitgeteilte Instruktion der Alliierten Hohen Kommission an die Landeskommissare ist inzwischen eine gewisse gesetzliche Zentralisation der Polizei auf Landesebene zugelassen; den „independently governed municipalities" soll jedoch ihr Recht zur Unterhaltung einer unabhängigen Ortspolizei gesichert bleiben.

[10]) Fast alles Folgende ist umstritten: Das Schrifttum ist übersichtlich geordnet von Galette: Zur gesetzlichen Neuregelung des Rechts der öffentlichen Sicherheit und Ordnung = DöV 1950 S. 575 f. Anm. 4—7. Auf diesen vortrefflichen Aufsatz (DöV 1950 S. 574—580 und 612—617), der mir erst nach meinem Vortrag bekannt geworden ist, sei zur Ergänzung auch des rechtspolitischen Teils (unten III) nachdrücklich hingewiesen.

aufgehoben oder die Polizeiverwaltung zur Selbstverwaltungsangelegenheit erklärt worden. Die Gemeinden sind an ihr vielmehr nur mittelbar durch die Wahl der Mitglieder des Polizeiausschusses und die anteilige Tragung der Kosten beteiligt. Auch auf diese hat aber kein Gemeindeorgan einen rechtlichen Einfluß. Ein solcher Einfluß steht vielmehr, wennschon eng begrenzt, nur dem Innenminister oder der Landesregierung zu. Der Staat übt allerdings in Nordrhein-Westfalen seine Polizeigewalt durch rechtlich selbständige Anstalten aus, die sich in der Wahrnehmung dieser Auftragsangelegenheit erschöpfen.

2. §§ 2—7, 9—12 prPVG gelten nach dem Gesagten für die Polizei i. e. S. nicht mehr. Wegen § 8 s. o. II b a. E. und hambVO über die Wasserschutzpolizei v. 31. August 1948 (GVBl. S. 94).

3. § 13 prPVG ist in Niedersachsen, in Nordrhein-Westfalen und in Schleswig-Holstein in Geltung geblieben. Die Bestätigung von Hilfspolizeibeamten steht danach dem Minister des Innern zu. Sie ist in Nordrhein-Westfalen durch RdErl. IM v. 14. Oktober 1949 (MinBl. S. 996) bzgl. Talsperrenwächtern, Feld- und Frosthütern den Regierungspräsidenten zur Wahrnehmung übertragen worden. In Hamburg: VOn v. 5. September 1947 (GVBl. S. 53) und v. 14. 12. 1948 (GVBl. S. 153) auf Grund des Gesetzes vom 26. Januar 1921.

4. §§ 14—17 prPVG (betr. Aufgaben) sind in Geltung geblieben und von Schleswig-Holstein wörtlich in sein PolG übernommen worden.

In Nordrhein-Westfalen hält man § 14 Abs. 2 prPVG, d. h. die Übertragung polizeifremder Angelegenheiten, nicht mehr für anwendbar. Doch ist das Sache des Gesetzgebers, der diesbezüglich auf eine besondere Genehmigung des Hohen Kommissars angewiesen ist. Die alten polizeifremden Zuständigkeiten sind allerdings den Polizeibehörden durch die Militärregierung genommen.

Nach Art. 35 GG sind die Polizei- wie alle Behörden anderen Behörden zur Amtshilfe verpflichtet. In § 152 GVG, §§ 158, 159, 161, 163 Abs. 2 und 189 StPO, §§ 758, 759 ZPO, § 76 der Eisenbahnbau- und Betriebsordnung, in §§ 25, 188, 189, 424 und 427 RAO, in den Geschlechtskranken-Gesetzen und sonst ist ihre Amtshilfepflicht ausdrücklich und z. T. näher bestimmt worden. Sie gilt — entgegen der in Nordrhein-Westfalen und z. T. in Hamburg herrschenden Auffassung — aber auch sonst — allerdings mit der Einschränkung, daß Amtshilfe insoweit nicht verbindlich verlangt werden kann, als die ersuchende Behörde selbst zur Durchführung der Maßnahme rechtlich verpflichtet und dazu auch imstande ist (z. B. die Ordnungsverwaltung oder der Bundestagspräsident — Art. 40 Abs. 2 GG). In diesem Falle kann sich die Polizeibehörde darauf beschränken, für den Schutz des Vollziehungsbeamten zu sorgen.

Wird die Polizeibehörde auf Ersuchen tätig, dann verantwortet sie nur die allgemeine Zuständigkeit der ersuchenden Behörde zur Anordnung der ersuchten Maßnahme und ihre eigene Tätigkeit bei deren Ausführung.

Wie die Polizeibeamten Hilfsbeamte der Staatsanwaltschaft sind, so sind sie auch Hilfsbeamte der Ordnungsbehörden, insofern sie die notwendigen Maßnahmen zur Gefahrenabwehr zu treffen, also sowohl im Eilfalle aus eigener Entschließung das zur Abwehr einer unmittelbar bevorstehenden Gefahr an Ort und Stelle Notwendige zu tun, als auch die Ordnungsbehörden darüber und in allen Fällen beobachteter materiell-polizeilicher Gefährdungen zu unterrichten, als endlich diesen mit den ihnen eigenen Mitteln beizustehen haben.

In Schleswig-Holstein (RdErl. v. 8. 3. 1949 bei X 3) werden nur die Polizeibeamten zur Anwendung unmittelbaren Zwanges für zuständig gehalten. In der Tat wird man andere Behörden dazu i. d. R. als tatsächlich „nicht imstande" ansehen können.

So ist die Polizei „der starke Arm der Verwaltung" auch in diesem Sinne geblieben.

5. §§ 18—21 (betr. p o l i z e i p f l i c h t i g e P e r s o n e n) und §§ 22—23 (betr. ö r t l i c h e Z u s t ä n d i g k e i t) prPVG gelten fort und werden durch die neuen Bestimmungen über die polizeiliche Nachbarhilfe und Zusammenfassungen in Notfällen ergänzt. Niedersachsen hat mit Hamburg, Schleswig-Holstein und Bremen Vereinbarungen über die Erweiterung der örtlichen Zuständigkeiten ihrer Polizeien getroffen (ndsG v. 7. 7. 1950 — GVBl. S. 35—36).

6. P o l i z e i v e r o r d n u n g e n (§§ 24—39 prPVG) können die Polizeibehörden i. e. S. — also auch die Polizeiausschüsse — nicht erlassen. Dieses Recht ist auf den Rat der Gemeinden bzw. den Kreistag übergegangen und steht außerdem — wie früher — den Regierungspräsidenten und den Ministern zu.

7. §§ 40—44 prPVG (betr. p o l i z e i l i c h e V e r f ü g u n g e n) gelten auch für die Polizeibehörden neuen Rechts. Insbesondere können sie auf ihrem Kompetenzgebiet (z. B. dem Straßenverkehrsrecht) auch schriftliche Verfügungen erlassen und sind sie auf Grund des § 14 sowohl berechtigt als auch verpflichtet, angetroffenen akuten Gefahren jeder Art durch mündliche Verfügungen zu begegnen (vgl. oben bei 4 a. E.).

Der R e c h t s m i t t e l z u g der §§ 45—54 prPVG (Beschwerde und Anschlußklage binnen 2 Wochen) gilt für die Verfügungen der Polizeibehörden i. e. S. nicht mehr. Zwar läßt § 49 brMRVO 165 ältere Vorschriften unberührt, doch würde es sich mit der von der brMR befohlenen und von den Polizeigesetzen durchgeführten Trennung der Polizei- von den anderen Verwaltungsbehörden nicht vertragen, wenn die Rechtsnachfolger der Landräte und wenn die Regierungspräsidenten im Beschwerdewege in das Ermessen der Polizeibehörden eingreifen könnten. Polizeiliche Verfügungen sind daher mit dem Einspruch des § 44 brMRVO 165 und anschließender Klage nach §§ 22, 48 brMRVO 165 — je binnen 1 Monat — anfechtbar.

8. Die Polizeibehörden i. e. S. können unmittelbaren Zwang und auch — z. B. auf straßenverkehrspolizeilichem Gebiet — Ersatzvornahme nach §§ 55 ff prPVG androhen und anwenden[11]). Die Androhung und Verhängung von Zwangsgeld und Zwangshaft ist ihnen jedoch durch die Militärregierung versagt worden und auch durch neuere deutsche Gesetze noch nicht wieder zugestanden. Sie können also Unterlassungen nur durch einen wiederholten unmittelbaren Zwang durchsetzen.

9. Polizeiliche Strafverfügungen können nicht mehr erlassen werden. Sie galten der Militärregierung und gelten den Hohen Kommissaren als „gerichtliche" Funktionen, obwohl sie nur einen vorläufigen Charakter haben und der Delinquent stets gerichtliche Entscheidung beantragen konnte. Jenen m. E. unbegründeten Bedenken der Militärregierung haben nicht nur 1946 die Oberlandesgerichtspräsidenten dadurch Rechnung getragen, daß sie die Nachprüfung polizeilicher Strafverfügungen (§§ 413—448 StPO) durch die Ermöglichung gerichtlicher Strafverfügungen ohne mündliche Verhandlung wegen Übertretungen auf Anzeige der Polizeibehörde ersetzten; diese höchst unzweckmäßige Neuerung ist auch in die Strafprozeßnovelle von 1950 (§ 413) übernommen und sogar über den Bereich der polizeilichen auf alle bisherigen Strafverfügungen von Verwaltungsbehörden ausgedehnt worden. Das hat zur Folge, daß nicht mehr diejenige Behörde, die die Übertretung festgestellt hat, sie unmittelbar in der ihr angemessenen Weise ahndet, sondern daß ein oder mehrere Richter täglich hunderte vorbereiteter Strafverfügungen unterschreiben müssen und erfahrungsgemäß höhere Strafen als die Verwaltungsbehörden festsetzen. Damit ist nicht mal einem Prinzip, geschweige denn den Beteiligten, sondern allenfalls den Formulardruckereien und dem juristischen Nachwuchs durch die erforderliche Vermehrung der Richterstellen gedient[12]).

Die zeitweilig von den Besatzungsmächten verbotene, sehr zweckmäßige gebührenpflichtige Verwarnung ist neuerdings wieder möglich.

---

[11]) Die Bedenken von Kohlhaas (DRZ 1950, 440), die Polizisten könnten wegen Art. 2 Abs. 2 Satz 3 GG von der Waffe nicht Gebrauch machen, bestehen im Geltungsgebiet des § 55 prPVG und in Hamburg nicht.

[12]) Vgl. auch Kern: MDR 1950, 585.

10. §§ 70—73 prPVG betr. Entschädigungen gelten fort.

11. Insgesamt läßt sich sagen, daß die polizeiliche Tätigkeit in den Ländern der britischen Zone trotz der z. T. weitergehenden Befugnisse tatsächlich — auch dies nach dem Vorbild des englischen Rechts — beschränkt ist auf die Regelung des Straßenverkehrs, die Anwendung unmittelbaren Zwangs zur Behebung akuter Gefahren einschließlich der Tumultpolizei und — hier liegt heutzutage das Schwergewicht — auf die Strafverfolgung, und zwar nicht nur der Kriminalpolizei, sondern auch der uniformierten „Schutzpolizei", die nicht mehr selbst Recht setzt und durch mittelbaren Zwang oder polizeiliche Strafverfügung durchsetzt, sondern sich darauf beschränkt, Übertretungen den Gerichten zur Bestrafung anzuzeigen. Damit ist die früher so umfassende „Polizei" in der britischen Zone selbst zu einer Sonderbehörde, ihr Recht fast zu einem Sonderrecht geworden. Jene Allgemeine Polizei aber ist unter Verlust ihres Namens an die sogen. Ordnungsverwaltung übergegangen: Zur Rechten sieht man wie zur Linken die Polizei gespalten sinken. Die linke Hälfte führt das Schwert, kann aber nur noch unbeholfen schreiben; die rechte Hälfte führt die Feder, kann aber nur noch indirekt zwingen. Dies wird ebenso wie die geschilderte neue Organisation der Polizeibehörden weithin als nicht zweckmäßig und unbefriedigend angesehen (s. a. unten bei f).

e) Was ist nun aus den von den Polizeibehörden i. e. S. nicht übernommenen Kompetenzen der ehemaligen Orts- und Kreisbehörden geworden? Der Praxis erschien das zunächst sehr zweifelhaft. Es ist aber mit einem Satz zu sagen: kraft des juristischen und organisatorischen Trägheitsprinzips sind sie in dem bisherigen Umfang und in der bisherigen Weise denjenigen Organen verblieben, die sie bisher innehatten oder die an Stelle dieser Organe getreten sind[13]). Sie haben also ihren polizeilichen Charakter nur dem Namen nach, nicht aber materiell eingebüßt. Heute heißen sie „Ordnungsangelegenheiten" und werden von „Ordnungsbehörden" wahrgenommen. (Diese Benennung ist nicht eben glücklich, da sie sich mit dem bisherigen Begriff der polizeilichen Ordnung[14]) nicht deckt und die „öffentliche Ordnung" in dem überkommenen Sinne nicht nur von den Ordnungs-, sondern auch von den Polizeibehörden zu schützen ist. Die gelegentlich vorgeschlagene und verwendete Bezeichnung „Aufsichtsangelegen-

[13]) Ebenso nwOVG v. 25. 1. 1950 — III A 110/49. — Vgl. zum Folgenden H. J. Wolff: Die Rechtsgrundlagen der sog. Ordnungsverwaltung im nordwestdeutschen Geltungsgebiet des prPVG = MDR 1950 S. 5 ff., mit Schrifttumsangaben und AöR 75 S. 470 ff.

[14]) Vgl. Bill Drews: Preußisches Polizeirecht I (5. Berlin 1936) 14—26.

heiten“ ist nicht empfehlenswert, da das Wort „Aufsicht“ staats- und verwaltungsrechtlich bereits einen anderen Sinn hat. Es wäre auch zumindest unschön, von der Aufsicht über die Aufsichtsführung zu sprechen. Das Gewerbeaufsichtsamt ist ferner etwas anderes als das Gewerbeordnungsamt).

Für diese sogen. Ordnungsverwaltung gilt das prPVG mit wenigen Ausnahmen fort.

1. Sie ist Angelegenheit des Staates, wird aber ausgeübt von einem Gemeindeorgan. Sie ist aber nicht, wie meist gelehrt wird, Auftragsangelegenheit der Gemeinde. Das prPVG hat vielmehr die Polizeiverwaltung einem bestimmten Gemeindeorgan im Wege der sogen. Organleihe übertragen, nämlich dem Bürgermeister bzw. Amtmann, in Landkreisen dem Landrat als Orts- bzw. Kreispolizeibehörden. Bürgermeister und Landräte gibt es in der britischen Zone zwar noch dem Namen nach; nach der dort geltenden Neufassung der Deutschen Gemeindeordnung sind sie aber nicht Rechtsnachfolger der Bürgermeister und Landräte älteren Rechts. Das sind vielmehr gem. § 32 brDGO die Gemeinde- bzw. Amtsräte bzw. Kreistage. Auf diese also sind die einst den Orts- bzw. Kreispolizeibehörden zugeschriebenen Zuständigkeiten übergegangen. Sie können sie, soweit es sich um regelmäßige Verwaltungsgeschäfte handelt, durch einen Hauptausschuß (§ 53 Abs. 4 brDGO) ausüben lassen[15]). Die laufenden Geschäfte werden durch den zuständigen Gemeindebeamten wahrgenommen. Ob das stets der Hauptgemeindebeamte ist oder sein kann, mag ununtersucht bleiben. M. E. ist er es nicht, soweit ein besonderer Gemeindebeamter (Gemeinderat, Stadtrat, Beigeordneter) zuständig ist. Für die Verwaltung der Landkreise gilt entsprechendes. Ordnungsangelegenheiten, insbesondere der Erlaß von Verfügungen, werden in der Regel „laufende Geschäfte“ sein, weil und soweit es sich nur um Gesetzesanwendung — wennschon innerhalb eines Ermessensspielraums — handelt. Dadurch wird die Unzweckmäßigkeit der juristischen Konsequenz — ein großes und sogar ein kleines Kollegialorgan ist wenig geeignet, polizeiliche Aufgaben zu erfüllen — weitgehend ausgeglichen.

Die Ordnungsverwaltung ist in einigen Städten organisatorisch zusammengefaßt, in anderen den jeweils sachlich verwandten Dezernaten (z. B. die gewerbepolizeilichen Angelegenheiten den Wirtschaftsämtern) zugewiesen. M. E. ist — wo möglich — eine Zusammenfassung vorzuziehen[16]), weil die Handhabung der PVG, insbesondere der Generalermächtigung, gewisse Rechtskenntnisse erfordert, weil andernfalls eine Ver-

---

[15]) Vgl. nwOVG v. 1. 6. 1950 — III A 118/50 (DVBl. 1951 S. 149 ff.)
[16]) Ebenso Höhn: Stusev 1950, 41 f.

mischung von Selbstverwaltung und staatlicher Verwaltung, pflegerischer und hoheitlicher Verwaltung nahegelegt wird und weil Fachstellen geneigt zu sein pflegen, in einer Störung ihrer eigenen Belange gleich eine Störung der öffentlichen Ordnung zu erblicken.

Die nicht von den Polizeibehörden i. e. S. übernommenen Aufgaben der ehemaligen Polizeipräsidenten sind ebenfalls an die örtlich zuständige Ordnungsbehörde (zurück-)gefallen.

Über viele ehemalige polizeiliche Erlaubnisse oder Dispense entscheiden die auf Grund brMRVO 141 Art. VIII Ziff. 1 gebildeten Beschlußausschüsse.

Von Besonderheiten in den einzelnen Ländern, insbesondere auch im ehemaligen Braunschweig, Lippe und Oldenburg sei hier abgesehen. Das aufgestellte Prinzip gilt überall.

2. Ordnungsaufsichtsbehörden sind nach wie vor (§§ 9 ff. prPVG) die Regierungspräsidenten und der Minister des Innern, sowie als Fachaufsichtsbehörden auch die anderen Minister. An Stelle des Landrats ist auch hier der insoweit von Weisungen des Regierungspräsidenten abhängige Kreistag getreten.

3. Weil und soweit die Polizeibehörden i. e. S. nicht mit „polizeifremden" Aufgaben betraut werden dürfen, müssen den Ordnungsbehörden eigene Vollzugsbeamte zur Verfügung stehen, die insbesondere auch die Bau-, Lebensmittel- usw. Kontrollen durchzuführen haben. Hier liegt einer der Gründe für die Kostspieligkeit der derzeitigen Polizeiorganisation i. w. S.

Da die Vollzugsbeamten der Ordnungsbehörden nicht unmittelbare Staatsbeamte sind, bedürfen sie gem. § 13 prPVG der Bestätigung durch die unmittelbar vorgesetzte Ordnungsaufsichtsbehörde (den Kreistag bzw. den Regierungspräsidenten).

4. Aus dem Grundsatz der Fortgeltung des prPVG für die Ordnungsbehörden folgt u. a., daß auch ihnen die Generalermächtigung des § 14 Abs. 1 prPVG zur Verfügung steht (was im shPolG § 1 Abs. 3 sogar allen Verwaltungsbehörden eingeräumt ist, „soweit sie zur Aufrechterhaltung der öffentlichen Sicherheit oder Ordnung tätig werden"), daß die Ordnungsbehörden materiell-polizeiliche Verfügungen nach §§ 40 ff. prPVG erlassen und daß diese mit den Rechtsmitteln der §§ 45 ff., d. h. mit Beschwerde und Anschlußklage binnen zwei Wochen angefochten werden können. Die Beschwerdefrist ist allerdings gem. § 49 brMRVO 165 allgemein auf 1 Monat erhöht. Über die Beschwerde entscheiden, wenn die Ordnungsverwaltung ihr nicht selbst abhilft, der Kreistag oder dessen Hauptausschuß bzw. der Regierungspräsident. Da es sich dabei nicht

um eine Angelegenheit der laufenden Verwaltung handelt, möchte ich den Oberkreisdirektor mindestens im Innenverhältnis nicht für zuständig erachten.

In Hamburg ist durch G. v. 29. 10. 1949 (GVOBl. 265) der Einspruch als einziges Rechtsmittel gegen Verwaltungsakte eingeführt.

Gegen erstinstanzliche, materiell-landespolizeiliche Verfügungen des Regierungspräsidenten ist gem. § 49 prPVG i. Vb. m. § 44 brMRVO 165 unmittelbare Klage gegeben.

An die Stelle der Revision ist selbstverständlich die Berufung an das OVG getreten.

5. Als Zwangsmittel stehen den Ordnungsbehörden die des § 55 prPVG zur Verfügung — nicht, wie zeitweilig angenommen wurde, die des § 132 prLVG, weil dieser für das (materiell) polizeiliche Gebiet durch § 79 m prPVG außer Kraft gesetzt worden ist und ein anderer Rechtstitel als die Vorschriften des PVG oder der anderen „polizeiliche" Zuständigkeiten begründenden Gesetze für die Maßnahmen der Ordnungsbehörden fehlt[17]).

Zwangshaft kann angesichts des Art. 104 Abs. 2 GG auch als Ersatzstrafe von Verwaltungsbehörden nicht mehr verhängt werden. Auch dem hat die Strafprozeßnovelle vom 12. 9. 1950 leider nicht Rechnung getragen. Doch sind m. E. die Amtsgerichte bereits unmittelbar aus Art. 104 Abs. 2 Satz 2 GG zur Umwandlung eines nicht beitreibbaren Zwangsgelds in Haft zuständig[17a]). In Hamburg sind es die Vormundschaftsgerichte (hambG v. 17. 8. 1949 — GVBl. 177).

6. Auch Polizeiverordnungen können die Ordnungsbehörden, d. h. der Rat der Gemeinden bzw. der Kreistag, der Regierungspräsident und die Minister, erlassen. Dies kann selbstverständlich weder dem (Ober)stadt(Kreis)direktor noch auch den Hauptausschuß überlassen bleiben (§ 52 brDGO). Die umstrittene Frage, ob eine solche Verordnung, wie § 32 Buchstabe b prPVG vorschreibt, als „Polizeiverordnung" zu bezeichnen ist, ist m. E. zu bejahen. Auch § 32 Buchst. b prPVG ist nirgends aufgehoben und gilt für die Ordnungsverwaltung. Diese übt materiell Polizeirecht aus. Übrigens stand das Polizeiverordnungsrecht auch früher schon Behörden zu, die nicht Polizeibehörden waren (z. B. den Oberpräsidenten). Materiellpolizeiliche Gebote statt in einer Polizeiverordnung in einer Ortssatzung zu erlassen, wäre jedenfalls unzulässig, da es sich nicht um „eigene Angelegenheiten" und, wie gesagt, nicht einmal um Auftragsangelegenheiten der Gemeinden handelt.

---

[17]) Ebenso nwOVG v. 25. 5. 1950 — IV A 219/50.

[17a]) Dazu Wolff: Das Verfahren bei Freiheitsentziehungen = DöV 1951 S. 313 ff. bei V.

Nach Aufhebung des § 25 Abs. 2 prPVG durch das prG v. 31. 5. 1933 haben die Minister ihre Polizeiverordnungen nicht mehr dem Landtag zur Kenntnis zu bringen. — Obwohl das prAnpassungsG vom 15. 12. 1933 den § 26 prPVG nicht ausdrücklich übernommen hat, entfällt doch (entgegen Erl. nw IM v. 26. 3. 1949 — I 108-79/49) die Zustimmung des Beschlußausschusses für den Regierungsbezirk zu den Polizeiverordnungen des Regierungspräsidenten, weil auf den Beschlußausschuß nur die Zuständigkeiten der ehemaligen Bezirksausschüsse „im Beschlußverfahren" übergangen sind (z. B. nwVO v. 23. 6. 1948 § 3 Abs. 1 i. Vb. m. Art. VIII Ziff. 1 brMRVO 141 u. m. § 2 VO OP Westfalen v. 2. 8. 1946 § 2 Abs. 1).

f) Die damit umrissene Gestaltung des Polizei- und Ordnungsrechts in der britischen Zone ist, darüber sind sich fast alle einig, namentlich in organisatorischer Hinsicht — mit Ausnahme der Hamburger und z. T. der schleswig-holsteinischen Organisation — noch weit unbefriedigender, als es der derzeitige Zustand unserer Verwaltung überhaupt ist. Was sich in Großbritannien in liberalistischen Zeiten historisch entwickelt hat und von der dortigen demokratischen Praxis sinnvoll erfüllt wird, fügt sich nicht in das in Nordwestdeutschland historisch gewordene Organisations- und Rechtssystem, das keine kasuistischen Störungstatbestände entwickelt und die staatliche Beugegewalt nicht bei den Gerichten und deren Hilfsorganen konzentriert hat. Es haften dem geltenden Polizeirecht m. E. aber noch weitere Mängel an. Insbesondere möchte ich auf folgende Mißstände hinweisen:

1. Das Schwergewicht des Polizeibegriffs ist von dessen funktionellem zu dessen institutionellem Moment verschoben. Die „Polizei" wird also vielfach als Subjekt statt als Funktion angesprochen.

2. Damit zusammen geht eine — allerdings leider zeitgemäße — Selbstherrlichkeit des Technischen und — auch politische — Eigengewichtigkeit des Apparats, die gerade dann bedenklich sind, wenn es sich um die Technik des Machtapparates handelt. Exempla docent.

3. Der Polizei-Institution fehlt also die Verbindung zur allgemeinen Staats- und kommunalen Selbstverwaltung. An deren Stelle ist mancherorts eine Entfremdung oder gar Gegnerschaft getreten.

4. Insbesondere hat der Regierungspräsident gar keinen Einfluß mehr auf die Polizei.

5. Der Einfluß des Innenministers ist beschränkt auf eine Mitbestimmung bei der Auswahl des Polizeichefs und seines ständigen Vertreters, auf den Haushalt und auf allgemeine Anordnungen. Er hat mithin insbesondere keinen Einfluß

auf die Auswahl des sonstigen Personals — weshalb 8 von 11 Innenministern kürzlich bekennen mußten, sie seien gegen parteipolitische Infiltration der Polizeiverbände vollkommen machtlos. Das ist um so bedenklicher, als von der Militärregierung 1945/46 Personen in die Polizeieinheiten eingestellt wurden, die zwar angeblich antifaschistisch gesonnen waren, deren Verfassungstreue aber nicht unzweifelhaft ist. Zur Durchsetzung seines Willens stehen dem Innenminister, abgesehen vom Grenzfall der Kommissarbestellung, nur die Gewährung oder Versagung finanzieller Zuschüsse zur Verfügung — als ob der Stand einer Institution dadurch verbessert werden könnte, daß man ihr die Mittel schmälert.

6. Die Kreise und kreisfreien Städte entsenden zwar Vertrauensleute in den Polizeiausschuß, haben aber nicht den geringsten Einfluß auf deren Verhalten und Beschlüsse. Die kommunalen Verwaltungen haben auch keinen Einblick in und erst recht keinen Einfluß auf die Finanzgebarung, des Haushalts- und des Stellenplans der Polizeibehörde, was um so bitterer ist, als sie die Hälfte des Finanzbedarfs bezahlen müssen.

7. Aber auch der Polizeiausschuß hat nur einen geringen Einfluß auf den Stand und die Leistungskraft der Polizeieinheit, obwohl er nach § 10 brMRVO 135, § 3 ndsG und § 6 nwG dafür „verantwortlich" ist. Denn ihm sind durch die Festlegung der Planstärken und der Besoldung sowie durch die Anforderungen an die Schulung und an die technische Ausrüstung seitens des Innenministers, der auch selbst den Haushaltsplan feststellt, die Hände gebunden. Außerdem kann er in allen wesentlichen Hinsichten vom Polizeichef vor ein fait accompli gestellt werden.

8. Der Polizeichef wiederum ist praktisch abhängig einerseits von den im Polizeiausschuß herrschenden politischen Strömungen und personellen Verhältnissen, andererseits vom Haushaltsplan und den allgemeinen Anordnungen des Ministers. Immerhin ist seine Stellung bei weitem die stärkste. Er ist von konkreten Weisungen völlig unabhängig, und er kann es sich leisten, z. B. Amtshilfeersuchen nicht zu entsprechen und Vorteile aus der höchst unklaren materiellen Zuständigkeit der Polizeibehörden zu ziehen.

9. Wer prüft z. B. Lichtspielvorführungen, die Innehaltung von Maßnahmen zur Viehseuchenbekämpfung, die Zuverlässigkeit eines Wandergewerbetreibenden, die Mängelbeseitigung an einem Kraftfahrzeug, die Eignung eines Jugendlichen zur Erlangung eines Führerscheins, wer veranlaßt die Aufstellung von Verkehrszeichen? All dies und noch viel mehr ist zumindest zweifelhaft gewesen. Man sagt, daß die unheilvolle Verbreitung

der Tuberkulose wesentlich auf unterlassene Milchkontrollen zurückzuführen sei.

10. Angesichts der sehr erheblichen rechtlichen Beschränkung und zusätzlichen Selbstbeschränkung der Polizei sind deren Beamte nicht mehr ausgelastet. Auf der anderen Seite fehlt den Gemeinden und Gemeindeverbänden das Personal oder das Geld, um Vollzugsbeamte einzustellen, die sich der von den Polizeibeamten nicht mehr versehenen Verrichtungen annehmen.

11. Trotzdem und infolge jener organisatorischen Mißstände ist die Polizeiverwaltung — sogar im engeren Sinne verstanden — viel teurer als sie es sogar in Zeiten polizeilicher Hybris gewesen ist.

III. Ausblick.

a) Die zuständigen Ministerien haben diese Mängel längst erkannt und Gesetzentwürfe ausgearbeitet, die das Polizei- und Ordnungsrecht auf eine neue rechtliche Grundlage stellen sollen. Dabei versucht man z. T., das alte preußische Polizeirecht durch Verwertung der neuen, insbesondere der organisatorischen Formen über den Stand von vor 20 Jahren hinaus fortzuentwickeln.

1. Am 21. Juni 1949 hat der Senat der Hansestadt Hamburg (unter Nr. 145) der Bürgerschaft die Entwürfe eines Polizeiverwaltungsgesetzes und eines Gesetzes über die Organisation der Polizei vorgelegt. Der letztere bringt nichts Neues, der erstere bezieht sich sowohl auf die „ordentliche Polizei" als auch auf „die Verwaltungsbehörden, sofern sie polizeiliche Aufgaben wahrnehmen". Er überwindet das derzeitige Nebeneinander des sogen. Verhältnisgesetzes vom 23. April 1879 i. d. Fassg. v. 8. 10. 1923 mit gewohnheitsrechtlicher Geltung des § 10 II 17 ALR neben der Fortgeltung des prPVG in den ehemaligen preußischen Landesteilen im Sinne einer weitergehenden Übernahme und teilweisen Ergänzung des prPVG.

2. In Schleswig-Holstein, das in der Neugestaltung des öffentlichen Rechts den anderen Ländern der britischen Zone voraus ist, ist es bereits zum Landtagsbeschluß eines das Polizeigesetz vom 24. 3. 1949 ergänzenden Gesetzes über die öffentliche Sicherheit und Ordnung vom 30. 5. 1950 gekommen (Landtagsvorlage Nr. 318/3). Das Gesetz ist jedoch von den Hohen Kommissaren abgelehnt worden, weil es die Polizeigewalt nicht hinreichend dezentralisiert und den Verwaltungsbehörden zu weitgehende Zuständigkeiten einräumt. Auch dieser Gesetzesbeschluß lehnt sich an das prPVG an, beschränkt aber die Polizeiverwaltung einerseits auf unaufschiebbare Fälle, überläßt ihr jedoch andererseits fast den gesamten Vollzug.

		Hamburg Senats-Entwurf v. 28. 6. 1949	Schleswig-Holstein Polizeigesetz i. d. Fssg v. 31. 3. 1951	Niedersachsen SOG v. 21. 3. 1951	Nordrhein-Westfalen Regierungs-Entwurf Februar 1951 und prPVG
Polizeiverwaltung	Allgemeine Kompetenz	wie § 14 prPVG	wie § 14 I prPVG, falls unaufschiebbar; wie § 14 II prPVG,	wie § 14 I prPVG, falls unaufschiebbar und nach VO des MdI	wie § 14 prPVG
	Hilfeleistung für die Ordnungsverwaltung	Feststellung der Personalien, Eindringen, Verwahrung	Unaufschiebbare Maßnahmen, Unterrichtungspflicht, gesamter Vollzug vorbehaltlich besonderer VO d. MdI	Unaufschiebbare Maßnahmen, Unterrichtungspflicht, Vollzugshilfe	Auf Ersuchen: unmittelbarer Zwang. In Gemeinden und Ämtern ohne eigene Polizeikräfte: unaufschiebbare Maßnahmen, Unterrichtungspflicht, auf Ersuchen: Vollzug
	Mittel	Verfügungen, Feststellung der Personalien, Eindringen, Verwahrung; vorläufig: Tax- u. Ehestreitigkeiten, Aufrechterhaltung des Besitzstandes	Verfügungen, Eindringen, Verwahrung	Verfügungen, Eindringen, Verwahrung	Mündliche und optische Anordnungen, Eindringen, Verwahrung
	Zwangsmittel	Ersatzvornahme, Zwangsgeld, unmittelbarer Zwang	Ersatzvornahme, unmittelbarer Zwang	Verwarnung, Ersatzvornahme, Zwangsgeld, unmittelbarer Zwang auch gegen Personen	Unmittelbarer Zwang
	Behörden	Senator (Polizei-Ausschuß) = „ordentliche Polizeibehörde"	4 Polizeigruppen je mit Chef und Polizei-Ausschuß	Landeskriminalpolizeiamt, Wasserschutzpolizeiamt, Reg.Präs., Polizeidirektionen, ggf. städtische Polizeiverwaltungen, vom MdI bezeichnete polizeiliche Dienststellen	Haupt- oder anderer Gemeinde- bzw. Kreis-Beamter (Polizei-Ausschuß)
	Aufsicht	Senat	MdI (Landespolizeibehörde)	MdI (mit Landespolizeibeirat), Reg.Präs. (mit Polizeibeirat), vom MdI bestimmte Behörden	IM, Minister mit Delegationsbefugnis

Ordnungsverwaltung

Allgemeine Kompetenz	wie § 14 prPVG	wie § 14 prPVG	wie § 14 prPVG	§ 14 prPVG
Mittel	Verfügungen; durch Gesundheits, Sozial- und Jugendbehörde auch Verwahrung	Verfügungen, Verwahrung	Verfügungen, Verwahrung; Eindringen nur gem. Spezialgesetz	§§ 15—17, 40—54 prPVG
Zwangsmittel	Ersatzvornahme, Zwangsgeld, unmittelbarer Zwang	Ersatzvornahme, Zwangsgeld, durch ermächtigte Vollzugsbeamte auch unmittelbarer Zwang	Verwahrung, Ersatzvornahme, Zwangsgeld, Sachzwang	§§ 55—57 prPVG
Behörden	Verwaltungsbehörden, soweit sie polizeiliche Aufgaben wahrnehmen = „Polizeibehörden	Minister, Landräte, Oberbürgermeister, Amtmänner, Bürgermeister	Reg.Präs. Kreise, Gemeinden	Haupt- oder anderer Gemeinde- bzw. Kreis-Beamter
Verordnungen	Senat	MdI, andere Minister im Einvernehmen mit MdI, Ordnungsbeh. mit Zustimmung der Repräsentativorgane und des MdI	MdI, Minister, Reg.Präs. mit Polizeibeirat, Kreistag, Gemeinderat	§§ 24—39 prPVG
Aufsicht	Senat	MdI, Landräte	Minister, Reg.Präs., Kreise	IM, Minister mit Delegationsbefugnis

3. Auf der Grundlage des nämlichen Referentenentwurfs hat die niedersächsische Landesregierung im März 1950 dem Landtage den Entwurf eines Gesetzes über die Verwaltung der Ordnungsbehörden und der Polizei vorgelegt[18]).

4. Diese beiden, einander ähnlichen Problemlösungen haben z. T. recht lebhaften Widerspruch gefunden. In Nordrhein-Westfalen etwa möchte man einerseits zu den Grundsätzen des prPVG zurückkehren, andererseits den Kompetenzbereich der Polizeibehörden i. e. S. tunlichst einschränken und den der Verwaltungs-, insbes. der Selbstverwaltungsbehörden erweitern. Besonderen Wert legt man hier, wenn ich recht orientiert bin, auf eine möglichst weitgreifende Entpolizeilichung derzeitiger Zweige der Ordnungsverwaltung[19]).

5. Dies letztere erstrebt auch der Deutsche Städtetag, der außerdem mindestens die Ordnungsverwaltung als Selbstverwaltungsangelegenheit (allenfalls mit „verstärkter Staatsaufsicht") anerkannt wissen möchte.

Von den Polizeireferenten der Ministerien, den Polizeichefs und den Polizeiausschüssen sowie vom Institut zur Förderung öffentlicher Angelegenheiten und im Schrifttum sind die einschlägigen Fragen wiederholt erörtert worden. Eine herrschende Meinung hat sich noch nicht herausgebildet.

b) Bevor man die Fragen nach einer vergleichsweise besten Neugestaltung des Polizei- und Ordnungsrechts beantwortet, wird man gut tun, sich über einige Tatsachen, Grundsätze und Regeln Klarheit zu verschaffen:

1. Polizei im funktionalen Sinne ist praktisch notwendig. Es darf nicht dem Zufall überlassen bleiben, ob die von der Verfassung und Regierung gewollte Ordnung beachtet wird oder nicht. JERUSALEM hat daher die Polizei als eine der drei Grundfunktionen des Staates bezeichnet[20]). Sie ist es insbesondere auch dann, wenn die Verfassung — wie das Bundesgrundgesetz — die Wirksamkeit der öffentlichen Organe auf die Herstellung und Bewahrung eines Rechtszustandes ausrichtet. Denn dieser ist ein (normatives) Ideal, das sich nicht kraft Naturnotwendigkeit durchsetzt, sondern auch gegen Uneinsichtigkeit und Böswilligkeit von Menschen durchgesetzt werden muß. Macht zu sein gehört bekanntlich zum Wesen, die Staatsgewalt zum Begriff des Staates. Dazu genügen aber nicht die Anordnungen und Drohungen der — selbst nur normativen — Gesetze, Verordnungen und Verfügungen. Ihnen muß vielmehr

---

[18]) Er ist am 21. 3. 1951 ergangen (GVBl. 79).

[19]) Von einer genaueren Berichterstattung über diese Entwürfe sehe ich ab, da ich sie im DVBl. 1951 S. 300—303, 334—337 besprochen habe. Eine schematische Übersicht über die Entwürfe findet sich auf den vorhergehenden Seiten.

[20]) F. W. Jerusalem: Der Staat (1935) 193 ff.; Ders.: Kritik der Rechtswissenschaft (1948) 348.

eine potentielle Zwangsgewalt entsprechen, die wieder ihrerseits erforderlichenfalls in aktueller physischer Machtentfaltung zum Ausdruck kommen muß. Diese liegt nicht nur bei der Polizei, und die Polizei erschöpft sich nicht in der physischen Machtentfaltung. Beide aber gehören wesentlich zueinander und zum Staate. Es wäre anarchistische Utopie, auf dies „staatsmachtliche Instrument" verzichten zu wollen[21]). Es bedeutete die Selbstaufgabe des Staates, dieses Instrument anderen Kräften wie etwa politischen Parteien zu überlassen. Ebenso unangebracht ist eine ohnmächtige Polizei oder der Versuch, ihre Kraft durch organisatorische Maßnahmen zu hemmen. Militärische Macht des Staates oder einer Besatzung können diesen Sachverhalt verdecken, nicht aber ändern.

Ist Polizeimacht notwendig, so ist auch das Risiko des Machtmißbrauchs unvermeidlich. Möglich ist jedoch, den machtmäßigen Eingriffen des Staates rechtliche Schranken zu ziehen und dafür zu sorgen, daß diejenigen Menschen, denen die legalen Machtmittel anvertraut sind, sie im verfassungsmäßigen Sinne handhaben, sowie die Machthaber und ihre Maßnahmen zu kontrollieren.

Daraus folgt einerseits die Regel tunlichster Konzentration der staatlichen Exekutivfunktionen, andererseits die Geltung der rechtsstaatlichen Forderungen der Gesetzmäßigkeit, des Gesetzesvorbehaltes und der Ablehnung unbestimmter positiver Zwangsgewalt sowie die Forderung demokratischer, gerichtlicher, disziplinarer und Gebarenskontrolle auch und gerade der Polizei in jedem Sinne.

2. Notwendig sind insbesondere Schutzleute, die das öffentliche Leben beobachten, öffentliche Gefährdungen des Lebens, der Gesundheit und der Sachgüter nach Möglichkeit verhindern und nach eingetretenen Schäden erforderlichenfalls autoritativ die Rechtsverfolgung sichern. Notwendig ist eine Streitmacht, die jeden möglichen Widerstand gegen die verfassungsmäßige Ordnung zu brechen und den Fortbestand dieser Ordnung zu sichern imstande ist. Notwendig sind ferner Beamte, die begangene Straftaten zur Verfolgung bringen, und notwendig sind solche, die Ordnungsstörungen aller Art mit geeigneten Maßnahmen begegnen. Eine besondere Frage ist es, ob alle diese Funktionen von denselben oder in welcher Weise sie von verschiedenen Menschen wahrgenommen werden sollen. Im allgemeinen wird man sagen können, daß das, was einer machen kann, auch einer machen soll, weil mit jeder weiteren Beteiligung Reibung, Zeit und Kosten im Quadrat anwachsen. Dabei ist örtlicher Zusammenhang und die Art und Weise der Geschäftserledigung nicht nur

---

21) Dies zu Gut: DöV 1949, 466 f.

billiger, sondern auch wichtiger als sachlicher Zusammenhang, da die Bearbeitung wechselvoller Aufgaben vor schematischer Einseitigkeit bewahrt und ein lebendigeres Interesse wachzuhalten vermag. Was alles gerade auf polizeilichem Gebiete geleistet werden kann, haben die preußischen und außerpreußischen Landjäger (Gendarmen) in ihrem täglichen Dienst bewiesen.

3. Die i. w. S. polizeilichen Funktionen stehen in sehr engem, manchmal kaum trennbarem Zusammenhang miteinander und mit anderen Staatsfunktionen. Schließlich dient fast die gesamte rechtsstaatliche Wirksamkeit der Aufrechterhaltung der für das Gemeinschaftsleben notwendigen guten Ordnung. Auch die Gesetzgebung, die Rechtsprechung und weite Teile der allgemeinen Verwaltung wenden Gefahren ab, wenn man diese Begriffe nicht in einem engeren „polizeirechtlichen" Sinne versteht.

Daher ist ein enges Zusammenarbeiten verschiedener Behörden auch auf denselben Lebens- (nicht Kompetenz-) gebieten angesichts des Umfanges und der arbeitsteiligen Differenzierung der modernen öffentlichen Verwaltung schlechterdings unvermeidlich. Dennoch ist eine trennende Unterscheidung notwendig, um klare Zuständigkeiten und damit eindeutige Verantwortungen der Behörden und Beamten zu schaffen[22]). Es darf aber auch keine Verantwortung (wie z. Z. die des Polizeiausschusses) über die eingeräumte rechtliche Zuständigkeit hinausgehen, wenn man gefährliche Reibungen, Anmaßung und Anonymität vermeiden will.

4. Im übrigen hat die Beantwortung jener Frage auszugehen nicht von den Wünschen vorhandener Behörden und anderer politischer Mächte, sondern von den zu bewältigenden Aufgaben. Sie hat also zu ermitteln, wer die gegebenen Funktionen am besten wahrnehmen kann. Dabei ist zu berücksichtigen, daß — ganz anders als noch vor 50 oder gar vor 100 Jahren — sämtliche Zweige der öffentlichen Verwaltung, auch die der Polizei im weiten wie sogar im engsten Sinne — z. B. der einfache Streifen- und Bereitschaftsdienst — je besonderen „technischen" (einschl. rechts- und verwaltungskundlichen) Sachverstand erfordern. Darum kann längst nicht mehr jeder „gebildete Mensch" und nicht jeder Beamte alles gut erledigen. Laien sind daher nicht mehr imstande, befriedigend zu verwalten, soweit sie nicht selbst (zufällig) Sachkenner sind. Sie können nur anregen, zwischen

---

[22]) Höchst unzweckmäßig ist es aber z. B., wenn, wie in Nordrhein-Westfalen, über gewerberechtliche Ausnahmen und Beschwerden von einer anderen Behörde zu entscheiden ist, als von der gewerberechtlichen Aufsichtsinstanz (wie übrigens jede Beschneidung von Zuständigkeiten des Regierungspräsidenten).

mehreren „technisch“ möglichen Problemlösungen entscheiden, über die Grundzüge genereller Normen und Planungen sowie über die Anwendung klarer Rechtssätze auf übersehbare Sachverhalte befinden und Kontrollberichte prüfen. Viele „Laien“ in der heutigen öffentlichen Verwaltung, insbesondere Volksvertreter, sind freilich mehr oder minder sachverständige Interessenvertreter und als solche da, aber auch nur da am Platze, wo es gilt, die vertretenen Interessen zur Geltung zu bringen, nicht aber Gefahren, i. e. S. abzuwehren und das geltende Recht ohne Rücksicht auf widerstreitende Interessen durchzusetzen. — Daß reine Exekutivfunktionen nicht kollegialisch versehen werden können, weiß jedermann.

c) Obzwar m. E. ein zwingender Grund zur Preisgabe der ziemlich einheitlichen und übersichtlichen Polizeiorganisation von 1931 weder bestand noch besteht, ist doch zu prüfen, ob und in welcher Weise den von den Besatzungsmächten eingeführten neuen Gesichtspunkten Rechnung zu tragen und dabei das ältere deutsche Recht glücklich fortzubilden ist. Das ist nur dann möglich, wenn es gelingt, den einheitlichen Kompetenzbereich der Polizei im alten Sinne a u f z u g l i e d e r n. Einen Ansatzpunkt hierfür bietet die bereits erwähnte fachliche Verbesonderung der verschiedenen Sparten der Polizei, die ja übrigens auch schon in der ehemaligen Kompetenzverteilung zwischen den Polizeipräsidenten und den Bürgermeistern zum Tragen kam.

1. So könnte und sollte man m. E. zunächst alle diejenigen früher polizeilichen, nun zur Ordnungsverwaltung gehörenden Gebiete a u s s c h e i d e n, die im Laufe der Jahre in der formellen und materiellen Gesetzgebung eine fast schon erschöpfende Regelung gefunden haben. Man sollte also die Entwicklung fortsetzen, die durch die Entpolizeilichung des Fürsorge- und Schulwesens, des Feld- und Forstwesens (§ 78 prPVG), sowie von Teilen des Bau-[23]), des Gewerbe-[24]) und des Gesundheitswesens[25]) bereit seit langem im Gange ist. M. E. sind nun auch die letzteren und ist dazu das Melde-, Fund-, Veterinär- und Jagdwesen reif, je so weitgehend kodifiziert zu werden, daß sie allgemeiner polizeilicher Ermächtigungen nicht mehr

[23]) Vgl. prFluchtlinienG v. 5. 7. 1875 §§ 1 (Gemeindevorstand), 12 und 15 (Ortsstatute), prWohnungsG v. 28. 3. 1918 Art. 6 § 1 (Wohnungsaufsicht), nwG v. 7. 12. 1948 § 2 (Bebauungsverordnungen).

[24]) RGewO §§ 1 ff., 16 ff., 41—42 b, 55—60, 81 ff., 139b usw., sowie zahlreiche Nebengesetze.

[25]) RGewO §§ 29—30 b, RG betr. Bekämpfung gemeingefährlicher Krankheiten vom 30. 6. 1900, VO z. Bekämpfung übertragbarer Krankheiten v. 1. 12. 1938, RG ü. d. Gesundheitswesen v. 3. 7. 1934, prAVO RG ü. Geschlechtskrankheiten § 3, RÄrzteordnung, RApothekerO v. 18. 4. 1937, RBestallungsO f. Apotheker v. 8. 10. 1937, RHebammenG v. 21. 12. 1938, RFleischbeschauG v. 29. 10. 1940 u. ä.

bedürfen und von anderen als den Ordnungs- oder gar Polizeibehörden i. e. S. wahrgenommen werden können[26]).

Tiefer gerechtfertigt wäre dies freilich nur dann, wenn es sich hierbei nicht oder nicht mehr um Gefahrenabwehr im engeren polizeilichen Sinne handelt. Dem ist in der Tat so. Der funktionelle Polizeibegriff hängt mit dem dispositiven auf das engste zusammen. Infolge der Subsidiarität der Polizei im alten Sinne war und ist eine Gefahr nur dann und insoweit eine „polizeiliche", als ihr nicht durch andere als „Polizeibehörden" auf Grund besonderer gesetzlicher Ermächtigung und Verpflichtung zu begegnen ist. Solche gesetzlichen Zuständigkeiten besonderer Behörden fehlten vielfach, und zwar nicht zuletzt deshalb, weil die Polizeibehörden den festen Kern der staatlichen Behördenorganisation bildeten und imstande waren, mit Hilfe der polizeilichen Generalermächtigung die erforderlichen näheren rechtlichen Bestimmungen selbst zu treffen. Das ist inzwischen z. B. auf baupolizeilichem Gebiet so ausführlich geschehen, daß es für eine gesetzliche Kodifikation reif geworden ist[27]). Auf anderen Gebieten hat sogar der Gesetzgeber selbst allmählich die wichtigsten Ermächtigungen spezialisiert, so daß der Anwendungsbereich des § 14 prPVG dort recht schmal geworden ist und nur noch wenig fehlt, um ihn fast ganz entbehrlich zu machen. Daß es die gewiß nicht unberechtigte Scheu vor der Errichtung von Sonderbehörden und die bei weitem nicht so berechtigte Scheu vor der Überlassung an die Selbstverwaltungskörperschaften war, die ihren „polizeilichen" Charakter bewahrten, ergibt sich auch daraus, daß etwa die Gewerbeordnung weithin die Polizei im materiellen und funktionellen Sinne hat fernhalten, also polizeifeste Rechtsstellungen hat schaffen wollen. Es ergibt sich ferner daraus, daß der Gesichtspunkt der Gefahrenabwehr z. B. bei der Bedürfnisprüfung (vor Art. 12 Abs. 1 Satz 1 GG), im Bau-, Melde-, Jagd-, Veterinär- und z. T. auch im Gesundheitsrecht ziemlich weit hergeholt ist. Im sozialen Rechtsstaat rückt er vollends in den Hintergrund. Es kommt nun, wie mir scheint, auf den genannten Lebensgebieten und, um ein weiteres besonders deutliches Beispiel zu nennen, bei der Unterbringung Obdachloser in erster Linie auf eine gerechte soziale Gestaltung innerhalb der verfassungs- und gesetzesrechtlichen Ermächtigungen und erst in zweiter Linie auf deren Sicherung an — wie das z. B. für den Anschlußzwang an gewisse Gemeindeeinrichtungen in § 18 DGO

[26]) Vgl. hierzu und zum Folgenden: H. U. Scupin: Die Angelegenheiten der öffentlichen Ordnung in „Recht, Staat und Wirtschaft" Bd. 2 (1950) S. 298—319, und Ders.: „Recht, Staat, Wirtschaft" Bd. 3 (1951).

[27]) Eine vollständige, entpolizeilichende Kodifikation des gesamten Baurechts versucht der, allerdings in wichtigen Hinsichten mißlungene, Entwurf zu einem Baugesetz für die Bundesrepublik Deutschland (z. B. §§ 155, 166, 206 ff.).

bereits Gesetz geworden ist. Die ins Auge gefaßte spezialgesetzliche Regelung bedeutet also durchaus nicht, daß die dadurch erfaßten Verwaltungsbereiche befehls- und zwangslos bleiben, sondern nur daß die auf ihnen getroffenen gestaltenden Verwaltungsmaßnahmen auf Grund spezieller gesetzlicher Ermächtigung mit den ihnen jeweils gemäßen Befehlsinhalten und Zwangsmitteln gesichert werden sollen. Statt der Gefahrenabwehr sollte also die Sicherung der Daseinsvorsorge durch Zwangsmittel im Vordergrund stehen. Wie weit man dabei hinter dem Ideal konzise gefaßter Tatbestände im Interesse der Anpassungsfähigkeit an die höchst vielgestaltigen Lebenserscheinungen zurückbleiben muß, ist eine andere, nicht mehr grundsätzliche Frage. Grundsätzlich wichtig aber ist, daß auch neben oder besser hinter einer solch spezialgesetzlichen Regelung und den danach verwaltenden Behörden die materiell-polizeiliche Generalermächtigung der Ordnungs- und Polizeibehörden zur subsidiären Gefahrenabwehr verbleibt — wie es trotz § 1 RGewO und Art. 19 Abs. 1 GG bei den polizeilichen Beschränkungen der Ausübung des Gewerbebetriebs und wie es trotz der entpolizeilichten Wohnraumbewirtschaftung und -Fürsorge bei der polizeilichen Unterbringung Obdachloser verblieben ist oder wie BGB und ZPO ein polizeiliches Einschreiten auf bürgerlich-rechtlichen Gebieten nicht völlig ausschließen.

Indes dies alles kann einstweilen nur ein Hinweis für die Gesetzgeber auf rechtssystematisch mögliche und — nicht nur meines Erachtens — zweckmäßige Neuregelung gewisser bislang materiell-polizeilicher Lebensgebiete sein. Vorerst gehören sie noch zum Polizei- oder vielmehr „Ordnungsrecht".

2. Eine der soeben für wünschenswert gehaltenen Abspaltungen gewisser Verwaltungsbereiche aus dem Gesamtbereich der Polizei im traditionellen Sinne hat in anderer Hinsicht inzwischen stattgefunden. Witzigerweise ist nämlich die Polizei selbst „entpolizeilicht", d. h. vom Kernbereich der staatlichen Verwaltungsorganisation abgesondert und besonderen, eben den Polizeibehörden im neueren, engeren Sinne übertragen worden. Ob diese wesentlichste Veränderung unseres überkommenen Polizeirechts auch fernerhin in irgendwelcher Weise beizubehalten ist, hängt davon ab, ob und wie eine sinnvolle Unterscheidung von Polizei- und Ordnungsverwaltung möglich ist. Dafür kann man grundsätzlich an jede der Dimensionen des Polizeibegriffs anknüpfen mit Ausnahme der formellen und der institutionellen, nach denen gerade gefragt ist. Auch die qualitative Dimension kann von vornherein ausscheiden, weil eine positive Sozialgestaltung mit ungenau bestimmter Zwangsgewalt im Rechtsstaat weder der Polizei noch der Ordnungsverwaltung gestattet werden darf. Danach verbleiben drei

Unterscheidungsgruppen: Man kann ansetzen bei den polizeilichen bzw. Ordnungs-Maßnahmen rechtfertigenden Tatbeständen, indem man einen prinzipiellen Unterschied sucht zwischen den Gefahren, deren Bekämpfung allein den Polizeibehörden und denen, deren Bekämpfung allein den Ordnungsbehörden obliegt. Oder man kann sich darauf beschränken, die jeweiligen Kompetenzgebiete aufzuzählen. Oder man kann endlich nach den Rechtsfolgen, d. h. hier nach den Mitteln, unterscheiden, mit denen die Gefahren einerseits von den Polizei-, andererseits von den Ordnungsbehörden bekämpft werden.

Die prinzipielle Unterscheidung nach den rechtsfolgebedingenden Tatbeständen wäre hier wie sonst juristisch die beste. Es ist daher verlockend, sie schon in die funktionale Dimension hineinzulegen, indem man die Unterschiedenheit im Begriffspaar „Sicherheit und Ordnung" auswertet. Den Namen nach ist das sicherlich möglich: Die Polizei i. e. S. ist Sicherheitspolizei, die Ordnungsverwaltung materiell Ordnungspolizei. Aber abgesehen davon, daß diese Bezeichnungen wesentlich anders verstanden werden müßten, als in der Vergangenheit, fragt es sich, was denn Sicherheit im Gegensatz zu Ordnung ist.

Es ist bekannt, daß es nicht angeht, die Sicherheitspolizei dadurch näher zu bestimmen, daß sie gegen den bösen Willen von Menschen gerichtet ist. Denn sie bekämpft auch Gefahren, die durch Naturereignisse veranlaßt werden; und die Ordnungsverwaltung sollte nicht dann unzuständig sein, wenn etwa ein Bauwerk durch Verschulden eines Menschen gefahrdrohend ist.

Erst recht kann man nicht auf den Unterschied von Rechts- und Sozialordnung abstellen, weil der Schutz beider den Polizei- und den Ordnungsbehörden anvertraut ist. Es erscheint mir überdies sehr zweifelhaft, ob man diesen Unterschied — jedenfalls in der von ANSCHÜTZ[28]) vorgeschlagenen Weise — machen kann. Denn auch diejenigen Normen, „deren Befolgung nach den jeweils herrschenden ethischen und sozialen Anschauungen als Vorbedingung gedeihlicher Koexistenz aller mit allen als Grundlage des Gemeinschaftslebens gelten", sind ungeschriebene Bestandteile der Rechtsordnung, wenn sie überhaupt Rechtsfolgen auszulösen imstande sein sollen.

Vielleicht aber läßt sich an den Unterschied zwischen absoluten und relativen Rechtsgütern derart anknüpfen, daß man unter der von den Polizeibehörden zu gewährleistenden „Sicherheit" einen Selbstzweck, unter der von den Ordnungsbehörden zu gewährleistenden „Ordnung", aber ein relatives Rechtsgut versteht, das nur um anderer, absoluter Güter, insbesondere der Würde, des Lebens, der Gesundheit und des

---

[28]) Gerhard Anschütz: Die Polizei (Vorträge der Gehe-Stiftung II, 1910) S. 17.

Eigentums willen aufrechtzuerhalten ist. Dann ließe sich der engere Begriff einer „absoluten Gefahr“ bilden, die von den Polizeibehörden abzuwenden ist, während die Ordnungsbehörden relative Gefahren zu vermeiden, indem sie Störungen ihrer Ordnungsbewahrung abzuwenden haben. Da die absoluten Rechtsgüter der Verwaltung objektiv vorgegeben sind, bedarf es zu deren Sicherung keiner Rechtsgestaltung, während die Ordnungsverwaltung die von ihr zu sichernde Ordnung selbst zu konkretisieren hat. Diese Unterscheidung zielt indes nicht so sehr auf die von Polizei und Ordnungsverwaltung, als vielmehr auf die von materiell Polizeilichem und zu Entpolizeilichendem (oben III c 1). Die auf ihn implizit abstellenden Erwägungen des Deutschen Städtetages eilen der gegebenen und sogar der wünschbaren Rechtslage voraus, wenn sie die gesamte Ordnungsverwaltung unter diesem Gesichtspunkt sehen und demgemäß entpolizeilicht wissen wollen.

So bleibt in der ersten Gruppe nur noch die Anknüpfung an die Art der Gefahr nicht ihrer Quelle oder ihrer Richtung, sondern ihrer Aktualität nach. Dahin zielen denn auch der schleswig-holsteinische und der niedersächsische Entwurf, wenn sie die Polizeibehörden für die Regel auf die unaufschiebbare Bekämpfung von Gefahren beschränken, und der Städtetag, wenn er ihnen die Bekämpfung akuter Gefahren vorbehalten will. Auch dabei wäre aber der Gesichtspunkt der Subsidiarität zu berücksichtigen: Auf ihren Sachgebieten sind auch die Ordnungsbehörden (wie alle Behörden auf allen Gebieten) verpflichtet, auftretenden akuten Gefahren mit ihren Mitteln zu begegnen. Sehr scharf ist auch diese Abgrenzung also nicht.

Sie wird in modaler und effetiver Hinsicht ergänzt werden müssen. Die Beschränkung der Polizeibehörden auf die Bekämpfung akuter Gefahren hat zur Folge, ihr den Erlaß abstrakter Anordnungen vorzuenthalten, weil diese der Bekämpfung latenter Gefahren dienen. (Der Unterschied von speziellen und generellen Anordnungen ist in diesem Zusammenhang — wie sonst meist — unerheblich.) Was so in modaler Hinsicht die Ordnungsverwaltung vor der Polizeiverwaltung voraus hat, sollte diese vor jener in effektiver Hinsicht voraus haben, nämlich die Anwendung mittelbaren Zwanges gegen Personen. Ihr den gesamten Vollzug (oder gar den Gesetzesvollzug im Gegensatz zur Gesetzesanwendung) anzuvertrauen, würde jedoch m. E. einstweilen noch zu weit gehen. Abgesehen davon, daß die Abgrenzung sehr schwierig ist und die Vollstreckung von Geldforderungen sicherlich ausscheiden müßte, sollten die Ordnungsverwaltungen ihre Anordnungen, wenigstens soweit das besonders technische Kenntnisse voraussetzt — wie bei der Bau-, Lebensmittel- und z. T. auch Gewerbe-Kontrolle — durch eigenes geschultes Personal durchführen und die Polizeibeamten davon verschont werden.

Die funktionalen und funktionellen, modalen und effektiven Besonderheiten der Polizei i. e. S. werden verbunden, wenn man ihr diejenigen Kompetenzen vorbehält, die sie allein technisch und situationsgemäß recht zu handhaben versteht. Eben dahin zielt auch SCUPIN von der Ordnungsverwaltung her, wenn er deren „spezialisierte Gefahrenabwehr" der nichtspezialisierten Gefahrenabwehr durch die Polizei gegenüberstellt[29]). Dabei darf aber nicht übersehen werden, daß auch die polizeiliche Tätigkeit bestimmte spezialisierte Techniken erfordert. Es sind dies die Techniken der ständigen, insbesondere okularen Beobachtung des öffentlichen sozialen Lebens, soweit es sich auf und an der Straße abspielt, einschließlich der ohne besondere Fachkunde möglichen Überwachung der Beachtung bestehender Gesetze und Verordnungen (z. B. bzgl. der Sperrstunde, der Ladenöffnungszeiten, des ambulanten Gewerbes, der Hausnummern, des Plakatierens, der Straßensammlungen, der Straßenreinigung und sonstigen Schuttbeseitigung), der vorläufigen Vermittlung bei Taxstreitigkeiten, Ehegüterzwist und Besitzstreitigkeiten, der Straßenverkehrsregelung, des ersten Zugriffs bei Gefahr im Verzuge, sowie als wichtigstes des unmittelbaren Zwanges gegen Personen (einschl. der Tumultbekämpfung, der vorläufigen Festnahme und Verwahrung) und des damit eng zusammenhängenden gewaltsamen Eindringens in eine Wohnung sowie der Strafverfolgung im übrigen. Das gilt auch von den Sonderpolizeibehörden der Wasserschutz-, Eisenbahn-, Steuer- und Zollpolizei, während die Strand- und Fischereipolizei überwiegend zur Ordnungsverwaltung gehören.

Die Verbindung mit den übrigen Verwaltungs-, insbesondere mit den Ordnungsbehörden besteht in der originären Pflicht der Polizeibeamten, beobachtete Rechts- und Ordnungswidrigkeiten den zur Sachbearbeitung zuständigen Behörden (wie längst schon der Staatsanwaltschaft) anzuzeigen, die Durchführung unmittelbarer Maßnahmen anderer Behörden durch den Schutz der sie ausführenden Beamten und Strafverfolgung sich Widersetzender zu gewährleisten und Außenermittlungen durchzuführen, zu denen die ersuchende Behörde nicht imstande ist. Diesen über die Amtshilfe hinausgehenden Beistand schuldet die Polizei allen anderen Behörden als das Auge und der starke Arm der Regierung und der Verwaltung — dem Innenminister wie dem Verkehrsminister, der Gemeindeverwaltung wie der Staatsanwaltschaft. Zur letzteren und zur Ordnungsverwaltung

---

[29]) H. U. Scupin: Recht, Staat, Wirtschaft III (Stuttgart 1951) nach dem Manuskript zitiert.

sind ihre Beziehungen nur wegen der gemeinsamen Aufgaben der Verbrechens- bzw. der Gefahrenbekämpfung besonders eng.

Diesem Kern der polizeilichen Zuständigkeiten sollten m. E. andere hinzugefügt werden, die in engem Zusammenhang mit ihnen stehen, um eine eindeutige Verantwortung sicherzustellen und Reibungen zu vermeiden. Außerdem würde ich es für vorteilhaft halten, wenn die Polizeibehörden, die praktisch so vielfältig von den Rechtsgestaltungen und Ersuchen anderer, insbesondere der Ordnungsbehörden, abhängen, auch ihrerseits eigene materielle Verwaltungszuständigkeiten haben, um die volle Verantwortung für ihren Kompetenzbereich tragen zu können. Dafür käme m. E. in Frage die Übernahme der Zuständigkeiten der Straßenverkehrsämter und der sonstigen Wege- und Wegebaupolizei, das Waffen- und Sprengstoffwesen[30]) sowie sämtliche Zweige der politischen Polizei mit Vereins- und Versammlungspolizei, ferner Theater- und Lichtspielpolizei, weil diese nach der verfassungsrechtlichen und gesetzlichen Sicherung der diesbezüglichen Freiheiten in unlösbarem Zusammenhang mit der Kriminalpolizei stehen und ein etwa anzuwendender Zwang i. d. R. unmittelbar gegen Personen zu richten ist[31]). Umgekehrt erfüllt z. B. das Meldewesen polizeilich (kriminalistisch) nur eine Hilfsfunktion, die auch bei einer Wahrnehmung durch die Ordnungsverwaltung unschwer gesichert werden kann, und hängt die Ausländeraufsicht mit dem Staatsangehörigkeitswesen so eng zusammen, daß sie büromäßig mit diesem zu bearbeiten ist.

Die Frage nach einer sinnvollen Abhebbarkeit der Polizeiverwaltung i. e. S. ist daher m. E. wegen der typischen Besonderheit der von ihr zu bekämpfenden Gefahren und erst recht wegen der Besonderheit der von ihr anzuwendenden Mittel gerechtfertigt. Außerdem lassen sich gewisse Kompetenzgebiete aufzählen, deren Bearbeitung ihnen zweckmäßig überlassen werden.

3. Was nach der Abspaltung der spezialisiert zu regelnden ehem. Verwaltungspolizei einerseits, der Polizei i. e. S. andererseits von den früheren materiellpolizeilichen Zuständigkeiten verbleibt, ist die sogen. Ordnungsverwaltung. Sie ist

---

[30]) Das Waffen- und Sprengstoffwesen gehört in der britischen Zone bereits jetzt zu den Kompetenzen der Polizeibehörden.

[31]) Galette: DVBl. 1951 S. 614 f., wendet sich gegen die Übernahme derartiger Verwaltungsaufgaben durch die Polizeibehörden, weil diese dann einen neuen selbständigen Behördenaufbau schaffen müßten und zusammenhängende Aufgabengebiete auseinandergerissen werden würden. Diese Argumente sind sehr gewichtig. Sie treffen aber m. E. nicht zu. Ein selbständiger Behördenaufbau der Polizei ist, wenn man nicht zur behördlichen Einheit von Polizei- und Ordnungsverwaltung zurückkehrt, ohnehin notwendig. Die genannten Kompetenzen können und sollen ohne Vermehrung des Personals durch Polizeibeamte wahrgenommen werden. Schließlich soll gerade Zusammengehöriges nicht auseinandergerissen werden.

gekennzeichnet durch generelle Subsidiarität der negativen und präventiven Ordnungsbewahrung mit Hilfe einer Generalermächtigung zum Erlaß abstrakter und konkreter Anordnungen und deren Durchsetzung mit Ausnahme des unmittelbaren Zwanges gegen Personen.

Daß auch die Ordnungsverwaltung — wie die Polizei — eine Generalermächtigung nach Art des § 14 prPVG benötigt, folgt zwingend aus der Unvorhersehbarkeit aller möglichen Ordnungsstörungen. Es ist zwar richtig, daß die polizeiliche Generalermächtigung im Zuge der Entwicklung durch speziellere Regelungen typischer Lebensverhältnisse hinsichtlich ihres Anwendungsbereichs erheblich eingebüßt hat. Was einst durch konkrete polizeiliche Verfügungen angeordnet wurde, wurde im Laufe der Zeit durch abstrakte lokale und dann bezirkliche Polizeiverordnungen, schließlich vielfach durch formelle Gesetze und deren allgemeine Durchführungsverordnungen geregelt[32]). Es ist auch richtig und wäre z. T. wünschenswert, daß dieser Schrumpfprozeß fortgesetzt wird (vgl. III c 1). Ein Blick in die Kommentare zu § 14 prPVG zeigt aber, daß er für eine schwer übersehbare Zahl von z. T. wichtigen Fällen noch unerläßlich ist. Die Generalermächtigung hat sich daher auch in den Ländern durchgesetzt, wo sie nicht in einem geschriebenen Gesetz enthalten ist. Daß man in Großbritannien ohne sie auskomme, ist übertrieben (die Polizei hat „the King's peace" zu wahren, sect. 249 des Local Government Act 1933 ermächtigt die Country- und Borough-Councils, by-laws zu erlassen „for the good rule and government of the whole or part of the county or borough, as the case may be and for the prevention an suppression of nuisances therein[33]) und liegt im übrigen nur daran, daß dort fast alle Rechtsdurchsetzung richterlich ist und den Gerichten hinreichend elastische Tatbestände zur Verfügung stehen. Was die Formulierung des § 14 prPVG anlangt, so gestehe ich, daß ich eine bessere nicht anzubieten habe. Und wenn das der Fall wäre, so fragt es sich doch sehr, ob nicht die in siebzig wechselvollen Jahren bewährten Begriffe dennoch den Vorzug verdienen, weil sie einen so elastischen wie didaktisch soliden Gehalt gewonnen haben. Jedenfalls gestatten sie jeder, sogar einer labilen sozialen und politischen Situation gerecht zu werden. Die Abschaffung der Generalermächtigung würde über kurz oder lang zu einem Aufblühen des berüchtigten „Staatsnotrechts" führen, zu dessen Beschränkung sie gerade

[32]) So ist etwa die einst so vortreffliche Anschützsche Fallsammlung fast unbrauchbar geworden, weil nun unmittelbar einem Spezialgesetz zu entnehmen ist, was einst aus § 10 II 17 ALR zu entwickeln war.

[33]) Weiteres hierüber außer bei Schneider (oben Anmerkung 1) in der noch unveröffentliche Habilitationsschrift von H. Ridder über die neueste Entwicklung des englischen Verwaltungsrechts.

erfunden wurde. Eine Beschränkung der Generalermächtigung auf konkrete Anordnungen würde der Verschiedenheit der örtlichen Ordnungsbedürfnisse und der bekannten Schwerfälligkeit der Landesgesetzgebung nicht Rechnung tragen.

Obschon die Ordnungsbehörden, wie gesagt, den Beistand der Polizeibehörden genießen oder doch genießen sollten, müssen auch sie — wenigstens in den Großstädten — über Vollzugsbeamte verfügen, nämlich solche, die technisch auf die besonderen Fachgebiete der Ordnungsverwaltung (z. B. Eich-, Lebensmittel-, sonstige Gewerbe- und Handels-, Bau- u. ä. Kontrollen) spezialisiert oder für Dienste einsetzbar sind, die den Polizeibeamten nicht ohne das Risiko des Autoritätsverlustes zugemutet werden können. Die Kontrollbeamten sollten zu Hilfsbeamten der Staatsanwaltschaft erklärt werden (§ 152 Abs. 2 GVG), um ihnen ein strafverfolgendes Einschreiten zu ermöglichen.

Besonders hingewiesen sei schließlich auf die ehemals „polizeilichen" Zuständigkeiten zur Mitwirkung bei verschiedenartigen Verwaltungsmaßnahmen (z. B. im Fluchtlinien-, Wege-, Wasserrecht). Bei ihrer Begründung stand i. d. R. nicht so sehr das Interesse an einer Gefahrenabwehr im Vordergrund als der Wunsch, überörtliche Gesichtspunkte, objektive öffentliche Interessen, eine gewisse Rechtskontrolle sowie das Staatsinteresse und die Staatsautorität (durch den weisungsabhängigen Amtsvorsteher) gegenüber den Selbstverwaltungsorganen zur Geltung zu bringen. Sie gehören, zumal Gefahrenabwehr immerhin mitspricht, heute sicherlich zur Ordnungsverwaltung. Es fragt sich aber, ob sie ganz dorthin passen. Das wird vornehmlich davon abhängen, welchen Behörden die Ordnungsverwaltung anvertraut wird. Es ist jedenfalls unzweckmäßig, wenn nicht gar sinnlos, daß dasselbe Gemeinde- oder Kreisorgan „die Zustimmung der Ortspolizeibehörde" zu einem von ihm selbst gefaßten Beschluß zu erklären hat.

d) 1. Damit ist die besonders schwierige, in Hamburg allerdings nicht auftauchende Frage angeschnitten, wie die Organisation der Polizei- und der Ordnungsverwaltung zu gestalten ist. Das kann in vier verschiedenen Weisen geschehen: es können staatliche Behörden geschaffen oder benutzt werden, die Aufgaben können einem Gemeindeorgan im Wege der Organleihe übertragen werden, so daß dieses Organ — unabhängig von seiner gemeinderechtlichen Stellung und Verantwortung gewissermaßen als Commissarius loci des Staates — die Polizei- bzw. Ordnungsverwaltung führt, oder sie können den Gemeinden bzw. den Kreisen als solchen übertragen werden, so daß deren Organe sie nach näherer Maßgabe der Gemeindeverfassung im staatlichen Auftrage wahrnehmen, oder sie können schließlich den Gemeinden bzw. Kreisen als Selbstverwaltungsangelegenheiten überlassen werden. Im letzteren Falle wäre noch zu unterscheiden, ob die Selbstverwaltungskörperschaften einer nur negativen Rechtsaufsicht oder einer verstärkten, auch positiven Staatsaufsicht unterstellt sind oder in den Angelegenheiten der Polizei- bzw. Ordnungsverwaltung unterstellt werden.

Welche dieser Organisationsnormen man wählt, hängt davon ab, ob es sich um örtliche oder um überörtliche Angelegenheiten und — zumal im letzteren Falle — ob der zentralen Staatsgewalt ein unbeschränktes Eingriffs- oder gar Weisungsrecht gesichert bleiben muß, ob die Steuerung durch allgemeine und abstrakte Dienstanordnungen und Geldzuweisungen oder ob gar eine Steuerung durch formelle Gesetze genügt. Angesichts der engen Verflochtenheit des sozialen und politischen Lebens in der Gegenwart, insbesondere auch der lebhaften Fluktuation der Bevölkerung gibt es nur noch wenige Angelegenheiten, die ausschließlich von örtlicher, gar nicht von überörtlicher Bedeutung sein können. Es kann daher diesbezüglich nur auf das Schwergewicht ankommen und darauf, die Verwaltung durch Delegierung echter Verantwortung tunlichst aufzulockern, um den öden Anweisungsschematismus, diese Seuche der modernen parteipolitischen Verwaltung, zu überwinden. Briefbeförderungen sind der Post zu überlassen! — Außerdem muß man berücksichtigen, daß ja doch auch die Kommunalverwaltung öffentliche, daß sie mittelbare Staatsverwaltung ist, und vollends in einem demokratischen Staate die Unterschiede zur unmittelbaren Staatsverwaltung nur bestehen in der unterschiedlichen Zusammensetzung der Organe, der politischen Ausgeglichenheit der Gemeinden und Gemeindeverbände, in denen die Minderheitsparteien nicht so sehr von der Regierung und Verwaltung ausgeschlossen sind wie in den Ländern und im Bunde, und vor allem hinsichtlich der verwaltenden Menschen und ihres Verwaltungsstils. Daneben spielt die getrennte Haushaltsführung angesichts der Staatsabhängigkeit der — hier muß man schon fast sagen: „sogenannten" — Selbstverwaltungskörperschaften leider nur noch eine geringe Rolle. Im übrigen ist der erhebliche Unterschied zu beachten, der besteht zwischen den Verwaltungsverhältnissen in kleinen Gemeinden und Ämtern, in Landkreisen und in kreisfreien Städten.

2. Tritt man auf Grund dieser und der früher angestellten allgemeinen Erwägungen zunächst an das Organisationsproblem der P o l i z e i i. e. S. heran, so wird man diese wohl trotz der Art. 83 der bayerischen und Art. 85 der württemberg-hohenzollernschen Verfassung als eine Angelegenheit des Staates ansehen müssen, die der Selbstverwaltung nicht über-

lassen werden kann, weil der Staat dieses wesentliche Machtmittel ohne Selbstpreisgabe ebensowenig aus der Hand geben kann wie etwa die Strafrechtspflege. Auch Art. 91 GG spricht übrigens von den Polizeikräften der Länder, die es also grundgesetzlich geben muß.

Man wird jedoch unterscheiden müssen zwischen der Tumult-(Bereitschafts-)polizei, der Autobahnpolizei, der Verfolgung überörtlicher Verbrechen (z. B. Schmuggelei) und reisender Verbrecher (Falschmünzerei, Hochstapelei u. ä.) sowie besonders schwierigen Verbrechensaufklärungen einerseits und den übrigen Sparten und Aufgaben der Polizei andererseits. Denn nur jene sind eindeutig von überörtlicher Bedeutung, während die sonstige Straßenverkehrspolizei, der Streifendienst und auch der Großteil der Kriminalpolizei den Schwerpunkt ihrer Tätigkeit am Orte haben. Kleine Gemeinden und auch Ämter vermögen allerdings eine eigene Polizei weder zu tragen noch zu handhaben. Außerdem muß mindestens die Polizei aus dem unvermeidlichen örtlichen Klüngel herausgehalten werden. Ebensowenig darf auch nur die leiseste Möglichkeit bestehen, daß eine große Gemeinde oder gar ein Oberbürgermeister alten Stils, auf eine Polizeimacht gestützt, die Staatspolitik zu beeinflussen vermag. Andererseits sind Regierungsbezirke zu groß, um eine lebendige Übersicht und Einsicht zu gestatten.

Daher empfehle ich eine zentralisierte Verwaltung der — mehreren — Bereitschaftspolizeigruppen und zentralen Polizeieinrichtungen (Schulen, Kriminaluntersuchungs- und Fahndungsstellen mit Exekutivbefugnissen); im übrigen aber eine Dekonzentration auf die Kreisstufe also auf dem Lande nach Art der früheren Landjägerei, die sich meiner Erfahrung nach sehr bewährt hat, in den kreisfreien Städten nach Art der früheren Polizeipräsidien. Die so gebildeten Polizeieinheiten müßten selbstverständlich in amtlicher wie in dienstlicher Hinsicht einem für sie verantwortlichen Polizeichef unterstehen; die Polizeibeamten müßten mit dessen Einverständnis von und zu den Bereitschaftspolizeigruppen versetzbar sein. Außer den untersten Rangstufen sollten alle Polizeibeamten, auch die Inhaber von Polizeichef-Stellen, unmittelbare Staatsbeamte auf Lebenszeit sein. Die Kreispolizeigruppen sollten zentraler fachlicher Inspektion und außer der Gesetzgebung auch fachlichen Direktiven und sogar Weisungen des Innen- und des sonst beteiligten Fachministers unterliegen. Für Ausnahmezustände kann auf die im Grundgesetz vorgesehene Weisungsbefugnis der Bundesregierung nicht verzichtet werden.

Eine m. E. notwendige Verbindung mit der Allgemeinen Staatsverwaltung läßt sich durch die allgemeine Aufsicht mit Weisungsbefugnis des Regierungspräsidenten, die noch notwendigere Verbindung mit den Kommunalverwaltungen dadurch erreichen, daß die Polizeibehörde ihnen — wie ja schon den Staatsanwaltschaften und den Verkehrsbehörden — Beistand zu leisten hat, daß die Entscheidungen über die wirtschaftlichen Belange der Polizeiverwaltung unter Beteiligung eines dafür gebildeten Ausschusses des Kreistages bzw. des Rates der Stadt getroffen werden, daß der Kreis bzw. die Stadt zu den Kosten der Polizeiverwaltung insoweit beiträgt, als sie über das in unmittelbarem staatlichen Interesse unerläßliche Maß hinausgehen, daß der Kreis bzw. die Stadt den Leiter und das Personal der polizeilichen Rechts- und Wirtschaftsverwaltung stellt, und — vor allem — daß der Polizeichef, sein ständiger Vertreter und vielleicht sonstige höhere Polizeibeamte im Einvernehmen mit dem erwähnten Polizeiausschuß bestellt werden. Dadurch wird zugleich eine parteipolitische Uniformität aller Polizeimachthaber vereitelt. Dem Polizeiausschuß besondere anstaltliche Rechte oder selbständige Behördenstellung zu verleihen, halte ich für nicht angebracht; genug, daß er die demokratische Kontrolle ausübt und die Interessen der Polizei im Kreistag bzw. im Rate der Stadt vertritt.

Im übrigen müßte, wie in §§ 22, 23 prPVG, dafür Sorge getragen werden, daß die Behendigkeit und Schlagkraft der Polizeibehörden und -beamten durch die Kreis-, ja sogar durch die Ländergrenzen nicht behindert wird und daß es jederzeit möglich ist, Sachverständige an beliebigen Orten einzusetzen.

Daß eine solche staatliche Polizei übermächtig werde, ist angesichts der Kleinheit und parteipolitischen Differenziertheit der deutschen Länder sowie der verfassungsmäßigen Sicherungen gewiß nicht zu befürchten.

Für die polizeilichen Zuständigkeiten des Bundes reichen m. E. Art. 87 Abs. 1 Satz 2 und Art. 91 Abs. 1 und 2 GG aus.

Auch die sonstigen Bedenken, die gegen eine solche Abtrennung der Polizei i. e. S. von der Ordnungsverwaltung erhoben werden, vermag ich nicht zu teilen. Wo staatliche Polizeiverwaltungen bestanden, waren ja auch früher auf den meisten Gebieten der nunmehrigen Ordnungsverwaltung andere, nämlich Kommunalbehörden, tätig, ohne daß das zu wesentlichen Schwierigkeiten geführt hätte. Andererseits bietet die Abtrennung der Polizei i. e. S. von der Ordnungsverwaltung die Möglichkeit, jene unbeschadet ihrer sachlichen Abhängigkeit von Gerichts-, Kommunal- u. a. Behörden in eine m. E. wünschenswerte personelle Abhängigkeit von der Landesregierung zu bringen.

Eine so organisierte Polizei würde eine notwendige Staatsfunktion in eigener Verantwortung erfüllen, indem sie als Landespolizei nach Maßgabe der Staatsführung, insbesondere des Innenministers, für die Aufrechterhaltung der allgemeinen politischen Sicherheit und Ordnung sorgt, als staatliche Kreispolizei bestimmte, mit ihren sonstigen Aufgaben in engstem Zusammenhang stehende Verwaltungskompetenzen wahrnimmt, als Hilfsorgan der Staatsanwaltschaft dieser bei der Aufklärung und Verfolgung von Straftaten teils auf Ersuchen, teils mit vorläufigen Maßnahmen und Berichterstattungen in eigener Entschließung unersetzbar behilflich ist und endlich als Hilfsorgan der Verwaltungsbehörden, insbesondere der Ordnungsbehörden, wiederum teils auf Ersuchen, teils mit vorläufigen Maßnahmen und Berichterstattung in eigener Entschließung reine Exekutivfunktionen, insbesondere auf Grund einer Generalermächtigung, unbestimmten unmittelbaren Zwang, und zwar gegen Personen in ausschließlicher Zuständigkeit, ausübt[34]).

3. Auch die Ordnungsverwaltung ist m. E. als Angelegenheit des Landes anzusehen. Gewiß ist das unmittelbare staatliche Interesse auf diesen Gebieten weniger beteiligt als auf denen der Polizei i. e. S. und das örtliche meist sogar überwiegend. Trotzdem handelt es sich bei der Gefahrenabwehr um vitale Interessen des Staates, die dieser nicht völlig dem Ermessen kommunaler Organe überlassen kann. Auch kann die Staatsregierung nicht darauf verzichten, ihren Willen auch auf anderen Gebieten als denen der Polizei-, Finanz- und Arbeitsverwaltung bis in die untersten Instanzen zur Geltung zu bringen, zumal es sich dabei um Bundesauftragsangelegenheiten handeln kann. Es mag vom Standpunkt der Gemeinden aus genügen, wenn das nur auf den Gebieten der Gefahrenabwehr der Fall ist. Würden die Gemeinden oder doch die Kreise und kreisfreien Städte morgen die Überlassung der Ordnungsverwaltung zur Selbstverwaltung erreichen, würden wahrscheinlich übermorgen neue staatliche Sonderverwaltungsbehörden errichtet werden. Statt dessen sollten sie m. E. ihren Einfluß dahin geltend machen, daß ihnen alle anderen als die Ordnungszuständigkeiten zur Selbstverwaltung überlassen werden.

Damit habe ich schon gesagt, daß die Ordnungsverwaltung m. E. der Kommunalverwaltung an- oder einzugliedern ist. Ob das am besten in der strafferen Form der Organleihe oder in der der Auftragsangelegenheit erfolgt, hängt von dem Charakter der jeweiligen Angelegenheit ab. Organleihe eines kommunalen Einmannorgans halte ich im Zweifelsfalle wegen der klareren Anweisungszuständigkeit für zweckmäßiger und jedenfalls dann für erforderlich, wenn zur Ordnungszuständig-

[34]) Weitgehend übereinstimmend eine unveröffentlichte Denkschrift des Chef der RB-Polizei, Arnsberg, Polizeidirektor Hahnzog, v. 26. Nov. 1950.

keit gewisse Kontrollbefugnisse gegenüber der Kommunalverwaltung gehören, wie z. B. auf den Gebieten des Fluchtlinien- und Wegerechts — es sei denn, diese Zuständigkeiten würden den Polizeibehörden i. e. S. übertragen, wofür allerdings gerade auf jenen straßenverkehrsnahen Gebieten vieles spricht. Andererseits eignen sich zur Wahrnehmung als Auftragsangelegenheiten die, aber auch nur diejenigen Materien, in denen den kollegialen Gemeindeorganen ein Ermessensspielraum belassen werden kann. Dazu gehört stets die Zuständigkeit zum Erlaß von Verordnungen.

Bei der ordnungsrechtlichen Zuständigkeit kommunaler Beschlußausschüsse als staatlicher Organe[35]) sollte es verbleiben, ja sie sollte sogar m. E. auf alle Betriebserlaubnisse und Bewirtschaftungsmaßnahmen von erheblicher Bedeutung ausgedehnt, die Ausschüsse allerdings dem Vorsitz eines rechtskundigen Beamten unterstellt werden. Auch die Beantwortung der Frage, ob die Ordnungsangelegenheiten auf der Gemeinde-, Amts- bzw. Stadt- oder Kreis- bzw. Großstadt-Stufe zu erledigen sind, wird zweckmäßig nach der Verschiedenheit dieser Angelegenheiten unterschieden. Diejenigen, deren befriedigende Erledigung besondere technische und Rechtskenntnisse erfordern, sind m. E. der Kreisstufe vorzubehalten, wobei ich optimistischerweise davon ausgehe, daß in nicht allzu ferner Zeit die Kreisverwaltungen wieder mit fachlich, insbesondere rechtlich voll ausgebildeten leitenden Beamten versehen sein werden. Für Landgemeinden genügen die auf den Hauptgemeindebeamten abzustellenden Buchst. a, b und e des § 5 prPVG.

Frühere materielle oder auch formelle polizeiliche, insbesondere Kontroll-Zuständigkeiten, deren Übertragung auf Kommunalorgane auf unüberwindliche Bedenken stoßen sollte (vielleicht z. B. Staatsangehörigkeits- und Ausländerangelegenheiten, Namensänderungen), könnten als formelle Landesordnungssachen dem Regierungspräsidenten anvertraut werden.

Die Aufsicht über die Ordnungsverwaltungen gebührt den Regierungspräsidenten und dem Fach-, im Zweifel und im allgemeinen dem Innenminister.

4. Das Problem der ordnungsbehördlichen Zuständigkeit wird sehr an Bedeutung verlieren, wenn, wie ich es für angebracht halte, die in der oben bei III c 1 geschilderten Weise rechtlich spezialisierbaren Zweige der derzeitigen Ordnungsverwaltung den Gemeinden zur Selbstverwal-

[35]) Das sind sie schon nach geltendem Recht. Sie waren es seit der Gneistschen Reform. Auch brMRVO 141 Art. VIII oder dessen Ausführungsverordnungen der Länder haben die Beschlußsachen nicht zu Selbstverwaltungsangelegenheiten gemacht, sondern nur Organen der Selbstverwaltungskörperschaften (wie es a.a.O. richtig heißen muß) zur Erledigung übertragen.

tung überlassen werden. Dafür spricht nicht nur die aus allgemeinen Erwägungen längst gebotene und vielfach geforderte Dezentralisation und Zusammenfassung möglichst vieler Verwaltungskompetenzen bei den unteren und mittleren kommunalen Selbstverwaltungskörperschaften, sondern insbesondere auch die Tatsache, daß das Schwergewicht der zur Entpolizeilichung reifen Verwaltungsbereiche — mit Ausnahme vielleicht der bisher von den Gewerbeaufsichtsämtern bearbeiteten Angelegenheiten — also das übrige Gewerbe-, das Bau-, Gesundheits-, Veterinär-. Jagd-, Melde- und Fundwesen ganz oder fast ganz örtlich gebunden ist und zumeist mit den Selbstverwaltungsangelegenheiten der Gemeinden und Kreise auf das engste zusammenhängt. Soweit, wie beim Gesundheits- und Veterinärwesen, auch überörtliche Belange einschlagen, kann deren Berücksichtigung den Selbstverwaltungsorganen gesetzlich zur Pflicht gemacht und im Aufsichtswege überwacht werden, wie denn überhaupt die mit der Entpolizeilichung verbundene erschöpfende spezialgesetzliche Regelung sowohl eine entsprechend intensive Kommunal-(Rechts-)Aufsicht als auch gerichtliche Rechtskontrolle ermöglicht. Bedenkt man noch, daß auch die Nichterfüllung einer gesetzlichen Aufgabe und daß zweckwidrige (d. h. nicht nur unzweckmäßige) Maßnahmen ermessensmißbräuchlich und damit rechtswidrig sind, schwinden m. E. die Bedenken, die gegen die Überlassung bisher anweisungsunterworfener Zuständigkeiten zur Selbstverwaltung sprechen mögen. Darum bedarf es m. E. nicht einmal der Einführung einer „verstärkten Staatsaufsicht", der der Deutsche Städtetag alle zur Selbstverwaltung überlassenen bisherigen Auftragsangelegenheiten zu unterwerfen bereit ist. Die auf Generalermächtigung gestützte, weisungsgebundene Zuständigkeit der Ordnungsverwaltung zu subsidiären Eingriffen zwecks Abwendung bevorstehender Gefahren bleibt außerdem im Hintergrund. Erfüllt also eine Gemeinde die ihr aus der Durchführung, z. B. des Baugesetzes, erwachsenen Aufgaben unzweckmäßig, so ist das ihre Sache; weder die Aufsichtsbehörde noch ein Gericht ist befugt, ihre (bessere oder schlechtere) Meinung an Stelle der der Gemeindeorgane zu setzen. Erfüllt die Gemeinde jene Aufgaben nicht dem Gesetz entsprechend, zweckwidrig oder gar nicht, dann ist die Aufsichtsbehörde berechtigt, mit den erforderlichen Geboten und Verboten einzugreifen. Entsteht aus der ungenügenden Aufgabenerfüllung seitens der Gemeindeorgane eine Gefahr im Sinne des § 14 prPVG, so ist die Ordnungsbehörde unmittelbar wie auch auf Weisung ihrer Aufsichtsbehörde verpflichtet, die erforderlichen Anordnungen — auch gegen die Gemeindeorgane — zu treffen. Über die Berechtigung jener kommunalaufsichtlichen wie dieser Ordnungs-maßnahmen — z. B. über die Widerzwecklichkeit einer Maßnahme oder darüber, ob eine Gefahr vorliegt — entscheidet auf Klage des Hauptorgans der Gemeinde das Verwaltungsgericht.

e) Was endlich die materiellen und formellen Zuständigkeiten der Polizei- und der Ordnungsbehörden anlangt, so stimmen sie trotz der hervorgehobenen Unterschiede dieser Verwaltungszweige weitgehend überein.

1. Zwar ist es die Hauptaufgabe der Polizei, die Gefahren abzuwehren, die der öffentlichen und persönlichen Sicherheit drohen. Die Polizeibeamten müssen aber auch berechtigt sein, in allen anderen Gefahrenfällen wenigstens subsidiär einzuschreiten. Entsprechend müssen die Ordnungsbehörden Maßnahmen auch gegen Sicherheitsgefahren treffen können. Da diese wie jene nicht mit Bestimmtheit vorauszusehen sind, lassen sie sich nicht kasuistisch aufzählen. Deshalb muß es m. E. für beide bei der Generalermächtigung des § 14 prPVG verbleiben, zumal dieser interpretativ genügend geklärt ist[36]).

Nicht dagegen bedarf es dieser oder einer ähnlichen Generalermächtigung für die zu entpolizeilichenden Sondergebiete. Denn diese sollen gerade gesetzlich speziell geregelt werden derart, daß alle Zuständigkeiten der Verwaltungsbehörden zu Eingriffen in Freiheit und Eigentum der Rechtsunterworfenen an gesetzliche Tatbestände gebunden sind. Eine andere Frage ist, wie genau diese gefaßt werden können und ob nicht in jedem dieser Gesetze auch ungenau gefaßte Tatbestände enthalten sein müssen. Aber auch diese würden den besonderen Erfordernissen des Spezialgebietes enger angepaßt, also immer noch genauer gefaßt sein können als § 14 prPVG.

Erst recht würde ich es nicht für angebracht halten, eine Generalermächtigung zu allen für die Gefahrenabwehr erforderlichen Maßnahmen nach Art des § 13 prPVG allen Behörden der kommunalen Selbstverwaltung oder auch nur der Staatsverwaltung in ihren Kompetenzbereichen einzuräumen. Das hätte zwar den Vorteil, daß eine Verbesonderung der Ordnungsverwaltung entfiele und diese insgesamt institutionell „entpolizeilicht" werden würde. Es hätte aber die Kehrseite, daß die gesamte Verwaltung einschließlich der Wohlfahrtsförderung i. w. S. funktional und funktionell „verpolizeilicht" werden würde, wie das in der vorrechtsstaatlichen Epoche des Verwaltungsrechts der Fall war. In der Tat wäre ein Rückschritt in diese Epoche und damit eine schroffe Verletzung des rechtsstaatlichen Geistes unserer derzeitigen Verfassungen unvermeidlich. Die durch Generalermächtigung gewährte also relativ

[36]) Der Einwand eines Praktikers, einem Oberkreisdirektor dürfe die starke Waffe des § 14 PVG nicht in die Hand gegeben werden, da er damit nicht umzugehen verstehe, trifft einen Mißstand, der auch aus anderen Gründen beseitigt werden muß.

unbestimmte Anordnungs- und Zwangsgewalt ist ein allzu scharfes Schwert, als daß seine Handhabung allen Verwaltungsbehörden überlassen werden könnte. Die Anwendung solcher Generalermächtigung erfordert eine Kenntnis des Rechts, der Gesetzgebung und der Rechtsprechung, und einen Überblick über die sozialen Zusammenhänge, die den Fachbehörden allermeist fehlt; und sie verleitet zum Einsatz „polizeilicher" Mittel schon dann, wenn die besonderen Intentionen der Behörde bedroht erscheinen.

2. Auch bei den Grundsätzen des Vorgehens: der Richtung gegen den Störer, der Entschädigung des Nichtstörers und der Verhältnismäßigkeit, kann es für Polizei- und Ordnungsverwaltung beim Recht des prPVG verbleiben. Selbstverständlich müssen sie auch beide „polizeiliche Verfügungen" — und zwar sowohl die Polizeibehörde schriftliche als auch die Exekutivbeamten der Ordnungsbehörden mündliche — erlassen können. Ob hiergegen Einspruch oder Beschwerde gegeben ist, wird sich nach der allgemeinen Regelung des verwaltungsgerichtlichen Vorverfahrens richten. M. E. sollte der Regierungspräsident über Beschwerden gegen Verwaltungsakte der nachgeordneten Behörden entscheiden, gegen Verfügungen der Regierungspräsidenten und der höheren Behörden aber der Einspruch gegeben sein. Es ist wichtig, daß vor Einleitung des verwaltungsgerichtlichen Verfahrens eine rechts- und sachkundige Verwaltungsbehörde, die Überblick und Vergleichsmöglichkeiten hat, die Rechtmäßigkeit und Zweckmäßigkeit der manchmal von nicht hinreichend rechtskundigen und sachlich befangenen Beamten oder Organen erlassenen Verwaltungsakte prüft, sofern dem nicht das Selbstverwaltungsrecht der Gemeinden und Gemeindeverbände entgegensteht.

3. Der Erlaß von Verordnungen könnte allerdings den Polizeibehörden versagt und den Kreistagen bzw. den Stadträten (bei Magisterverfassung freilich dem Magistrat), den Regierungspräsidenten und den Ministern vorbehalten bleiben. Die Verordnungen der Kreistage, Stadträte und Magistrate sollten, um Fehler zu vermeiden, den Regierungspräsidenten zur Genehmigung (praeventive Rechtskontrolle und Zurückverweisung wegen Unzweckmäßigkeit), die der Regierungspräsidenten vor Erlaß dem Beschlußausschuß für den Regierungsbezirk und die der Minister einem Landtagsausschuß zur Billigung vorgelegt werden, sofern nicht besondere Eilbedürftigkeit dazu zwingt, diese Mitwirkungsakte nachzuholen.

4. Solche Verordnungen sollten, wie nach § 33 prPVG, nicht Geldstrafen, sondern nur Zwangsmittel, insbesondere Zwangsgeld androhen. Das gilt auch von den Gesetzen und

Verordnungen der spezialgesetzlich zu regelnden derzeitigen Ordnungsangelegenheiten, sofern es nicht ausnahmsweise gilt, Menschen wegen ihres verbrecherischen Verhaltens zur Rechenschaft zu ziehen. M. E. wird die Strafgewalt des Staates viel zu sehr überspannt und die Staatsautorität nicht gefestigt, sondern beeinträchtigt, wenn Verstöße gegen Ordnungsregeln oder gar gegen technische Verwaltungsnormen (z. B. Anmeldezwang) unter Strafe gestellt werden. Die Strafe ist kein Zwangsmittel. Strafwürdig ist nur eine Tat, deren Rechtswidrigkeit jedem gesunden Menschen bewußt ist, weil deren Folgen die absoluten Rechtsgüter betrifft. Die Verwaltungsbehörden zielen dagegen auf etwas ganz anderes, nämlich auf die Aufrechterhaltung eines ordnungsgemäßen Zustandes von der Sicherheit bis zur ungestörten Abwicklung der Verwaltungsgeschäfte — und zwar notfalls mit Zwang, einem Zwang, der für den Widerstrebenden ebenso unangenehm oder gar noch unangenehmer sein mag als eine Bestrafung, die aber dennoch keine Bestrafung ist, weil es für ihn nur auf die Verantwortung des Pflichtigen, nicht aber auf dessen Verschulden ankommt. Im Hinblick darauf ist es vielleicht schließlich doch zu begrüßen, daß die Strafprozeßnovelle 1950 die polizeiliche Strafverfügung abgeschafft hat, wenn dadurch der Gesetzgeber veranlaßt wird, sogen. Polizeidelikte in Zukunft statt mit Strafsanktionen vielmehr mit Beugesanktionen zu versehen.

5. Man mag einwenden, daß es nicht angehe, den Polizei-, den Ordnungs- und anderen Verwaltungsbehörden eine Zwangsgewalt anzuvertrauen, deren Wirkung der einer Strafe gleichkomme. Das ist m. E. aber nur bei Freiheitsentziehung richtig und nun auch geltenden Rechts. Im übrigen genügt es vollauf, wenn die zwangsandrohenden Verordnungen und die Zwangsmittel festsetzenden Verfügungen durch unabhängige Gerichte nachgeprüft werden können, was nunmehr — mit Ausnahme der abstrakten Verordnungskontrolle in der britischen Zone — auch uneingeschränkt geltenden Rechts ist.

6. Abgesehen von der Anwendung unmittelbaren Zwanges gegen Personen, der m. E. — von Notstand und Notwehr abgesehen — einschließlich der Festnahme und der Verwahrung (§ 15 prPVG) den Polizeibeamten i. e. S. vorzubehalten ist, sollten also — wie bisher — die Zwangsmittel der Ersatzvornahme, des Zwangsgeldes und des unmittelbaren Zwanges gegen Sachen sowohl den Polizei- als auch den Ordnungsbehörden zur Durchsetzung ihrer auf die Generalermächtigung gestützten Maßnahmen zur Verfügung stehen, weil ja einerseits die Polizei mindestens auf dem Gebiete des Straßenverkehrsrechts auch bürokratisch, andererseits die Ordnungsbehörden z. B. auf dem Gebiet der Lebensmittelkontrolle exe-

kutiv tätig werden. Ich hätte auch keine Bedenken, außer den Polizeibehörden auch den Ordnungsbehörden das Recht zum Erlaß gebührenpflichtiger Verwarnungen und zum Erlaß gerichtlich überprüfbarer Strafverfügungen zuzugestehen. Im Falle der Nichtbeitreibbarkeit eines Zwangsgeldes müßte auf Umwandlung in Haftstrafe schon wegen Art. 104 Abs. 2 Satz 1 GG ein Gericht, und zwar m. E. dasjenige Gericht, das über die Berechtigung der Androhung und der Verhängung zu entscheiden hätte, also das Verwaltungsgericht, zu erkennen haben, um unterschiedliche Beurteilung der Rechtswidrigkeit gänzlich auszuschließen.

Die Zwangszuständigkeiten der Gemeindebehörden bzgl. der ihnen zur Selbstverwaltung überwiesenen Gebiete richten sich nach den diesbezüglichen Gesetzen. Sie werden außer Ersatzvornahme, Zwangsgeld und unmittelbarem Zwang gegen Sachen auch andere, der jeweiligen Materie sachlich angepaßte Zwangsmittel vorsehen können (z. B. Verlust von Vorteilen). Der an § 132 LVG anknüpfbare Einwand, die Gemeinden als solche hätten keinen obrigkeitlichen (besser: hoheitlichen) Charakter, geht fehl. Gewiß liegt ihr Schwergewicht entschieden auf der pflegenden (auch sogen. schlichten Hoheits-) Verwaltung. Sie sind aber sowohl aus § 18 DGO als auch als Anstaltsherren längst und mit Recht zur zwangsweisen Durchsetzung ihrer rechtmäßigen Anordnungen befugt. Daß es eine Staatsgewalt gibt, schließt nicht aus, daß es auch eine — davon abgeleitete — Gemeindegewalt gibt.

7. Angesichts der weitgehenden Übereinstimmung der materiell- und formellrechtlichen Zuständigkeiten der Polizei- und der Ordnungsverwaltung bestehen m. E. keine Bedenken, beide, wie im schleswig-holsteinischen und im niedersächsischen Entwurf, in einem Gesetz zusammenzufassen. Die zu „entpolizeilichenden" Gebiete der gegenwärtigen Ordnungsverwaltung müßten aber selbstverständlich in je besonderen Gesetzen geregelt werden.

Leitsätze des Berichterstatters über die Gestaltung des Polizei- und Ordnungsrechts in der britischen Besatzungszone

a) Da die soziale Geltung der verfassungsmäßigen Ordnung nicht dem Zufall überlassen bleiben darf, muß es eine Polizei geben. Der dem jeweiligen Staatszweck und der Behörden-Differenzierung entsprechende Polizeibegriff faßt gewisse Intensitäts- bzw. Quantitätsgrade folgender Dimensionen zusammen:

1. *funktional: Gewährleistung einer sozialen, politischen und Rechts-Ordnung innerhalb des Staates durch Verwaltungsorgane, erforderlichenfalls unter Machteinsatz auf Grund nicht genau bestimmter Tatbestände;*

2. *funktionell:*
Vermeidung von Mißständen, insbesondere
Bekämpfung akuter oder (und) latenter,
konkreter oder (und) abstrakter Gefahren
oder (und) Herstellung gewisser sozialer Zustände;

3. *qualitativ: negativ oder (und) positiv,*
repressiv oder (und) praeventiv;

4. *dispositiv: speziell oder subsidiär oder universal;*
Subsidiarität besteht hinsichtlich
a) der Rechtsgrundlage (Generalermächtigung),
b) der Zuständigkeit anderer Behörden,
c) der Funktionsbefugnis nur bei dringender Eilbedürftigkeit (erster Zugriff);

5. *modal: konkrete oder (und) abstrakte Anordnungen;*

6. *effektiv: Ersatzvornahme, Zwangsgeld, unmittelbarer Zwang gegen Sachen oder (und) Personen, vorläufige oder (und) endgültige Bestrafung;*

7. *sachlich (Kompetenzen): Rechtssicherheitspolizei*
(z. B. Straßenverkehrspolizei, Kriminalpolizei),
politische Sicherheitspolizei (z. B. Staatsschutzpolizei, Fremden-, Paß-, Vereins-, Versammlungspolizei),
Verwaltungs- (Ordnungs-)polizei (z. B. Gesundheits-, Gewerbe-, Baupolizei),
Wohlfahrtspolizei,
Glückseligkeitspolizei;

8. *örtlich: Orts- (Land- oder Stadt-), Kreis-, Landespolizei;*

9. *institutionell: ordentliche oder Sonder-Polizeibehörden (z. B. Wasserschutz-, Bahn-, Bergpolizei),*
Allgemeine oder besondere Polizeibehörden (z. B. Polizeipräsidenten),
Orts-, Kreis- und Landespolizeibehörden,
staatliche oder kommunale Polizeibehörden,
Polizei-Verwaltungs-, -Exekutiv- und -Wirtschaftsbehörden,
handelnde und Aufsichtsbehörden;
Sammlungs- und Informationsstellen;

10. *f o r m e l l: Die Zuständigkeit der Polizeibehörden (z. B. auch Tier- und Landschaftspflege, Ausstellung von Quittungskarten).*

b) Mit Rücksicht auf den nationalsozialistischen Mißbrauch der Polizeigewalt verlangte die brMR außer Denazifizierung und Demilitarisierung auch Dezentralisierung der Polizei und verbot deren „gesetzgebende" und „richterliche" Tätigkeit. Ohne Rücksicht auf die zum größten Teil fortbestehende deutsche, insbesondere preußische Verwaltungsorganisation und materielle Rechtsordnung wurden die entsprechenden britischen Grundsätze importiert.

1. *Die Länder übernahmen die Gliederung in RB- und SK-Polizeieinheiten mit je einem Polizeichef und Polizeiausschuß unter nur allgemeiner Aufsicht des Innenministers ohne sonstige Verbindung mit der Staats- oder Selbstverwaltungsorganisation.*
2. *Trotz z. T. weitgehender Befugnisse beschränkt sich die Tätigkeit der Polizeibehörden auf die Regelung des Straßenverkehrs, die Anwendung unmittelbaren Zwangs zur Behebung akuter Gefahren und — mit Schwergewicht — auf die Strafverfolgung.*
3. *Die übrigen früheren polizeilichen Zuständigkeiten sind als „Ordnungsverwaltung" den Gemeinderäten, Kreistagen (als Nachfolgern der Bürgermeister bzw. Landräte), Regierungspräsidenten und Ministern nach Maßgabe des prPVG verblieben.*
4. *Insbesondere die Generalermächtigung des § 14 prPVG ist weiterhin gesetzliche Grundlage für Maßnahmen der Polizei- und der Ordnungsbehörden, soweit nicht Spezialermächtigungen Platz greifen.*

c) Da dieser Rechtszustand nicht befriedigt, werden allseits Pläne für eine Neuordnung erwogen. Dabei sollte auf Zusammenfassung technisch und lokal zusammenhängender Funktionen, Leistungsfähigkeit, Ausnutzung vorhandener Kräfte, Eignung der Betrauten, klare Zuständigkeitsabgrenzungen und eindeutige Verantwortung, Billigkeit und Kontrolle gesehen werden. Eine demokratische Organisation der Gefahrenabwehr ist nicht möglich.
Zweckmäßig erscheint, wenn nicht eine Rückkehr zum Rechtszustand von 1931,

1. *e n t p o l i z e i l i c h e n d e, spezialgesetzliche erschöpfende Regelung derjenigen früher polizeilichen, jetzt*

Ordnungsangelegenheiten, bei denen die Gefahrenbekämpfung hinter der vorsorgenden Gestaltung zurücktritt, (z. B. Bau-, Gesundheits-, Gewerbewesen) und deren Überlassung an die kommunalen Selbstverwaltungsverbände;

2. *Polizei-(Sicherheits) Verwaltung durch zentralisierte Informationsstellen und staatliche Polizeieinheiten zur Bekämpfung von Tumulten und anderen überörtlichen oder speziellen Gefahren,*
sowie unter Einflußmöglichkeiten der Kreise und kreisfreien Städte durch dekonzentrierte staatliche Kreis- und Stadtpolizeieinheiten zur Beobachtung des öffentlichen Lebens auf und an der Straße, zur Straßenverkehrsregelung, zum ersten Zugriff, zur Anwendung unmittelbaren Zwangs gegen Personen und zur Strafverfolgung mit der Pflicht, mit diesen Mitteln den anderen Behörden — wie der Staatsanwaltschaft — Beistand zu leisten, nebst einigen damit unmittelbar zusammenhängenden Verwaltungsgeschäften (z. B. ehem. Wegepolizei) ohne Polizeiverordnungsrecht;

3. *Ordnungsverwaltung in staatlichem Auftrag oder kraft Organleihe durch kommunale Organe zur Abwehr aller übrigen Gefahren (erforderlichenfalls auch auf den spezialgesetzlich geregelten Gebieten) im Aktenbetrieb und durch eigene sachlich spezialisierte Kontroll- und Exekutivbeamte ohne Zwangsrecht unmittelbar gegen Personen. Verordnungsrecht der Kreis- und Stadträte, der Regierungspräsidenten mit Beschlußausschuß und der Minister mit Landtagsausschuß.*

d) 1. *Der Polizei- und der Ordnungsverwaltung muß eine Generalermächtigung nach Art des § 14 prPVG und die Befugnis zur Ersatzvornahme, zu unmittelbarem Zwang gegen Sachen sowie zur Androhung und Festsetzung von Zwangsgeld erteilt werden.*

2. *Polizei- und Ordnungswidrigkeiten sollten nicht mit Strafsanktion, sondern mit Beugesanktion versehen sein. Solange das nicht durchgeführt ist, sollten die Verwaltungs- einschl. der Polizeibehörden Strafverfügungen erlassen dürfen, die auf Antrag gerichtlicher Prüfung unterliegen.*

Die Gestaltung des Polizei- und Ordnungsrechts in den Ländern der amerikanischen und französischen Besatzungszone

2. Mitbericht von Professor Dr. Otto Gönnenwein, Heidelberg.

I.

Das Polizeirecht der amerikanischen und französischen Zone[1]) und innerhalb der französischen Zone das Recht der drei Länder dieser Zone hat sich gründlich auseinander entwickelt. Eine formelle Rechtseinheit ist nur für die Länder der amerikanischen Zone festzustellen. Das ganze hier zu behandelnde Gebiet kannte bei aller partikularen Besonderheit bis 1933 einen gemeinsamen Polizeibegriff, der gebildet war durch die Schranken, die § 10 II 17 des Preuß. Allg. Landrechts den Polizeibehörden gesteckt hatte. Die Einrichtungen der zentralistisch verwalteten Deutschen Polizei, die ein Werkzeug des totalen Staates geworden war, wurde mit dem Einmarsch der alliierten Armeen vernichtet. Die neuen Polizeigewalten, die zuerst ganz bei den Militärregierungen lagen, und die dann — zunächst noch unter straffer Beaufsichtigung durch die Militärregierungen — auf die neugebildeten Länder übergingen, wurden unter den drei Gesichtspunkten der Denazifizierung, Demilitarisierung und Dezentralisierung errichtet. Ausgangspunkt für die Organisation der Polizei war nicht der Zustand vor 1933 und nicht der des nationalsozialistischen Regimes, sondern die unmittelbar nach der Besetzung getroffenen Not- und Übergangslösungen, die wegen Fehlens einer Landesstaatsgewalt unverbunden nebeneinander stehende Gemeindepolizeien, dann auch allmählich Kreispolizeien gebracht hatten.

II.

Das gegenwärtige Polizei- und Ordnungsrecht der Länder der amerikanischen Zone hat seinen Ursprung in Anordnungen der Militärregierung. Richtlinien des Hauptquartiers der Streitkräfte der Vereinigten Staaten über die Verwaltung

[1]) Wie im 1. Bericht wird auf Hans-Hugo Pioch, Das Polizeirecht, verwiesen; dort ist die Mehrzahl der zu erwähnenden Rechtsquellen abgedruckt. Seit Erstattung des Mitberichts ist noch erschienen: Robert Nebinger, Allgemeines Polizeirecht (Schaeffers Grundriß des Rechts und der Wirtschaft Abt. II, 29. Band, 3. Teil), Stuttgart-Düsseldorf 1951.

der Militärregierung in der US-Zone Deutschlands vom 7. Juli 1945 lösten die deutschen Polizei- und Feuerwehrverbände auch formell auf; nach bestimmten neuen Grundsätzen wurde eine neue Polizei gebildet. Die neue Polizei durfte keine richterlichen und gesetzgeberischen Funktionen ausüben. Demgemäß ist das Strafverfügungsrecht der Polizeibehörden aufgehoben worden; dieses Recht ist durch Gesetze der vier Länder auf die Amtsgerichte übergeleitet worden (Württemberg-Baden: Gesetz vom 20. November 1945, Reg.Bl. S. 1; Bayern: Gesetz vom 28. Januar 1946, Ges.u.VOBl. S. 54; Hessen: Gesetz vom 16. Mai 1946, Ges.u.VOBl. S. 164; Bremen: Gesetz vom 30. April 1947, Ges.Bl. S. 66). Bezüglich des Zwangsgeldes hat die Militärregierung Hessen in einem im Ges.u.VOBl. 1947 (S. 94) veröffentlichten Schreiben an den Ministerpräsidenten von Hessen den Standpunkt vertreten, eine Verfügung, die Zwangsgeld oder im Nichtbeitreibungsfalle Haft auferlege, vereitle nicht nur die Beseitigung des Polizeistaates, sondern verstoße gegen das Verbot der polizeilichen Befugnis, Strafen zu verhangen; die Richtigkeit der deutschen Rechtsauffassung, daß Zwangsgeld keine Strafe bedeute, sondern nur ein Mittel darstelle, den Betroffenen zu einem bestimmten Verhalten zu veranlassen, könne dahingestellt bleiben. In Württemberg-Baden galt es dagegen als unbestritten, daß die Landräte und Bürgermeister nach wie vor Ungehorsams- und Ungebührstrafen verhängen können.

Die in Reichs- oder Landesgesetzen enthaltene Ermächtigung der Polizeibehörden zum Erlaß von Polizeiverordnungen wurde aufgehoben; in Württemberg-Baden erging ein Gesetz Nr. 23 über die Neuordnung des Polizeiverordnungsrechts vom 7. Februar 1946 (Reg.Bl. S. 40). Das Verordnungsrecht ging je nach dem Geltungsbereich einer Verordnung auf die Gemeinderäte, die Kreistage und den Landtag[2]) über.

Der vorläufige Aufbau der Polizei erfolgte in den Ländern im Laufe der Jahre 1945/46. Nach verschiedenen Änderungen

---

[2]) Als Polizeiverordnungen im Sinne des Württ.-Bad. Ges. Nr. 23 sind nur diejenigen Rechtsverordnungen zu verstehen, die auf generelle Ermächtigungen gestützt werden. Das Gesetz hat daher nur diejenigen Befugnisse auf den Landtag übertragen, die früher nach Art. 50 a—52 des Württ. und nach §§ 22, 23 des Bad. PolStGB den obersten Landesbehörden zustanden. Die in anderen Gesetzen enthaltenen Spezialermächtigungen blieben unberührt. Durch das Württ.-Bad. Ges. Nr. 234 über Rechtsverordnungen auf Grund ehemaligen Reichsrechts vom 12. 11. 1947 (RegBl. S. 185) sind dazuhin Ermächtigungen, die der früheren Reichsregierung oder einem Reichsminister zustanden, der Landesregierung übertragen worden (zu vgl. auch Art. 129, Abs. 2 GG), ohne daß dabei die Ermächtigung zum Erlaß von Rechtsverordnungen, die die öffentliche Sicherheit und Ordnung betreffen, ausgenommen worden wären. Ein Gesetz Nr. 3020 vom 2. 8. 1951 (RegBl. S. 63) mußte dies durch die folgende Bestimmung klarstellen: „Die gesetzliche Ermächtigung der Landesregierung oder einer obersten Landesbehörde zum Erlaß der zur Ausführung des Gesetzes erforderlichen Rechtsverordnungen bleibt auch dann bestehen, wenn die Rechtsverordnung die öffentliche Sicherheit und Ordnung betrifft." Diese eine authentische Interpretation des Ges. Nr. 23 darstellende Bestimmung steht durchaus in Einklang mit Art. 86 der Württ.-Bad. Verfassung.

der Grundsätze der Militärregierung brachte der vom öffentlichen Sicherheitswesen handelnde Titel 9 der Military Government Regulations vom 1. Februar 1946, jetzt in einer Fassung vom 22. Mai 1947, einen gewissen Abschluß der Einwirkungen der Militärregierung. Ihnen zufolge wurde die Polizei nun in einer auf längere Dauer berechneten Form organisiert.

Die Richtlinien der amerikanischen Militärregierung bedeuten wie in der britischen Zone eine Einschränkung der Funktionen, die mit dem Worte „Polizei" bezeichnet werden dürfen. Nach Titel 9—400 der Richtlinien sind Aufgaben dieser Polizei im engeren Sinne: Aufrechterhaltung von Ruhe und Ordnung, Durchführung der deutschen Strafgesetze und Strafbestimmungen, Durchführung der Gesetze und Befehle der alliierten Kontrollbehörden und der Militärregierungen und die Erfüllung solcher und anderer nicht mit diesen Bestimmungen in Widerspruch stehender Aufgaben, die den deutschen Polizeistellen auf Grund der deutschen Gesetzgebung übertragen sind. Was der neue Polizeibegriff erfassen will, das ergibt sich aus einem Zusammenhalt von 9—400 und 9—235. 9—400 redet von maintaining law an order, enforcing German criminal law; 9—235 grenzt dann negativ ab: alles was nicht eingeschlossen ist in der polizeilichen Verantwortung für Schutz von Leben und Eigentum, für Friedensbewahrung, für Verbrechensverhinderung und -entdeckung muß aus der Tätigkeit der Polizeibehörden entfernt werden. Daß damit eine klare Aufspaltung möglich gewesen wäre, kann nicht behauptet werden. Praktisch herausgebildet hat sich folgendes: Zur Polizei gehört nur noch die unmittelbare, allgemeine Aufrechterhaltung von Ruhe und Ordnung sowie die Beseitigung akuter Gefahren durch Befehl und Zwang; es handelt sich also um die Sicherheitspolizei im engeren Sinne, die äußerlich in Gestalt der uniformierten Schutzpolizei in Erscheinung tritt; hinzu kommt die Kriminalpolizei. Weil das Strafverfügungsrecht der Polizei genommen ist, spricht neben den Betätigungsformen des Befehls und des Zwanges die Anzeige an die Strafverfolgungsbehörden heute eine wesentliche Rolle.

Alle früheren, von der deutschen Polizei wahrgenommenen Aufgaben, die keinen unmittelbaren Zusammenhang mit dem Schutz von Leben und Eigentum, der Aufrechterhaltung der öffentlichen Ordnung, der Verhütung und Entdeckung von Straftaten stehen, wurden dem polizeilichen Tätigkeitsgebiet entzogen. Diese über den verengten Aufgabenkreis der Polizei hinausgehenden früheren Polizeiaufgaben dürfen von anderen geeigneten Behörden erfüllt werden; doch ist es untersagt, die Bezeichnung „Polizei" für solche Funktionen oder ihre persönlichen Träger zu benützen. Völlig verboten ist eine besondere Sicherheits- und Geheimpolizei (9—234).

Innerhalb des Gesamtgebietes der inneren Verwaltung soll gewissermaßen eine gegenseitige Hemmung von allgemeiner Verwaltung und Polizei stattfinden, die eine allzu starke Machtentwicklung der Polizei verhindert. Es bestehen zwei Polizeiorganisationen, die weithin gegeneinander abgekapselt sind. Der abgetrennte Teil des früheren materiellen Polizeibegriffs verhält sich aber zum eingeengten neuen Polizeibegriff nicht wie Anordnung und gebundene Ausführung. Wäre dem so, dann wäre die neue Polizei ein Arm, der von keinem Kopf mehr gelenkt wird. Die Polizei soll aber nach dem Willen der Besatzungsmacht aus eigenem Antrieb tätig werden; sie soll innerhalb ihres Wirkungsbereiches vom Recht des ersten Angriffs Gebrauch machen; sie soll dabei unabhängig[3]) von der allgemeinen inneren Verwaltung sein. Andererseits dient auch die Verwaltungspolizei der Ordnungsbewahrung und Gefahrenabwendung. Zu ihrem Bereich — die amerikanischen Richtlinien überschreiben 9—235 selber mit dem Wort „Verwaltungspolizei" — gehört vor allem die fördernde Tätigkeit zur Aufrechterhaltung der Ordnung und Sicherheit auf bestimmten Lebensgebieten; sie wird tätig vor allem in der Form des Verwaltungsaktes; gedacht ist an das Gewerberecht, das Baurecht und das Gesundheitswesen, dann an das Paß- und Meldewesen, die Fremdenaufsicht und das Verkehrswesen (Führerscheinerteilung). Die Verwaltungspolizei ist bei den seitherigen staatlichen und kommunalen Behörden geblieben.

Organisatorisch hat (9—211) jede Gemeinde mit mehr als 5000 Einwohnern eine gesonderte Gemeindepolizeiabteilung (a unified municipal police department) als Glied der Gemeindeverwaltung[4]) zu unterhalten; es steht ihr ein Polizeiverwalter vor. Dieser Polizeiverwalter hat alle polizeilichen Aufgaben im eingeschränktem Sinn innerhalb der Gemeinde wahrzunehmen. Jede Polizeibehörde stellt eine gesonderte Einheit dar; sie ist nur gegenüber der Verwaltungsbehörde, in deren Dienst sie steht, also Gemeinderat und Bürgermeister, verantwortlich, und darf nicht — hierin kommt der Gedanke der Dezentralisation besonders scharf zum Vorschein — der Befehlsgewalt oder Dienstaufsicht einer anderen Amtsstelle unterliegen. Die Gemeindebehörde trägt die volle verwaltungsmäßige Verantwor-

---

[3]) Von amerikanischer Seite wird bei der „independant police" an ein Gegenstück der richterlichen Unabhängigkeit gedacht; zu vgl. Stadtverwaltung und Polizei in den süddeutschen Ländern, Bericht über eine Arbeitstagung des Instituts zur Förderung öffentlicher Angelegenheiten, Frankfurt a. M. 1950, S. 38.

[4]) Titel 9—300 der Fassung von 1946 hatte den Bürgermeister als oberste Dienstaufsicht vorgesehen.

tung für die Polizeiabteilung; sie ist Trägerin der Polizeiverwaltung und auch für Klagen gegen die Polizei passiv legitimiert. In Gemeinden, die keine selbständige Polizeiverwaltung einrichten (Gemeinden mit weniger als 5000 Einwohnern können im Falle ihrer Leistungsfähigkeit eine eigene Gemeindepolizei errichten), werden die polizeilichen Aufgaben von der Landespolizei erfüllt (9—212). Die Landespolizei ist nur der obersten Landesbehörde verantwortlich. Sie kann ihre Verantwortlichkeit an Regierungsbezirke oder Landkreisbehörden übertragen.

Diesen Richtlinien folgend sind die Polizeiverwaltungen in den Ländern der amerikanischen Zone mit nur geringen Abweichungen auf Grund von Verordnungen oder internen Erlässen der Regierungen aufgebaut worden. Eine gewisse Sonderstellung nimmt Bremen ein.

In den Gemeinden mit mindestens 5000 Einwohnern ist im allgemeinen[5]) eine Gemeindepolizei eingerichtet worden, für die der Bürgermeister die Verantwortung übernimmt, soweit nicht nach der Gemeindeverfassung (namentlich in haushaltrechtlicher Beziehung) die Zuständigkeit der Gemeindevertretung begründet ist. Die Gemeindeverwaltung hat die Pflicht, diese Polizeidienststellen einzurichten, zu versorgen und zu uniformieren; sie ernennt und entläßt auch die Beamten und Angestellten. Die Polizei steht im übrigen unter ihrem besonderen Leiter; sie bildet innerhalb der Verwaltung der Gemeinden eine besondere Einheit, das heißt, sie darf nicht mit Dienststellen der übrigen Gemeindeverwaltung verbunden werden. Im Interesse der Dezentralisation ist in 9—200 der amerikanischen Richtlinien angeordnet, daß die Polizeiverwaltung nur der Dienstaufsicht der Körperschaft, der sie dient, unterstellt sein darf. Sie muß frei sei von der Weisungsbefugnis anderer Behörden (free from command or supervision). Daß die Gemeindepolizei der Kommunalaufsicht, d. h. also einer Rechtskontrolle unterliegt, ist nicht zu bezweifeln. Das Wort supervision ist wohl mit „Dienstaufsicht" zu übersetzen.

Die Polizei darf nicht zur Bearbeitung von Aufgaben der Verwaltungspolizei herangezogen werden; dieses Verbot ist z. B. in Württemberg-Baden für das Einwohnermeldewesen, die Ausstellung von Kennkarten und einige andere Aufgaben besonders hervorgehoben.

Die früheren staatlichen Polizeiämter (Polizeidirektionen, Polizeipräsidien), in denen Verwaltungs- und Vollzugspolizei vereinigt waren, sind bei Neuaufbau der Polizei folgerichtig aufgelöst worden. Die Aufgaben der Verwaltungspolizei gingen

[5]) In Württemberg-Baden konnten sich Gemeinden bis zu 20 000 Einwohnern der Landespolizei anschließen, hiervon ist vielfach Gebrauch gemacht worden.

in den kreisangehörigen Städten auf die Landräte und Bürgermeister, in den Stadtkreisen auf die Oberbürgermeister über; sie sind dort häufig in besonderen Verwaltungsstellen, die den Namen „Amt für öffentliche Ordnung" führen, zusammengefaßt.

In den Gemeinden ohne eigene Polizeiverwaltung werden die polizeilichen Aufgaben von der Landespolizei (in Bayern Landpolizei; in Hessen Landesgendarmerie) erfüllt; der Chef der Landespolizei (in Bayern Präsident der Landpolizei, in Württemberg-Baden der Landespolizeidirektor, in Hessen der Chef der Landesgendarmerie) untersteht dem Innenministerium. Die Untergliederung der Landespolizei ist der Verwaltungsorganisation des Landes, also den Regierungsbezirken und Kreisen, angepaßt. In Bayern stehen dabei den Regierungspräsidenten und Landräten kein Weisungsrecht gegenüber der Landpolizei ihres Bezirkes zu; sie haben nur ein Anforderungsrecht. Dieses Anforderungsrecht bewegt sich aber nur im Rahmen der eingeengten Polizeiaufgaben; der Landrat kann also die Polizei anfordern, wenn eine andere Gemeinde seines Kreises etwa bei Tumulten mit eigenen Kräften die öffentliche Ordnung nicht wiederherstellen kann. In Württemberg-Baden dagegen stehen den Landräten beim Vollzug ihrer verwaltungspolizeilichen Aufgaben die Landespolizei und die Gemeindepolizei zur Verfügung (Erlaß des Innenministeriums vom 22. Dezember 1947, Amtsbl. 1948 S. 17). Die Landräte sind daher berechtigt, den Dienststellen der Landespolizei ihres Kreises die zum Vollzug ihrer Anordnungen verwaltungspolizeilichen Inhalts erforderlichen Weisungen zu erteilen. Auch die Bürgermeister der Gemeinden ohne Gemeindepolizei können der Landespolizei die für den Vollzug ihrer verwaltungspolizeilichen Anordnungen erforderlichen Weisungen geben. Die erwähnte Abkapselung der beiden Polizeisparten ist also in Württemberg-Baden wieder weithin beseitigt.

Bei jeder Gemeindepolizei und jeder Dienststelle der Landespolizei kann neben den Schutzpolizeieinheiten eine kriminalpolizeiliche Ermittlungsstelle gebildet werden. Diese muß aber Teil der Gemeindepolizei oder der landespolizeilichen Dienststelle sein; Sicherheits- und Kriminalpolizei müssen einen einheitlichen Leiter stellen.

Sonderpolizeibehörden sind vor allem die Wasserschutzpolizei (so in Hessen), die Bahnpolizei u. a., dann in Bayern die Landesgrenzpolizei; in Bremen erging am 11. Januar 1946 (GesBl. S. 11) eine Verordnung über die Verwaltung der Hafenpolizei. Diese Sonderpolizeibehörden sind nach den amerikanischen Richtlinien 9—214 zulässig. Sie müssen den allgemeinen Vorschriften für die Polizei entsprechen.

III.

Die französische Militärregierung verzichtete auf allgemeine Richtlinien für die Neuordnung des Polizeiwesens in ihrer Zone; sie beschränkte sich auf die Beseitigung der nationalsozialistischen Gesetze und Verordnungen. Der Aufbau der Polizei in den Ländern der französischen Zone geschah daher uneinheitlich. Er war lediglich unter das gemeinsame Gebot der Denazifizierung, der Demilitarisierung und der Dezentralisierung gestellt.

Württemberg-Hohenzollern ging mit einer Rechtsanordnung über die Einrichtung einer Landespolizei vom 18. Januar 1946 (Amtsbl. S. 2) voran. Sie spricht in ihrem § 1 aus, daß die gesamte Polizei des Landes verstaatlicht ist. Die Landespolizei hat „für die Erhaltung der öffentlichen Ruhe, Ordnung und Sicherheit sowie für die Abwendung der Gefahren zu sorgen"; in ihre Zuständigkeit fällt auch die Überwachung des Straßenverkehrs und die Ausübung der Grenzpolizei. Sie hat ferner die Aufgabe der Kriminalpolizei zu übernehmen.

Diese Aufgabenzuweisung enthält nichts anderes als den allgemeinen materiellen Polizeibegriff; sie läßt nicht ahnen, daß diese Landespolizei Polizei im anglo-amerikanschen Sinne ist, also nur der allgemeinen und unmittelbaren Ordnungsbewahrung und der Abwendung akuter Gefahren dient. Erst einem Rundschreiben der Landesdirektion des Innern und der Finanzen vom 25. September 1946 (Amtsbl. S. 19) ist zu entnehmen, daß die Funktionen der Polizei im oben erwähnten Umfange eingeengt sind.

Die Sicherheitspolizei im engeren Sinn und die Kriminalpolizei also sind verstaatlicht. Sie haben ihre Spitze in einer Landespolizeidirektion, unter der für die Gebiete der Kreise Oberpolizeikommissariate, und für einzelne Gemeinden oder Gruppen von Gemeinden, Landespolizeikommissariate gebildet wurden. Die sogenannte Verwaltungspolizei blieb bei den Landrats- und Bürgermeisterämtern. Die in einzelnen (durchweg kreisangehörigen) Städten nach der früheren Polizeiorganisation (Gesetz vom 16. Dezember 1921) gebildeten staatlichen Polizeiämter, deren Aufgabenkreis sich auf die Schutz- und Verwaltungspolizei erstreckte, wurde durch eine Rechtsanordnung vom 25. September 1946 (Amtsbl. S. 247) aufgelöst. Die sogenannte Verwaltungspolizei ging als Ordnungspolizei an die Bürgermeisterämter und Landratsämter über. Das Recht, Strafverfügungen zu erlassen, blieb bis zum Ergehen der neugefaßten Strafprozeßordnung gleichfalls bei den Behörden der allgemeinen Verwaltung, also den Landrats- und Bürgermeisterämtern. Die strengen Anforderungen an die Durchführung des

Gewaltentrennungsprinzips sind also vom französischen Oberkommando nicht gestellt worden. Dagegen ist durch ein Rundschreiben bestimmt worden, daß der Ausdruck „Polizei" ausschließlich für die Bezeichnung derjenigen Angelegenheiten vorbehalten bleibe, die in die Zuständigkeit der Landespolizei fallen.

Das Land Württemberg-Hohenzollern hat also, wie die Länder amerikanischen und britischen Zone die Funktionen der Polizei auf die Sicherheitspolizei im engeren Sinne beschränkt. Die Organisation der Polizei unterscheidet sich in diesem Lande von der amerikanischen Zone durch die keine Ausnahme zulassende Verstaatlichung und Zentralisierung der Sicherheitspolizei. Die Annäherung an die anglo-amerikanische Auffassung vom Polizeibegriff erfolgte nicht ganz ohne Mitwirkung der französischen Militärregierung, hauptsächlich aber von deutscher Seite her in dem Bestreben, die Rechtsgleichheit mit dem Landesbezirk Württemberg des Landes Württemberg-Baden nicht völlig zu verlieren.

Wenig von den anglo-amerikanischen Vorstellungen beeinflußt, vielmehr weitgehend an die Organisation vor 1933 angelehnt ist das neue Polizeirecht des Landes Rheinland-Pfalz. Schon eine Rundverfügung des Oberregierungspräsidiums Hessen-Pfalz, das mit dem Oberpräsidium Rheinland-Hessen-Nassau am 30. August 1946 zum Lande Rheinland-Pfalz zusammengeschlossen wurde, und dessen Gebietsteile unmittelbar nach dem Einmarsch der Alliierten zum größten Teil unter der Herrschaft der amerikanischen Besatzungsmacht standen, vom 1. Oktober 1945 (Amtl. Mitteilung 1945, S. 19) hatte die staatlichen Polizeiverwaltungen aufgelöst und angeordnet, daß eigene Ortspolizeidienststellen nur in Gemeinden mit mehr als 5000 Einwohnern eingerichtet werden dürfen. Eine weitere Rundverfügung vom 1. Oktober 1946 (Amtl. Mitteilung S. 555) gliederte die allgemeine Polizei in Ordnungspolizei, Kriminalpolizeit, Gendarmerie, sowie Grenz- und Strompolizei. Die gleiche Gliederung übernahm dann eine Landesverordnung von Rheinland-Pfalz vom 14. Mai 1947 (Verordnungsbl. S. 142) für das ganze Land, eine Verengerung des materiellen Polizeibegriffs fand nicht statt; eine besondere Verwaltungspolizei wurde nicht ausgeschieden. Eine Ordnungspolizei darf grundsätzlich nur in Gemeinden mit mehr als 5000 Einwohnern eingerichtet werden. Es können aber staatliche Ortspolizeibehörden an die Stelle der Gemeindepolizeibehörden treten. Hiervon ist für die Städte mit mehr als 10 000 Einwohnern Gebrauch gemacht worden. Die Aufsichtsbehörden können den Polizeiämtern, und zwar auch den kommunalen, Weisungen erteilen.

Daß das französische Oberkommando auch noch anderen Lösungen der Polizeifrage zuzustimmen bereit war, beweist das Recht Badens. Ein nicht veröffentlichter Runderlaß vom 23. März 1946 (Nr. 807) hat die Ortspolizei in den beiden Stadtkreisen Freiburg und Baden-Baden sowie in drei, später vier kreisangehörigen Städten auf das Land übertragen. Die Verwaltung dieser verstaatlichten Ortspolizei wurde in den beiden Stadtkreisen Polizeidirektionen, in den kreisangehörigen Städten, alter badischer Tadition entsprechend, den Landratsämtern übertragen; ausgenommen von dieser verstaatlichten Ortspolizei wurde in den beiden Stadtkreisen die Bau- und Feuerpolizei, die den Stadtverwaltungen als Auftragsangelegenheiten verblieben, in den anderen Städten mit verstaatlichter Polizei die Feld- und Gemarkungspolizei. Die staatlichen Ortspolizeiverwaltungen umfassen in Baden nach wie vor die Verwaltungs- und Sicherheitspolizei im hergebrachten Sinne; irgendeine organisatorische Trennung ist nicht vorgesehen. Die Polizeidirektionen sind staatliche Verwaltungsbehörden.

In den größeren Gemeinden mit nicht verstaatlichter Polizei wird die Sicherheitspolizei durch eine kommunale Schutzpolizei ausgeübt, die allerdings stark eingeschränkt werden soll[6]), in den kleineren Gemeinden durch die Gendarmerie. Die Schutzpolizei, sowohl der Gemeinden wie der staatlichen Ortspolizeiverwaltungen, ist seit einem Runderlaß vom 28. Februar 1950 in 5 Schutzpolizeidistrikten zusammengefaßt. Die Distriktsführer haben die allgemeine Dienstaufsicht über die ihnen unterstellten Einheiten. Doch sind die Landräte und die Polizeidirektoren die gesamtverantwortlichen Leiter der Polizei innerhalb ihres Verwaltungsbezirkes. Sie sind die Dienstvorgesetzten aller Polizeibeamten ihres Bezirkes, die Landräte also sowohl der Schutzpolizei als auch der Gendarmerie und der Kriminalpolizei. Nur die drei Gendarmeriedistriktsführer unterstehen unmittelbar dem Innenminister.

IV.

Das heutige Polizeirecht ist zum größten Teil Landesrecht; auf die Rechtssätze des Bundes (Art. 87 Abs. 1 und 91 des Grundgesetzes) hat der Herr Vorredner hingewiesen.

Die Ermächtigungen zum Eingreifen der Polizei[7]) sind in den alten allgemeinen Polizeigesetzen der früheren Länder enthalten; es handelt sich bekanntlich teils um General-, teils um

[6]) Maßgebend ist eine Note der Direction de la Sûreté, derzufolge eine Gemeindeschutzpolizei zunächst nur für 35 Gemeinden genehmigt wurde.

[7]) Dazu jetzt: Der polizeiliche Eingriff in Freiheiten und Rechte, bearb. von Horst Blomeyer-Bartenstein, Günter Olzog u. a. unter der Leitung von Erich Kaufmann (Wissenschaftliche Schriften des Instituts zur Förderung öffentlicher Angelegenheiten in Frankfurt a. M.), Frankfurt a. M. 1951.

Spezialermächtigungen. So gilt beispielsweise nach wie vor die Generalermächtigung des § 30 des Bad. Pol. St.G.B. als Grundlage für polizeiliche Maßnahmen, im ehemaligen Land Hessen-Darmstadt Art. 129 b der Städteordnung und Art. 64 der Kreis- und Provinzialordnung, in den ehemals preußischen Gebieten der heutigen Länder Hessen, Rheinland-Pfalz und Württemberg-Hohenzollern der § 14 des Preuß. Pol. Verwaltungsgesetzes von 1931. In Württemberg hat man seit langem bezüglich der Rechtsgrundlage polizeilichen Einschreitens zu vorkonstitutionellen Ermächtigungen Zuflucht genommen. Dazuhin gelten überall die Ermächtigungen zahlloser Reichs- und Landesgesetze des besonderen Polizeirechtes weiter.

Nicht zu vergessen ist die Schranke, die das Grundgesetz in Art. 104 Abs. 2 der Polizei gesetzt hat; die Polizei darf aus eigener Machtvollkommenheit niemanden länger als bis zum Ende des Tages nach dem Ergreifen im eigenen Gewahrsam halten.

Kurz erwähnt sei, daß die Bestimmungen der alten Polizeiverwaltungsgesetze über den Aufbau und die Bezeichnung der Polizeibehörden, vor allem aber auch im Geltungsbereich der Verwaltungsgerichtsgesetze der amerikanischen, britischen und französischen Zone die Vorschriften über die Rechtsmittel außer Wirkung gesetzt sind.

Auch für das Polizei*verordnungsrecht* gelten, abgesehen vom Übergang auf andere Stellen, die alten Ermächtigungen; im preußischen Rechtskreis, der noch Teile der heutigen Länder Hessen, Rheinland-Pfalz und Württemberg-Hohenzollern umfaßt, die Generalermächtigung, in den Gebieten der alten Länder Bayern, Württemberg und Baden Sonderermächtigungen, vor allem in den Polizeistrafgesetzbüchern. Das Württ.-Bad. Gesetz Nr. 23 über die Neuordnung des Polizeiverordnungsrechts vom 7. Februar 1946 verweist ausdrücklich auf die Artikel 50 a—52 des Württembergischen und die §§ 22—23 des Bad. Polizeistrafgesetzbuches als Rechtsgrundlage.

Unanwendbar geworden ist die Verordnung des Reichsministers des Innern über die Polizeiverordnungen der Reichsminister vom 14. November 1938 (RGBl. I S. 1582). Sie enthielt eine echte Generalermächtigung, deren Inhalt und Schranke sich aus dem materiellen Polizeibegriff ergab, und stützte sich auf das Gesetz über den Neuaufbau des Reichs vom 30. Januar 1934, war also nur im Einheitsstaat denkbar. Die Verordnung ist keine Rechtsvorschrift, die als Landesrecht fortgilt (Art. 129, Abs. 2 GG); ihre Ermächtigung ist deshalb nicht auf die Landesminister übergegangen; für die Landesregierungen und Landesbehörden gelten vielmehr die alten General- und Spezialermächtigungen weiter. Die Bundesminister aber können aus der Verordnung vom 14. November 1938 keine Befugnisse ableiten, weil eine allgemeine Zuständigkeit des Bundes zur Aufrechterhaltung der öffentlichen Ordnung und Sicherheit nicht gegeben ist, die der konkurrierenden Gesetzgebung des Bundes unterliegenden Gebiete des materiellen Polizeirechtes (Art. 74 Ziff. 3, 4, 19, 20, 22; Art. 75 Ziff. 2, 3, 5 GG) aber nur auf Grund von Spezialermächtigungen der Gesetze im Verordnungswege geregelt werden können (Art. 80 GG).

V.

Die Frage, ob die Polizei Staatsaufgabe oder Selbstverwaltungsangelegenheit ist, wurde im neuen Polizeirecht der amerikanischen und französischen Zone erneut von aktueller Bedeutung; vor allem in Bayern und Württemberg-Hohenzollern, wo in den Verfassungen der Versuch einer Umschreibung des eigenen Wirkungskreises der Gemeinden unternommen worden ist.

Nach Art. 83 Abs. 1 der Bayerischen Verfassung fällt in den eigenen Wirkungskreis der Gemeinden insbesondere auch die „örtliche Polizei". Der mehrfach geäußerten Meinung, daß hier in dem Wort „Polizei" noch der alte umfassende Begriff steckt, wird beizupflichten sein. Die Sicherheitspolizei hat in den Gemeinden mit mehr als 5000 Einwohnern nach den Richtlinien der amerikanischen Militärregierung ihre Tätigkeit als gesonderte Einheit innerhalb der Gemeindeverwaltung auszuüben; sie ist nur Gemeinderat und Bürgermeister verantwortlich und darf nicht der Befehlsgewalt einer anderen Amtsstelle unterliegen. Damit sind für die Gemeindepolizei in den Ländern der amerikanischen Zone die Merkmale des eigenen Wirkungskreises der Gemeinden gegeben. So ist jedenfalls die Auffassung in Bremen, auf dessen Polizeigesetz noch einzugehen sein wird. In Bayern wacht nach Artikel 83 Abs. 4 der Verfassung der Staat in Angelegenheiten des eigenen Wirkungskreises der Gemeinden über die Erfüllung der gesetzlichen Pflichten und Vorschriften. Die Gemeindepolizei erscheint daher auch im Hinblick auf diese Verfassungsbestimmung in Bayern als eine Angelegenheit des eigenen Wirkungskreises der Gemeinden. Die Tätigkeit der staatlichen Landpolizei in den kleinen Gemeinden widerspricht dem Artikel 83 Abs. 1 der Bayerischen Verfassung deshalb nicht, weil die Gemeinden nach Artikel 11 Abs. 2 der Verfassung nur das Recht haben, ihre Angelegenheiten im Rahmen der Gesetze selber zu verwalten. Bezüglich der Verwaltungspolizei dürfte Artikel 83 Abs. 1 gerade im Hinblick auf Artikel 11 Abs. 2 der Verfassung zur Zeit keine praktische Anwendbarkeit haben; die Verwaltungspolizei ist nach den Gesetzen Auftragsangelegenheit.

Nach Art. 85 Abs. 1 der Verfassung von Württemberg-Hohenzollern fallen in den eigenen Wirkungskreis der Gemeinden alle öffentlichen Aufgaben, die nicht nach gesetzlicher Vorschrift anderen Stellen ausdrücklich zugewiesen sind oder auf Grund gesetzlicher Vorschrift von anderen Stellen übernommen werden. Zu diesen Aufgaben gehört, genau wie in Bayern, u. a. auch die örtliche Polizei. Eine gesetzliche Vorschrift, die eine Angelegenheit des eigenen Wirkungskreises der Gemeinden einer anderen Stelle zuweist, ist u. a. auch § 1 der Rechtsordnung vom 18. Januar 1946 (Amtsbl. S. 2), der bestimmt: „Die gesamte Polizei wird verstaatlicht." Ob der Verfassungsgeber mit den Worten „örtliche Polizei" schon den verengerten Polizeibegriff im Auge hatte, ist daher unwesentlich. Dagegen kann sich § 57 der Württ.-Hohenz. Gemeindeordnung vom 14. März 1947, demzufolge die Ortspolizei vom Bürgermeister nach den gesetzlichen Vorschriften verwaltet wird, nur auf die Verwaltungspolizei beziehen, denn die Sicherheitspolizei ist ja ausnahmslos verstaatlicht. Die Übertragung der verwaltungspolizeilichen Aufgaben der aufgelösten staatlichen Polizeiämter war am 25. September 1946 an die Bürgermeisterämter, nicht an die Gemeinden erfolgt; es liegt also eine Organleihe vor, die den Bestimmungen der Gemeindeordnung entspricht.

Ähnlich ist auszulegen die Bestimmung des § 46 der GO von Rheinland-Pfalz vom 27. September 1948, die zeitlich nach der Landesverordnung über die Verstaatlichung und den Aufbau der Polizei vom 14. Mai 1947 (Verordn.Bl. S. 142) ergangen ist. Nach der GO hat der Bürgermeister, soweit nicht ein besonderer Beamter bestellt ist, die ordentlichen Geschäfte der allgemeinen Staatsverwaltung, insbesondere die Ortspolizei zu handhaben. Die Polizei ist aber nach § 1 der erwähnten Landesordnung Angelegenheit des Staates. Die Vorschrift der GO kann sich daher nur auf die Verwaltungspolizei als Auftragsangelegenheit und auf die Sicherheitspolizei in den Gemeinden über 5000 Einwohner beziehen, die nach § 9 der Landesverordnung eine eigene Ordnungspolizei als Auftragsangelegenheit eingerichtet haben. Die Gemeindeordnung ergänzt also die Landesordnung, indem sie ein einzelnes Gemeindeorgan, nicht die Gemeinde selber, zum Träger der Auftragsverwaltung auf polizeilichem Gebiete macht.

Unkomplizierter ist § 2 Abs. 5 der Badischen Gemeindeordnung vom 23. September 1948, der es bezüglich der Polizeiverwaltung der Gemeinden bis zu einer anderweitigen Regelung bei den bisherigen Vorschriften beläßt.

Das Bremische Gesetz über die Rechtsverhältnisse der Polizei vom 2. August 1947 (Ges.Bl. S. 128) macht in seinem § 1 die Polizei zur Selbstverwaltungsangelegenheit der Stadtgemeinden Bremen und Bremerhaven. Die beiden Stadtgemeinden üben in ihrem Gebiet die Aufgaben der Polizei aus, sie unterhalten die erforderlichen Polizeikräfte und erlassen die polizeilichen Gesetze und Verordnungen nach Maßgabe der Gemeindeverfassungen. Daß die Sicherheitspolizei im engeren Sinne gemeint ist, kann bei der Zugehörigkeit der Hansestadt Bremen zur amerikanischen Zone nicht zweifelhaft sein; Titel 9 der Regulations war anzuwenden[8]). Die Polizei in den beiden Städten ist den Richtlinien der Militärregierung entsprechend errichtet und wurde daher angesichts ihrer Unabhängigkeit von staatlichen Stellen zur Selbstverwaltungsangelegenheit erklärt.

Verstaatlichung und Kommunalisierung der Polizei überkreuzten sich in der jüngsten Vergangenheit in merkwürdigster Weise. Während in der Zeit vor 1933 in Süddeutschland die Polizei, mochte man sie zum eigenen oder übertragenen Aufgabenkreis der Gemeinden rechnen, nur in den größeren Städten — man ging bis zu einer Einwohnerzahl von 10 000 herunter — durch staatliche Behörden verwaltet wurde, haben in der amerikanischen Zone jetzt gerade die größeren Gemeinwesen Recht und Pflicht zur Errichtung einer Gemeindepolizei, während die kleinen Gemeinden — hierin folgt die neue Entwicklung dem nationalsozialistischen Polizeirecht — von staatlichen Polizeistellen betreut werden. In der französischen Zone folgt Baden ganz und Rheinland-Pfalz teilweise dem alten Recht, in dem in den ganz kleinen und in größeren Gemeinden Staatspolizei besteht.

Wo, wie in Württemberg-Hohenzollern, die Sicherheitspolizei ausnahmslos verstaatlicht ist, und wo die Landespolizei den Gemeinden eine Amtshilfe nur innerhalb des Rahmens ihrer verringerten Zuständigkeit leisten darf, sind Lücken in der Aufgabenerledigung entstanden, die den Ruf nach kommunaler Orstpolizei begreiflich erscheinen lassen. Man muß sich allerdings bei der Kritik vor Augen halten, daß auch nach altem Recht in Orten mit verstaatlichter Polizei die Amtshilfepflicht der Polizei gegenüber der Gemeindeverwaltung keine unbegrenzte war, sondern daß sie Botengänge und andere untergeordnete Verrichtungen ausschloß. Aber das spannungsreiche, dem Finanzausgleich zwischen Land und Gemeinden angehörige Thema der P o l i z e i k o s t e n wird durch die Entblößung der Gemeinden von Vollzugspolizeibeamten doch beschwert, weil solche Gemeinden zu Mehrausgaben für Amtsboten, größere Gemeinden auch zur zusätzlichen Anstellung besonderer Voll-

[8]) Nach Pioch a.a.O. S. 140 werden in einer „Verwaltungsabteilung" des Polizeichefs von Bremen zahlreiche Angelegenheiten der Verwaltungspolizei (so Gesundheits-, Lebensmittel- und Veterinärwesen) mitbehandelt; daneben gibt es aber „Ordnungsangelegenheiten", die auf Verwaltungsbehörden übergingen; es liegt also keineswegs der ganze Kreis der materiellen Polizeiangelegenheiten beim Polizeichef.

zugsbeamter für die einzelnen Zweige der Verwaltungspolizei genötigt sind. Württemberg-Baden hat aus diesen Gründen die Kosten der Landespolizei in den kleinen Gemeinden im Finanzausgleichsgesetz ganz auf die Staatskasse übernommen; im übrigen erhalten in der amerikanischen Zone die Gemeinden mit Gemeindepolizei einen Polizeikostenzuschuß für ihre Polizeibeamten. Nach dem hessischen Gesetz zur Regelung der Polizeikosten vom 9. Juli 1949 (Ges. und Verordng.Bl. S. 87) bewegt sich dieser staatliche Zuschuß zwischen 2650 und 3000 DM für die besetzte Polizeivollzugsbeamtenstelle.

Die Aufgabe, die verfassungsmäßige Ordnung im Lande aufrecht zu halten, ist eine Funktion des S t a a t e s. Das schließt nicht aus, daß die Gemeinde in einzelnen Bezirken ihres Wirkungskreises eigenständig die Aufgaben der nachbarlichen Friedenswahrung wahrnimmt. Ich erinnere an die Feld- und Gemarkungspolizei, auch Marktpolizei. Solche Aufgaben können ruhig zum eigenen Wirkungskreis der Gemeinden erklärt werden, und den Gemeinden muß es gestattet sein, unabhängig von der staatlichen Polizei für solche Zwecke uniformierte Vollzugsbeamte anzustellen.

Die Sicherheitspolizei im engeren Sinne muß aber in den Händen des Staates liegen; die Gemeinden haben, abgesehen von den Großstädten, nicht die Kraft, den technischen Apparat, der heute zur Aufrechterhaltung der Ordnung und Sicherheit und zur Gefahrenabwendung erforderlich ist, zu beschaffen und auf der nötigen Höhe zu halten; dazuhin treten die unerfreulichen Abhängigkeiten der Sicherheitspolizisten von politischen Mehrheiten in den Gemeindevertretungen. Wohl ist eine staatliche Sicherheitspolizei ein bedauerlicher Einbruch in die Einheit der örtlichen Verwaltung, zu der sich die neuen Gemeindeordnungen wieder durchweg bekennen; kommunalpolitisch betrachtet ist aber die Übertragung der Verwaltungspolizei an die Gemeinden wieder ein Gewinn, der gerade in der Richtung der Herstellung einer Einheit der örtlichen Verwaltung liegt.

Auf alle Fälle ist es eine auf die Dauer nicht erträgliche Systemlosigkeit, wenn in der amerikanischen Zone die Aufrechterhaltung der öffentlichen Ordnung und Sicherheit als Staatsaufgabe in den kleinen Gemeinden durch staatliche Organe und in den Gemeinden von 5000 Einwohnern an durch Gemeindebeamte wahrgenommen wird. Das klare System der rein staatlichen Sicherheitspolizei in Württemberg-Hohenzollern, auch die in Rheinland-Pfalz gegebene Möglichkeit, in Gemeinden mit mehr als 10000 Einwohnern eine staatliche Sicherheitspolizei einzurichten, verdient den Vorzug. Die unglückliche Regelung der amerikanischen Zone ist aus Gründen der Dezentralisation, also aus politischen Gründen, erfolgt; man ging, wie ich eingangs bemerkte, viel zu sehr vom Zustande der ersten Notzeit nach dem Zusammenbruch des 3. Reiches aus; man wollte einem neuen Polizei- oder SS-Staat vorbeugen. Seit in unseren Tagen von einer einheitlichen Bereitschaftspolizei, die in irgendeiner Form dem Bunde unterstehen soll, geredet wird, sollten die Forderungen einer Dezentralisierung der örtlichen Sicherheitspolizei als überholt angesehen werden. In der Überwindung der aus dem Mißtrauen geborenen Dezentralisation stehen wir bereits mitten drin.

VI.

Der alte verwaltungsrechtliche Begriff der Polizei ist mit der Verwirklichung der Richtlinien der amerikanischen Militärregierung nicht zerstört worden. Das polizeirechtliche Naturschutzgebiet Baden mit seinen staatlichen Polizeidirektionen im alten Sinne zeigt, daß der Weltfriede nicht gefährdet wird, wenn die Aufgaben der Ordnungs- und Sicherheitspolizei in einer Behörde vereinigt sind. Der alte materielle Polizeibegriff muß auch in der amerikanischen und französischen Zone aufrechterhalten werden, weil zahlreiche noch anwendbare Gesetze und Verordnungen nur diesen Begriff kennen. Im übrigen erhebt sich die alte Frage, was der Polizeibegriff für die Verwaltungsrechtswissenschaft überhaupt zu leisten vermag; es ist mit Otto Mayer daran festzuhalten, daß die Polizei eine besondere Art der inneren Verwaltung darstellt. Wer aus Abneigung gegen Generalklauseln die heutige Trennung als eine Verwirklichung der Forderungen des Rechtsstaates empfindet, täuscht sich. Vorhandene Generalklauseln für polizeiliches Einschreiten decken nötigenfalls auch Maßnahmen der Verwaltungspolizei, wenngleich die Verwaltungspolizei in ungleich höherem Maße als die Sicherheitspolizei mit Einzelermächtigungen arbeiten kann.

Die Polizeifrage der amerikanischen Richtlinien ist nicht nur ein Wortstreit. Sie ist es allerdings auch[9]). Wenn Titel 9—235 der Richtlinien im englischen Text als Überschrift das deutsche Wort „Verwaltungspolizei" verwendet, hätten keine Bedenken dagegen bestehen dürfen, im amtlichen deutschen Sprachgebrauch dieses Wort als Aufgaben- und Behördenbezeichnung zuzulassen. Das verkrampfte Suchen nach Bezeichnungen, die das Wort Polizei vermeiden, führte zu den unglücklichen Wortbildungen wie „Ordnungsrecht" und „Amt für öffentliche Ordnung". Nach dem Kennzeichen der „Ordnung"

---

[9]) Dazu: Fritz Gut, Polizei oder Recht der öffentlichen Ordnung und Sicherheit, Die Öffentliche Verwaltung, 1949, S. 463 ff.

läßt sich Sicherheitspolizei und Verwaltungspolizei nicht voneinander scheiden.

Die Durchführung der amerikanischen Richtlinien hat Änderungen im Behördenaufbau mit sich gebracht; sie hat getrennt, was früher als notwendigerweise zusammengehörend betrachtet wurde. Aber man darf nicht vergessen, daß auch in der früheren Polizeiorganisation niemals alle polizeilichen Funktionen in einer staatlichen oder kommunalen Polizeibehörde vereinigt gewesen sind. Auch in Städten mit verstaatlichter Polizei mußte eine Zuständigkeitsabgrenzung zwischen Polizeiverwalter und Oberbürgermeister stattfinden. Die ganze Entwicklung ging eher auf die Rückübertragung von Polizeiaufgaben auf die Gemeinden als auf Vermehrung der Zuständigkeit der staatlichen Polizeiämter.

Im übrigen gebe ich dem Herrn Vorredner völlig recht, wenn er meint, daß einzelne Zweige der Verwaltungspolizei, namentlich soweit sie gesetzlich abschließend geregelt sind, endgültig entpolizeilicht und der allgemeinen Verwaltung zugeschlagen werden sollten. Ich erinnere hauptsächlich an die Baupolizei, bei der die Aufrechterhaltung der öffentlichen Sicherheit und die Gefahrenabwendung gegenüber den Gesichtspunkten der Stadtplanung und der Entwicklung eines Städtebildes, also gegenüber ästhetischen Werten, ziemlich in den Hintergrund getreten sind. Auch Wasser-, Jagd- und Fischereipolizei geben hierfür geeignete Beispiele.

Die Übertragung des Polizeiverordnungsrechtes auf die Vertretungsorgane der Gemeinden und der Kreise wird eine dauernde Einrichtung bleiben müssen.

Die polizeirechtliche Entwicklung der zurückliegenden fünf Jahre hat in der amerikanischen und französischen Zone manche Verschlechterung gebracht, sie hat aber nichts zerschlagen, was nicht auf einfache Weise wieder zusammengebracht werden könnte, um eine Polizei mit allen Durchsetzungsmöglichkeiten zu schaffen. Was not tut, ist die Ausstattung der Polizei mit einem technisch vollkommenen Apparat und die Beseitigung einer die Gefahrenabwendung im großen unmöglich machenden Dezentralisation. Den Forderungen des Rechsstaates ist mit der Möglichkeit der Anfechtungsklage gegen Polizei- und Ordnungsverwaltungsakte Rechnung getragen. Wo eine Generalklausel für polizeiliches Einschreiten gegeben ist, steht ihr die Generalklausel der Verwaltungsgerichtsgesetze (gegebenenfalls ergänzt durch Art. 19, Abs. 4 des Grundgesetzes) gegenüber. Die deutsche Polizeifrage der Gegenwart ist in erster Linie eine Organisationsfrage; sie kann zur Schicksalsfrage für die Bundesrepublik werden.

Leitsätze des Mitberichterstatters über die Gestaltung des Polizei- und Ordnungsrechts in den Ländern der amerikanischen und französischen Besatzungszone

1. In den sämtlichen Gebieten der heutigen Länder der amerikanischen und französischen Besatzungszone war vor 1933 der materielle Polizeibegriff des § 10 II 17 des Preuß. Allg. Landrechts anerkannt. Die Neuordnung des formellen Polizeirechts erfolgte unter den obersten Gesichtspunkten der Denazifizierung, Demilitarisierung und Dezentralisierung.

2. Die amerikanische Militärregierung hat tiefgreifende Änderungen im Recht und in der Organisation der Polizei angeordnet.

a) Sie hat vor allem der Polizei jede gesetzgeberische und richterliche Tätigkeit untersagt. Infolgedessen ist das Recht, Polizeiverordnungen zu erlassen, auf die Gemeinderäte und Kreistage übergegangen; das Strafverfügungsrecht wurde auf die Amtsgerichte übergeleitet.

b) Innerhalb der inneren Verwaltung sind nur die Funktionen der unmittelbaren Ordnungs- und Sicherheitsbewahrung und des kriminellen Ermittlungsverfahrens unter der Bezeichnung „Polizei" zusammengefaßt geblieben. In der Absicht einer voll wirksamen Dezentralisation sind in Gemeinden mit mindestens 5000 Einwohnern als besondere Verwaltungseinheiten Polizeiabteilungen gebildet worden, die unter der Leitung eines Chefs in Tätigkeit treten, aber den Gemeindeorganen verantwortlich sind und somit nicht außerhalb der Gemeindeverwaltung stehen. In den kleineren Gemeinden übt die Polizeigewalt eine Landespolizei aus, die unter der Verantwortung der obersten Landesbehörde einheitlich organisiert ist und sich in ihrer Gliederung der Einteilung der Länder in Bezirke und Kreise anpaßt.

c) Alle über die unmittelbare Ordnungs- und Sicherheitsbewahrung hinausgehenden, im alten deutschen Polizeibegriff liegenden Aufgaben, also vor allem die fördernden und vorbeugenden Funktionen der sog. Verwaltungspolizei dürfen nicht mehr mit dem Wort „Polizei" bezeichnet werden. Sie werden von den seitherigen kommunalen und staatlichen Behörden, sog. Ordnungsbehörden (kommunale Ämter für öffentliche Ordnung) wahrgenommen.

3. Das Oberkommando der französischen Besatzungsmacht hat auf die Aufstellung einheitlicher Grundsätze für das neue Polizeirecht verzichtet.

a) In der organischen Trennung von Verwaltungs- und Sicherheitspolizei im engeren Sinne kommt das Land Württemberg-Hohenzollern den Verhältnissen in der amerikanischen Zone nahe. Die Sicherheitspolizei, die allein den Namen „Polizei" führen darf, ist aber durchweg staatlich. Die Verwaltungspolizei ist bei den Gemeindebehörden und Landratsämtern geblieben.

b) Ganz der Organisation der Zeit vor 1933 angenähert ist der Aufbau der Polizei in Rheinland-Pfalz. Dabei ist in diesem Lande die Möglichkeit gegeben, die Polizei in Gemeinden mit mehr als 10 000 Einwohnern zu verstaatlichen. Sicherheitspolizei und Verwaltungspolizei sind vereinigt.

c) In Baden hat eine organische Trennung der Polizeifunktionen nach anglo-amerikanischem Vorbild nicht stattgefunden So sind namentlich die staatlichen Polizeidirektionen nach wie vor Behörden der inneren Staatsverwaltung, die ungetrennt die Verwaltungs- und Sicherheitspolizei ausüben.

4. Grundlage für Maßnahmen der Polizei- und Ordnungsbehörden ist das alte Recht, also entweder General- oder Spezialermächtigungen, wie sie § 30 Bad.Pol.St.G.B. und § 14 des Preuß. Pol.-Verwaltungsgesetzes, das in den früheren preußischen Gebietsteilen der neuen Länder noch gilt, enthalten sind, oder vorkonstitutionelle Befugnisse wie in Württemberg.

5. Das Verhältnis von Polizei und kommunaler Selbstverwaltung hat mannigfache Wandlungen erfahren. Zufolge der Richtlinien der amerikanischen Militärregierung, die die Gemeindepolizei nur den Organen der Gemeinde verantwortlich sein läßt, ist die Polizei in Gemeinden von mehr als 5000 Einwohnern zur Selbstverwaltungsaufgabe geworden. In den Ländern der französischen Zone, die auch eine Gemeindepolizei zulassen (Rheinland-Pfalz und Baden), gehört die Ausübung dieser Polizeigewalt zum übertragenen Wirkungskreis. Eine ausnahmslose Verstaatlichung ist in Württemberg-Hohenzollern, eine reine Kommunalisierung ist in Bremen durchgeführt.

6. Die eingeschränkte Anwendungsmöglichkeit des Wortes „Polizei" und die Verselbständigung der Sicherheitspolizei im engeren Sinne hat den deutschen Begriff der Polizei nicht zerstört. Er wird weiterhin noch benötigt, weil alle früheren Gesetze ihn noch voraussetzen, und weil auch die Ordnungsbehörden ihre Ermächtigung noch zum Teil aus den Generalklauseln zu entnehmen haben. Ein Aufgehen von Teilen der sog. Verwaltungspolizei, bei denen der Sicherheitsgedanke hinter anderen Zielen zurücktritt, in der allgemeinen inneren Verwaltung ist zu befürworten.

7. Die unter dem Gesichtspunkt der Dezentralisation erfolgte Einrichtung kleinster Polizeieinheiten in den Gemeinden der amerikanischen Zone ist als Mißgriff zu bezeichnen. Die Regelungen in Württemberg-Hohenzollern und Rheinland-Pfalz verdienen den Vorzug. Wenn schon die Sicherheitspolizei im engeren Sinne verselbständigt wird, muß offenbar werden, daß sie Staatsaufgabe ist.

Die Gestaltung des Polizei- und Ordnungsrechts in den einzelnen Besatzungszonen

(3. Aussprache)

Mirbt-Halle[1]): Es soll versucht werden, das über die Entwicklung des Polizeirechts in der Bundesrepublik Dargelegte durch einige Bemerkungen über die Verhältnisse in der DDR zu ergänzen. Deren Eigenart gestattet freilich nicht, in der exakten Weise der heute früh gehörten Referate eine positivrechtliche Analyse zu geben. Dafür müssen andere Seiten des Polizeiproblems, die bei der betonten, ja überbetonten Rechtsstaatlichkeit des Westens dort keinen Anlaß zu kritischen und besorgten Fragen geben, erörtert werden, um so das Besondere der sowjetzonalen Entwicklung aufzeigen zu können. Sich über die polizeiliche Ordnung innerhalb der bisherigen Sowjetzone zu unterrichten, ist nicht ganz leicht. Es gibt zwar einige wenige Gesetze, es gibt Verordnungen, die man nicht kennt, denn sie sind nicht veröffentlicht; es gibt die „Neue Justiz", die sich nicht nur mit Rechtsfragen beschäftigt, aber nichts über Polizeirecht bringt; wir haben die Zeitschrift „Demokratischer Aufbau", die sehr viel über Verwaltung und Verwaltungsrecht bringt, sich über die Polizei aber ausschweigt; die dritte in Betracht kommende Zeitschrift ist „Der Volkspolizist", im wesentlichen bestimmt zur politischen und spezialfachlichen Schulung der jungen Volkspolizisten; sie ist nicht ohne weiteres zugänglich. In allen diesen Blättern können wir über die Dinge, die uns als Juristen interessieren, eigentlich nichts lesen, höchstens manchmal zwischen den Zeilen. Schließlich haben wir auch nur sehr wenige für das Polizeirecht ergiebige Urteile, da die Verwaltungsgerichte eine sehr beschränkte Zuständigkeit haben. Es ist also nur in einer unbestimmten Weise möglich, die Verhältnisse in der Zone zu schildern.

Zunächst ist darauf hinzuweisen, daß ähnlich wie aus den Referaten, besonders von dem des Herrn Wolff, zu sehen war, auch im Gebiet der DDR der Polizeibegriff verändert ist. Jahrzehntelang stellte die Einbeziehung z. B. des Verkehrswesens,

[1]) Bei der Durchsicht des Stenogramms waren die für den Diskussionsbeitrag benutzten Aufzeichnungen mir nicht mehr zugänglich, da ich Halle im November 1950 sehr eilig verlassen mußte. Mirbt.

des Gewerbe-, Bau-, Gesundheitswesens in den Kreis der polizeilich überwachten Betätigung und die Herausarbeitung von Gefährdungstatbeständen den Weg dar, auf dem ein Tätigwerden der öffentlichen Gewalt überhaupt erst ermöglicht wurde. Die allgemeine Richtung einer zunehmenden Beschränkung der individuellen Handlungsfreiheit war erkennbar. Es wurde uns nun heute morgen sehr lebendig verdeutlicht, daß die stets an Gefährdungen anknüpfende polizeiliche Denkweise nicht mehr ausreicht, um den Ordnungsbedürfnissen zu genügen, welche sich aus den veränderten sozialen, wirtschaftlichen, technischen Lebensverhältnissen ergeben. Diese vielfältigen Ordnungsaufgaben sind von dem Begriff der öffentlichen Sicherheit her schon längst nicht mehr erfaßbar; sie haben sich verselbständigt, werden vielfach von eigenen Behörden wahrgenommen, so daß nunmehr wissenschaftlich und gesetzgeberisch die Rückkehr zu dem älteren Polizeibegriff erkennbar ist. Diese positiv gestaltende und nicht mehr einzelne Gefahren abwehrende Verwaltung hat mit der Polizei höchstens noch deren Durchsetzungsmittel gemein. Diese Veränderung, die ja schon 1914 beginnt — die letzte meines Wissens 1928 erschienene Neubearbeitung von Fleiners Verwaltungslehrbuch zeigt die Schwierigkeiten, welche dem systematischen Einbau dieser Wandlungen in das bisherige System entgegenstehen —, hat in der sowjetzonalen Entwicklung einen entschiedeneren Charakter. Das Anderssein wird grundsätzlich scharf betont. Die Grundsätze, welche von 1945 an den Aufbau der rekonstruierten Verwaltungskompetenz oder noch deutlicher gesagt, das Verhältnis der Verwaltung und des Staates zum Bürger bestimmt haben, gehen bewußt und eindeutig dahin, die liberalen Reste in der Bestimmung der Aufgabe der Obrigkeit zu beseitigen. Viele der Maßnahmen, mit denen so gewaltsam und gewaltig in die bisherige Wirtschafts- und Sozialordnung eingegriffen wurde, hätten durch Erweiterung der Polizeigewalt getroffen werden können, aber man hat diesen Weg nicht beschritten, hat den Umfang dessen, was die Polizei zu tun hat, vielmehr verengert. Auch die Polizei ist im wesentlichen auf Sicherheitspolizei, auf Gefahrenabwehr beschränkt. Man kann hinsichtlich des gegenwärtigen Verhältnisses von Polizei und Ordnungsverwaltung sagen, daß die Regelung, welche 1938 in einer Preußischen Verordnung über die Zuständigkeit der staatlichen Polizeiverwaltung vorgenommen worden ist, von größtem Einfluß auf die Kompetenzabgrenzung der beiden Verwaltungsgebiete gewesen ist. Eine eigentliche Regelung dieser neuartigen Abgrenzung gibt es nicht. Wir haben kein Gesetz, keine Verordnungen, sondern es sind das im Fluß befindliche Abgrenzungen zwischen den in

Betracht kommenden Ministerien. Der Polizeiverwaltung sind aus diesem genannten Katalog bestimmte Gebiete vorbehalten, wie die echte Sicherheitspolizei, die Preisüberwachung, das ambulante Gewerbe, die Verkehrspolizei. Hier ist die Polizei als Polizeibehörde unmittelbar und allein tätig. Verwaltungspolizeiliche Angelegenheiten wie Bauwesen, Gesundheitswesen, Obdachangelegenheiten, Wohnungswesen, vor allem gewerbliche Angelegenheiten werden jetzt außerhalb des Bereiches der Polizei verwaltet. Die Polizei ist mit ihren Angelegenheiten völlig selbständig, hat ihren eigenen Instanzenzug und hat mit derjenigen Einrichtung, welche grundsätzlich nach dem Gesetz die Hauptstelle für die öffentliche Verwaltung sein soll, tatsächlich nichts zu tun. Diese Gestaltung ist rechtlich kaum erfaßbar. Denn nach den demokratischen Gemeinde- und Kreisordnungen (§ 4) übernehmen die Gemeinden bzw. Kreise als Selbstverwaltungsangelegenheiten auf wirtschaftlichem, sozialem und kulturellem Gebiet alle Aufgaben, die das Wohl der betreffenden Gemeinschaft zum Ziel haben. Nach dem gleichen § 4 aber gehören zu den Selbstverwaltungsangelegenheiten auch die Aufrechterhaltung der öffentlichen Sicherheit und Ordnung im Verbandsgebiet, dies freilich im Rahmen der Weisungen der zuständigen übergeordneten Organe; danach erläßt die Gemeinde Ortspolizeivorschriften nach dem geltenden Bestimmungen und führt der Bürgermeister die Geschäfte der Ortspolizei. § 4 ist, wie ohne weiteres erkennbar, in sich widerspruchsvoll. Er enthält einander nicht entsprechende Grundsätze. Zwar sind die Angelegenheiten der Ortspolizei als Selbstverwaltungsangelegenheiten bezeichnet, aber sie werden zugleich den Überwachungs- und Weisungsrechten der Landesregierung unterstellt. Diese an sich schon wegen ihrer inneren Gegensätzlichkeit bedenkliche gesetzliche Regelung, ist aber, wie auch in Werner Webers Schrift über den Verwaltungsaufbau schon angedeutet ist, in der tatsächlichen Entwicklung nicht beachtet worden. Die kommunale Polizeiverwaltung, deren Träger der Bürgermeister bzw. der Landrat war, ist beseitigt, und zwar nicht durch Gesetz, sondern durch Verwaltungsmaßnahmen, deren Form man nicht kennt. Es gibt keinerlei Kreis- und Gemeindepolizei mehr, sondern es ist entstanden eine von der Selbstverwaltung äußerlich völlig geschiedene Volkspolizei, welche als solche dem Minister des Inneren untersteht. Unter ihm stehen dann in den kreisfreien Städten die Volkspolizeipräsidenten, in den Landkreisen die Kreispolizeiämter, in den Gemeinden erforderlichenfalls Außenstellen. In welchem Umfang es neben dieser ordentlichen Volkspolizei noch Sonderformationen gibt, entzieht sich meiner Kenntnis. Inwieweit unter der Bezeichnung Wasser-, Eisenbahn- und

Grenzpolizei noch etwas existiert, weiß man im Westen besser als innerhalb der DDR. Daneben steht die Staatssicherheitspolizei, von der wir hier nicht sprechen wollen.

Das, was man bisher als Verwaltungspolizei bezeichnete, ist jetzt Sache der einzelnen Ämter innerhalb der kommunalen Organisation. Wenn man ein Blatt wie die „Amtlichen Mitteilungen für Halle" verfolgt, sieht man, wie die beiden Bereiche langsam auseinandergerückt sind. Die Gemeinde erläßt heute noch Polizeisatzungen; das sind dann Polizeiverordnungen im Sinne des jetzt nicht mehr als Polizei bezeichneten Verwaltungsbereiches. Wer auf diesem Gebiete verordnungsberechtigt ist, war zweifelhaft. Es nehmen die Gemeinden und die Kreise für ihre Vertretungskörperschaften dieses Recht für sich in Anspruch. Daneben erlassen die Minister für ihre einzelnen Fachgebiete Polizeiverordnungen, sich dabei manchmal zur Legalisierung auf das preußische Polizeiverwaltungsgesetz berufend. Vereinzelt ist auch das ministerielle Verordnungsrecht ausdrücklich anerkannt, so für Sachsen-Anhalt durch einen Landtagsbeschluß.

Dieses Auseinanderwachsen ohne klare gesetzliche Regelung hat sich besonders stark im Bereich der Rechtsbehelfe ausgewirkt. Soweit es sich um Akte der Volkspolizei handelt, beschränken sie sich auf die Möglichkeit, Beschwerden einzureichen. Bei den jetzt den Kommunalverbänden zufallenden früheren Polizeiangelegenheiten ist die Regelung in den einzelnen Teilen der DDR noch verschieden. Sie ist davon abhängig, wie sich die Verwaltungsgerichtsbarkeit entwickelt hat. Die grundsätzliche Ablehnung der Generalklausel im Gebiet der DDR dürfte bekannt sein. Dasjenige Land, welches an letzter Stelle die Verwaltungsgerichtsbarkeit gesetzlich geregelt hat, ist Sachsen-Anhalt. In dem Gesetz von 1950 ist vorgesehen, daß die Zuständigkeit der Verwaltungsgerichte durch eine Verordnung der Landesregierung näher bestimmt wird, und nach dieser Verordnung kommen in Betracht Wasser- und Deichangelegenheiten, Fischerei, Bauaufsicht, Straßen- und Baufluchtliniengesetz, Jagdaufsicht, Streitigkeiten über § 132 LVG und schließlich Gewerbeangelegenheiten, soweit sie nicht nach dem Gesetz vom 28. Juni 1947 zur Zuständigkeit anderer Behörden gehören. Ein solches Gesetz gibt es aber für Sachsen-Anhalt überhaupt nicht. Ich habe mich mehrfach bei den zuständigen Stellen danach erkundigt und schließlich festgestellt, daß dieses angebliche sächsisch-anhaltinische Gesetz in Wirklichkeit ein solches ist, welches unser Nachbar, der Freistaat Sachsen, erlassen hat und in welchem für diesen ein besonderer Ausschuß für Gewerbeangelegenheiten besteht. Man hat in Sachsen-Anhalt inzwischen bemerkt, daß die Sache nicht in

Ordnung ist. Und so ist diese Verordnung zwar durch den Landtag genehmigt, aber noch nicht verkündet worden. Was zur Folge hat, daß die Verwaltungsgerichtsbarkeit in Sachsen-Anhalt auch weiterhin nicht funktioniert. — Soweit eine verwaltungsgerichtliche Zuständigkeit nicht existiert, gehen die Beschwerden nicht an die Vertretungskörperschaften, sondern an den jeweiligen Fachminister. Was dieser Zustand ungeklärter Kompetenzverhältnisse tatsächlich bedeutet, wird erkennbar, wenn wir die sonstige Struktur der Ostzone ein wenig betrachten. Sie ist wichtiger als Organisations- und Kompetenzfragen, aber juristisch schwer zu erfassen; denn die gesetzlichen Regelungen und das tatsächliche Verwaltungsleben klaffen auseinander.

Sehr umstritten ist zunächst die Frage nach dem Verhältnis von Gemeinde und Staat. Hier bestehen erhebliche Spannungen und Meinungsverschiedenheiten, die sich nicht mit schönen Worten beseitigen lassen. Es führt etwa der gegenwärtige Justizminister Fechner aus, daß im großen ja alle öffentlichen Angelegenheiten Selbstverwaltungsangelegenheiten des Volkes seien und die ganze dualistische Fragestellung überholt sei. Oder Zuckermann schreibt im „Demokratischen Aufbau", daß Gemeindefreiheit den Einfluß des amerikanischen Monopolkapitalismus stärke. Gegenüber solchen Gefahren, die der Selbstverwaltung von oben drohen, treten natürlich im Bereich der gemeindlichen Atmosphäre immer wieder starke anti-zentralistische Kräfte auf, welche Selbständigkeit der gemeindlichen Entschließungen sowohl bei der Vertretungskörperschaft wie auch bei den Stadträten fordern. Man muß sich freilich darüber klar sein, daß die Selbständigkeitsmöglichkeiten nach zwei Richtungen hin von vornherein beengt sind. Einmal sind umfassende Planungen nicht bloß auf wirtschaftlichem Gebiet undurchführbar, wenn die einzelnen öffentlichen Verwaltungsträger die Selbständigkeit des 19. Jahrhunderts behalten. Die andere Beschränkung ist mindestens ebenso wichtig wie die aus der allgemeinen Zielsetzung sich ergebende: Die ganze öffentliche Verwaltung steht unter der unmittelbaren Beeinflussung durch parteidisziplinär gebundene parteipolitische Kräfte. Sie machen sich überall auf das Deutlichste bemerkbar, nicht bloß in Vertretungskörperschaften. Vielmehr stehen neben diesen Einrichtungen wie die Ausschüsse der Nationalen Front, die sich ja nicht auf spezifisch politische Fragen beschränken, sondern in zunehmendem Maße für Verwaltungsaufgaben verwendet werden. Es sind ferner zu nennen die Massenorganisationen VVN, FDJ, FDGB, dann die „spontan" entstandenen Volkskontrollausschüsse, vor allem die straff geleiteten staatlichen Kontrollkommissionen mit umfassenden Befugnissen. Eine nähere Darlegung ist hier nicht möglich, aber es darf darauf hingewiesen werden: staatliche und nichtstaatliche Organisationsformen sind hier so stark und vielfältig miteinander verzahnt worden, daß sehr schwer zu sagen ist, wo die wirkliche Entscheidung fällt. Am einflußreichsten sind diese Organisationen da, wo Ermessensfragen mit all ihren Abstufungen von Bedeutung sind, insbesondere bei der gesamten Personalverwaltung. Angesichts der überall erkennbaren Einschränkung der individuellen Entscheidungsmöglichkeit und der Verantwortungsfreudigkeit der Funktionäre ist die letzlich maßgebliche Stelle sehr oft nicht diejenige, die äußerlich ihren Namen hergibt. Es haben daher horizontale und vertikale Zuständigkeitsfragen nicht das Gewicht wie im Westen.

Und dann ist selbstverständlich noch ein sehr ernstes Problem gegeben, an dem wegen seiner fundamentalen Bedeutung nicht vorübergegangen werden kann. Wir stehen vor einer sehr starken Aktivität, vor einem Streben nach Intensivierung aller Lebensäußerungen der öffentlichen Gewalt. Wir haben andererseits eine geschriebene Verfassung, welche an zahlreichen Stellen eindeutig die öffentliche Gewalt, insbesondere die Exekutive bindet. Die erwähnte gesteigerte Aktivität aber ist sehr groß; es besteht daher die Gefahr, daß die Kraft des Gesetzes in ihrem vollen Wert, in ihrer Autorität gegenüber dem reinen Machtstreben der Verwaltung nicht voll beachtet wird. Wir können eindrucksvolle Formulierungen maßgebender Persönlichkeiten lesen, in denen Achtung vor dem Gesetz und strenges Rechtsbewußtsein immer wieder gefordert wird. Aber andererseits wird z. B. in einer Abhandlung über demokratische Gesetze durch einen Lehrer an der Verwaltungsakademie Forst Zinna herausgearbeitet, die alte Bindung der Exekutive an den gesetzgeberischen Willen des Parlaments habe den Zweck gehabt, zunächst die im Parlament dominierenden besitzbürgerlichen Einflüsse zu sichern, um damit ein möglichst schlagkräftiges Instrument gegen die Arbeiterklasse zu haben. Nunmehr sei aber durch die gesellschaftliche Entwicklung der früher notwendige Grundsatz der Gesetzmäßigkeit der Verwaltung überholt. Derartige Äußerungen müssen sehr sorgfältig geprüft werden, und es ist nicht leicht, den letzthin wirklichen Sinn zu erfassen, zumal wenn man dann weiter liest, daß zwar jeder neuer Rechtssatz als echte Volksentscheidung zu werten ist, daß alle staatlichen Organe zur unbedingten Achtung und Annahme verpflichtet sind, daß aber schließlich in dieser neuen Rechtsordnung der Verwaltung die Hauptsache der Aufbau, die Kontrolle und der Schutz der Wirtschaft usw. sei. Es dürfe diese neue demokratische Gesetzlichkeit nicht formal betrachtet werden, sondern erforderlich sei eine sinnvolle, aus verantwortungsvoller Denkart und verständnisvoller Einsicht in die ökonomischen und politischen Gesamtzusammenhänge heraus erfolgende Gesetzesanwendung. Und wenn man diese Worte genauer analysiert, so muß man doch zu dem Ergebnis kommen, daß die echte Achtung vor dem Gesetz als der Entscheidung des souveränen Volkes nicht gefordert wird. Aber: da das Gesetz Volksentscheidung ist, steht es über den Parteien und dem entsprechend heißt es auch in Artikel 3: Die im öffentlichen Dienst tätigen Personen sind Diener der Gesamtheit und nicht einer Partei. Zwischen der in dieser Weise präzisierten Stellung der Angestellten der öffentlichen Verwaltung und dem Verwaltungswege selbst besteht keine volle Harmonie. Es bestehen nur unzweifelhaft Spannungen. Die Gesetze enthalten eindeutige Bindungen der öffentlichen Gewalt. Die Verfassung legt dem, der innerhalb der öffentlichen Verwaltung tätig ist, Verpflichtungen auf. Sie beginnt mit den Worten, daß alle Maßnahmen der Staatsgewalt den Grundsätzen entsprechen müssen, die in der Verfassung zum Inhalt der Staatsgewalt erklärt sind. Widerstandsrecht und Grundrechte sind kraft der Verfassung geltendes Recht. Und so steht man immer wieder vor der Frage, in welchem Umfange diese nach 1945 formulierten Gesetze auch maßgebend sind für die Führung der Verwaltung selbst. Man kann nur die Hoffnung haben, daß die Stunde nicht zu fern ist, in welcher diese in der Verfassung der DDR so eindeutig und klar formulierten Grundsätze auch in ganz Deutschland die maßgebliche Richtschnur des Handelns sein werden. Das ist natürlich der heiße Wunsch aller derer, die unter dieser Verfassung leben. Und so werden Sie die Hoffnung verstehen, daß diese Verfassung, welche die Freiheit und die Rechte des Menschen verbürgt, einmal in ganz Deutschland gilt.

Wacke-Marburg: Das Bild, das Herr Kollege Mirbt in seinem Referat so anschaulich gezeichnet hat, möchte ich noch etwas von anderer Seite her beleuchten, das Bild nämlich vom Polizeirecht des sowjetisch besetzten Mitteldeutschland. Es sind dabei zwei Punkte, die ich hervorheben möchte, beide hängen mehr mit dem materiellen Polizeibegriff zusammen als mit dem formellen.

Erstens möchte ich betonen, was schon einmal hier anklang, daß der Bereich des Polizeirechts immer kleiner wird. In diesen Ländern nun sieht man aufs deutlichste, wie die Gebiete hoheitlicher Eingriffe dem überkommenen Polizeirecht und seinen Garantien entfremdet werden. Im sowjetisch besetzten Mitteldeutschland ist dabei zunächst zu denken an den Geschäftskreis des früheren Generalstabschef der Roten Brigade in Spanien, des heutigen Ministers für den Staatssicherheitsdienst, mit seinen Dienststellen der ehemaligen Kriminalpolizei, Abteilung 5 (K 5); dort ist selbstverständlich für das normale Polizeirecht ebensowenig Raum wie seinerzeit in der entsprechenden Einrichtung des Dritten Reiches. Es kommen dann hinzu die vielen Arbeitsgebiete, in denen sich für uns der ganze dortige Staatsaufbau charakterisiert, Bereiche also, auf denen sich die permanente proletarische Revolution abspielt, der Vorgang der Homogenisierung der Gesellschaft, wie es Herr Steiniger einmal in Hamburg gesagt hat. Dazu gehört das uns bekannte Gebiet der Entnazifizierung, das dort ein Kampfmittel der Proletarisierung war; dann der große Bereich der Sequestrierungsbefehle 124/126 für die Industrie, und schließlich das Gebiet der Bodenreform. Als die Entnazifizierung als abgeschlossen bezeichnet wurde, kam der Befehl 202 mit der gleichen Zielsetzung. Für alle diese Gebiete hat man als Behörden besondere Ausschüsse eingesetzt, die als nichts anderes denn als spezielle Fachsowjets bezeichnet werden können, Kreiskommissionen und Landeskommissionen, die fast ausschließlich mit Angehörigen der SED und deren Gliederungen, unter Zuziehung einiger Mitglieder der sogenannten bürgerlichen Parteien besetzt wurden. Da z. B. nach Thüringischem Polizeirecht (§ 32 Landesverwaltungsordnung), entsprechend der Auffassung Otto Mayers, die Polizei nur eine Seite jeder Verwaltungsbehörde darstellt, wären dies alles Verwaltungsgebiete gewesen, in denen das normale Polizeirecht hätte Platz greifen müssen.

Auf keinem dieser Bereiche obrigkeitlicher Staatseingriffe war es jedoch möglich, zu einem justitiablen Verfahren zu kommen. Ein einziges Mal ist es gelungen, eine Sache der Bodenreform vor ein oberes Gericht, das Thüringische Oberverwaltungsgericht, zu bringen, ein Fall, in welchem der Kläger, ein bekannter Züchter, auf Rückgabe seiner Domänen klagte mit der Behauptung, daß sie ihm auch nach dem Bodenreformgesetz zu Unrecht entzogen worden seien. Diese Gerichtsverhandlung war denkwürdig; der Leiter der Landeskommission für die Bodenreform, ein junger sogenannter Regierungsrat, dirigierte den Rechtsberater der Landeskommission, welcher allein sprach, einen ehemaligen Landgerichtsdirektor, der in dieser Kommission sein Gnadenbrot ißt — von einer solchen juristischen Berufsschande muß berichtet werden —, durch Zeichen. Dieser Jurist legte das Bodenreformgesetz z. B. so aus, daß er Flüchtlingen, die mit nichts anderem als einem Pferd nach Thüringen kamen, dieses Pferd fortnahm mit folgender Begründung: Du bist zwar kein Grundbesitzer, aber Dein Onkel war einer, von dem Du das Pferd geerbt hast; der Grundbesitz, auf dem das Pferd arbeitete, lag zwar nicht in Thüringen, wo das Bodenreformgesetz allein gilt, er lag auch nicht einmal in der Ostzone, sondern in Schlesien; aber wenn er in Thüringen gelegen hätte, oder wenn das Gesetz in Schlesien gegolten hätte, dann wäre das Pferd Inventar dieses Gutes gewesen und wäre mit diesem dortigen Gute in die Bodenreform gezogen worden; also wird Dir das Pferd auch hier auf Grund des thüringischen Bodenreformgesetzes enteignet. Unter dem Druck derartiger Auffassungen ist auch das Thüringische Oberverwaltungsgericht einer materiellen Entscheidung ausgewichen und hat den Rechtsstreit wegen Unzulässigkeit des Verwaltungsrechtswegs abschlägig entschieden, man kann die Entscheidung heute in seinem Jahrbuch Band 18 nachlesen. Es war vielleicht gut so, denn das Gericht wäre fortgefegt worden, wenn es anders gehandelt hätte. Auf allen Arbeitsgebieten dieser speziellen Sowjets war also jede richterliche Nachprüfung der Staatseingriffe unmöglich.

Auf der anderen Seite, es ist dies das Zweite, das ich hervorheben möchte, ist die rechtliche Umschreibung der Polizei, der Polizeibegriff, noch die gleiche wie bisher und wie in Westdeutschland. Unbestrittenermaßen gilt das Preußische Polizeiverwaltungsgesetz auch dort weiter, so in Ostberlin und in Brandenburg, in der früheren Provinz Sachsen, in Rest-Schlesien und in Rest-Pommern; aber auch in dem ehemaligen Königreich Sachsen und in Mecklenburg und Anhalt, wo der Polizeibegriff gewohnheitsrechtlich aus der klassischen Formulierung des § 10 II 17 ALR abgeleitet wird. Derselbe Polizeibegriff gilt auch in Thüringen in den in mehrfacher Beziehung vorbildlichen Vorschriften der § 32 ff. der LVO; diese Vorschriften sind nach 1945 aufrechterhalten worden. Loening, der damals das Thüringische Gesetzgebungsamt leitete, hat sich im Herbst 1945 in geschickter Weise — so machte man ja damals Gesetze — durch die Unterschrift seines damaligen Landesvaters Paul die Landesverwaltungsordnung neu fassen lassen; dabei blieb aber das ganze Polizeirecht unverändert. Das Thüringische OVG hat in der Folgezeit, solange es in alter Form bestand, den Polizeibegriff auf überlieferter Grundlage weiter entwickelt, wenn auch hier wiederum auffällt, wie gering die Zahl der polizeirechtlichen Entscheidungen ist. Im Herbst 1948 wurde dann die LVO weitgehend abgeändert durch Übernahme des Verwaltungsgerichtsgesetzes nach dem Entwurf der SED, wie er in den anderen Ländern der Zone schon Gesetz geworden war. Aber auch hier sind — und das ist besonders bemerkenswert — die ganzen Bestimmungen des Polizeirechts, die die LVO über den Polizeibegriff, die

Polizeiverordnungen, die Polizeiverfügungen, die Strafverfügungen enthält, völlig unverändert bestehen geblieben.

Noch immer gelten also die alten Worte vom Schutz der Allgemeinheit oder des Einzelnen vor Gefahren, durch die die öffentliche Ruhe, Sicherheit oder Ordnung bedroht wird. Das Recht lautet in seinen Worten genau so wie bei uns, aber welchen Inhalt hat es erlangt? Dieselben Begriffe, die hier den Rechtsstaat bauen helfen, dienen dort dazu, die sogenannte fortschrittliche Entwicklung im Sinne der proletarischen Revolution zu fördern, ein Vorgang, der uns Juristen mit gespenstischem Schauer erfüllen muß, und übrigens genau so auf den anderen Rechtsgebieten im Vergleich mit dem bolschewistischen Recht überhaupt zu beobachten ist. Die juristischen Begriffe versagen, die juristische Sprache versagt bisher, wenn es sich darum handelt, die Welt von Unterschieden zu kennzeichnen, die beide Staatsauffassungen voneinander trennt. —

Apelt-München: Ich möchte nur zwei Bemerkungen machen, eine theoretischer und eine praktischer Art.

Wir haben aus den Referaten von heute vormittag sowohl wie aus den Diskussionen etwas entnehmen können, was auch früher schon bekannt war, nämlich, daß der Polizeibegriff für die Theorie des Verwaltungsrechts herzlich wenig brauchbar ist. Zwar ist er in der Praxis unentbehrlich, aber theoretisch hat er keine besondere Bedeutung. Ich möchte in diesem Zusammenhang einen Namen nennen, das ist der Name Otto Mayer. Er hat in seinem grundsätzlichen Werk einmal sehr richtig gesagt, daß für die Theorie der Polizeibegriff keine Bedeutung habe, aber er möge ruhig weiterlaufen, weil er einmal in der Praxis nicht entbehrt werden könne. Unsere Verhandlungen haben gezeigt, daß sich das auch in der Gegenwart nicht geändert hat.

In der Praxis kann man Polizeifunktion von allgemeiner Verwaltungsfunktion kaum unterscheiden. So ist heute z. B. das Baurecht erwähnt worden. Sachsen hatte schon seit 50 Jahren ein modernes Baugesetz; wenn man sich dieses Baugesetz ansieht, so enthält es sowohl Normen der aufbauenden Fürsorgeverwaltung wie auch Normen der Abwehr von Gefahren, also polizeirechtliche Normen. Wenn Herr Kollege Wolff eine Lanze dafür brach, daß man derartige Gebiete durch Sondergesetze regeln solle, so kann ich auf dieses Baugesetz verweisen, da ist das in mustergültiger Weise geschehen. Dabei zeigt sich auch, daß diese Dinge nicht voneinander zu trennen sind. Die Polizei kann nicht als selbständige Funktion neben der Verwaltung stehen; es handelt sich um eine Aufgabe der Verwaltung, um eine Seite der Verwaltung, aber nicht um eine selbständige

Verwaltungsform. Darauf hat auch schon Otto Mayer hingewiesen.

Nun noch eine praktische Frage: Es hat mich außerordentlich interessiert, daß Herr Gönnenwein sich dafür eingesetzt hat, die Polizei in Städten in die Hand des Staates zu legen. Ich bin vollauf mit ihm einverstanden. Ich habe als sächsischer Minister des Innern diesen Standpunkt praktisch verwirklicht und in größeren Städten die Polizei verstaatlicht. Ich halte auch heute an dieser Überzeugung fest, aber leider geht die Entwicklung in Süddeutschland in ganz entgegengesetzte Richtung. In Bayern z. B. geht die Tendenz dahin, die ganze Staatsverwaltung aufzulösen und zu kommunalisieren, auch die Polizei. Das ist eine bedenkliche Entwicklung für die Erhaltung der Staatsautorität, die wir auch in einer Demokratie nicht entbehren können.

Ich bin sehr wohl in der Lage, auch hier aus praktischen Erfahrungen zu sprechen. Ich habe im Mai 1945 als kleiner Bürgermeister in Walchensee begonnen, bin auch heute noch Kreisrat im Kreise Tölz und weiß, wie es in den unteren Verwaltungen aussieht. Ich habe die Überzeugung, daß der jetzt eingeschlagene Weg nicht so weitergegangen werden darf. Wir haben in Weinheim im April d. J. im Institut für öffentliche Angelegenheiten die Frage der Mittelinstanzen erörtert. Ich hatte diese Frage bereits 1928 in einer größeren Denkschrift behandelt: Soll der Staat sich allein auf die Mittelinstanz, auf den Regierungspräsidenten stützen oder soll es der Landrat sein, der die staatliche untere Verwaltung trägt. Man hat über diese Fragen in Weinheim sehr interessante Diskussionen geführt mit sehr verschiedenen Meinungen. Ich möchte aber nochmals betonen, daß ich die Auffassung, die Herr Gönnenwein vertrat, durchaus teile.

Merk-Tübingen: Wie die verschiedenen Berichte zeigen, ergibt die gegenwärtige Gestaltung des Polizeirechts einen durchaus unbefriedigenden Zustand. Man könnte m. E. eigentlich nichts Besseres tun, als möglichst bald auf diesem Gebiete zu dem „guten alten Recht" zurückzukehren, wie es vor 1933 war.

Ich vermag zunächst nicht zuzugeben, was mein verehrter Herr Vorredner gesagt hat, daß der bisherige Polizeibegriff wissenschaftlich wertlos sei. Schon daß er sich praktisch durchaus bewährt hat, widerspricht dem. Ich weiß nicht, welche Bedenken wissenschaftlicher Art gegen diesen Begriff der Polizei als der Abwehr von Gefahren für die Allgemeinheit oder die einzelnen, durch welche die öffentliche Sicherheit und Ordnung bedroht werden, geltend zu machen sind. Gewiß ist das mit Bezug auf das Merkmal der Ordnung ein unbestimmter Begriff. Aber es hat doch wohl eben aus diesem Grunde die Bestimmung über die Aufgabe der Polizei, § 10 T. II Tit. 17 Pr. ALR, die dann sachlich unverändert in den § 14 Pr. PVG von 1931 übergegangen ist und aus der der Polizeibegriff abgeleitet ist, mit dem gleichen Wortlaut sowohl in der Zeit des unbeschränkten Fürstenstaats als auch in der Zeit der verfassungsmäßig beschränkten Einherrschaft wie auch in der Zeit des Weimarer Freistaats fortbestanden und fortbestehen können. Es war hier eine Anpassungsmöglichkeit mit diesem unbestimmten Polizeibegriff gegeben, indem damit die Werte, die nach den jeweils vorhandenen allgemeinen Anschauungen in Volk und Staat vorhanden sind, in ihrem Bestande geschützt sind, da ja „Ordnung" — wie auch in der Begründung zum PVG gesagt ist — nichts anderes bedeutet als den Inbegriff der Regeln, von denen ein gedeihliches Zusammenleben in der Gemeinschaft abhängig ist.

Ich bin der Meinung, daß wir gegenüber dem derzeitigen Wirrwarr auf dem Gebiet des Polizeirechts in Deutschland allen Anlaß haben, in der Wissenschaft an dem alten Polizeibegriff festzuhalten. Nichts kann besser die Bestrebungen widerlegen, den Polizeibegriff auf das Gebiet der Sicherheitspolizei einzuengen und ihm gegenüberzustellen die sog. Ordnunsverwaltung, als die neuen Gesetze und Gesetzentwürfe über das Polizeirecht, insbesondere auf dem Gebiete der Ordnungsverwaltung. Da ist doch gerade auch für diese die Abwehr von Gefahren für die öffentliche Sicherheit und Ordnung als Aufgabe bezeichnet. Ich kann es nicht billigen, wenn gesagt worden ist, man solle für diesen Bereich dann sprechen von „Ordnungssicherheit"; das ist zwar ein anderes Wort, der Sache nach ist das aber kein Fortschritt mit Bezug auf Klarheit gegenüber dem bisherigen Polizeibegriff.

Auf dem Gebiete der bisher sog. Verwaltungspolizei, d. h. jetzt der „Ordnungsverwaltung", besteht ein enger Zusammenhang zwischen Polizei im bisherigen Sinne und Wohlfahrts- und Kulturpflege. So z. B. bei der Straßenverwaltung, wo die Sorge für die Erhaltung der Straßen und die Sicherheit des Verkehrs zur Straßenpolizei, dagegen die Sorge für die Anlegung einer neuen Straße oder die Beseitigung einer Steigung an einer alten Straße zur Wohlfahrts- und Kulturpflege gehört. In einzelnen Zweigen der Verwaltung kann so pflegliche Tätigkeit und Polizei eng nebeneinander hergehen. Auch in Verwaltungsgesetzen kann ähnliches vorkommen; so finden sich z. B. in der württembergischen Bauordnung von 1910 neben den baupolizeilichen Vorschriften auch Bestimmungen gegen die Verunstaltung von Orts- und Landschaftsbildern sowie von Baudenkmälern, also Schönheits-, d. h. Wohlfahrts- und Kulturpflege.

Wenn nun diese bisher sog. Verwaltungspolizei nicht mehr „Polizei" genannt, sondern gegebenenfalls mit der zugehörigen Wohlfahrts- und Kulturpflege unter den unklaren und verschwommenen Begriff der „Ordnungsverwaltung" oder — wie in Württemberg-Hohenzollern — des „Wesens" („Bauwesen", „Gewerbewesen") gebracht wird, so ist dies m. E. vom wissenschaftlich-begrifflichen Standpunkt aus nur zu bedauern. Man kann aber weiter m. E. auch die Polizei im Sinne der Sicherheitspolizei nicht völlig herausreißen aus der sonstigen Verwaltungstätigkeit, wie z.B. nach der VO 135 der englischen Militärregierung über die deutsche Polizei. Das geht einmal wissenschaftlich-begrifflich nicht: ist doch die Polizei im sachlichen Sinne eine Hauptaufgabe der inneren Verwaltung neben der Wohlfahrts- und Kulturpflege. Aber auch in der praktischen Verwaltungstätigkeit läßt sich m. E. eine solche Scheidung unter Zweckmäßigkeitsgesichtspunkten nicht gut durchführen. Ich bin hiernach der Auffassung, daß die polizeilichen Aufgaben im alten Sinne, möglichst zusammengefaßt, wieder den Behörden der allgemeinen inneren Verwaltung übertragen werden. Es steht selbstverständlich nichts im Wege, daß einzelne polizeiliche Gebiete unter Zurückdrängung der allgemeinen Ermächtigungen der Polizei besonders geregelt werden, wie z. B. die Baupolizei usw., und sie z. T. auch besonderen Behörden, sog. Sonderpolizeibehörden, zugewiesen werden, wie z. B. die Berg- und die Wasserpolizei — wie das ja auch früher schon der Fall war.

Nun aber etwas anderes: Wie soll diese Polizei geregelt sein, soll sie schlechtweg eine staatliche Aufgabe sein oder — wenigstens zum Teil — eine Selbstverwaltungsaufgabe? Da darf ich doch zunächst geschichtlich daran erinnern, daß bis zur Steinschen Städteordnung von 1808 die Polizei nach altüberlieferter deutscher Auffassung zu der nach Gegenstand oder Bezirk in Betracht kommenden allgemeinen öffentlichen Verwaltung gehörte, daher auch für den örtlichen Bereich der betreffenden Gemeinde. Auch in Frankreich ist heute noch die Ortspolizei eine Selbstverwaltungsangelegenheit der Gemeinde, für die aber von der vorgesetzten Staatsbehörde jederzeit Weisungen erteilt werden können. Die preußische Regelung, wonach die Polizei Aufgabe des Staates ist, haben dann auch verschiedene andere deutsche Länder übernommen; aber Württemberg ist schon in der Gemeindeordnung von 1922, Baden in der Gemeindeordnung von 1921 zu der Auffassung zurückgekehrt, daß die Ortspolizei eine Selbstverwaltungsangelegenheit der Gemeinde ist. In beiden Ländern wurde aber die Ortspolizei bis 1945 so behandelt, als wäre sie eine Auftragsangelegenheit, d. h. sie unterstand nach Art einer Dienstaufsicht den Weisungen der übergeordneten staatlichen Verwaltungsbehörde, ähnlich wie im französischen Recht. Ich bin nun nicht der Meinung, daß die Polizei schlechtweg als eine einheitliche Staatspolizei eingerichtet sein soll. Ich sehe nicht ein, warum den Gemeinden nicht auch die Polizeiverwaltung in ihrem örtlichen Bereich übertragen werden kann. Es ist m. E. nur die Frage, ob sie als Auftragsangelegenheit, d. h. staatliche Angelegenheit, oder als Selbstverwaltungsangelegenheit bestimmt werden soll. Es mag sozusagen ein Schönheitsfehler sein, wenn sie zwar als Selbstverwaltungsangelegenheit bezeichnet, aber als eine Auftragsangelegenheit behandelt wird; doch das ist unerheblich. Wohl ist ein Bedürfnis dafür anzuerkennen, in den größeren Städten eine staatliche Polizei einzurichten; aber soll das nun für jede Gemeinde gelten? Es war doch früher so, daß der Landrat in den Landkreisen mit Weisungen in die Polizeiverwaltung der Gemeinden eingreifen konnte; im übrigen standen ihm als Kreispolizeibehörde auch Landjäger zur Verfügung. Ich sehe keine genügenden Gründe, die ganze Polizei, in allen Stufen, als staatliche Polizei zusammenzufassen und nicht in der unteren Stufe die Ortspolizei den Gemeinden zu überlassen. Man hat früher auch im Falle der Einrichtung einer staatlichen Ortspolizeiverwaltung z. T. gewisse polizeiliche Aufgaben noch der Gemeinde überlassen, wie z. B. in Württemberg die Feld- und Forstpolizei, die Friedhofspolizei, die Marktpolizei usw. — alles polizeiliche Angelegenheiten, welche die Gemeinde als solche näher berühren und jetzt zur „Ordnungsverwaltung" bzw. zu den „Wesen" gehören. Warum soll nicht einmal dies den Gemeinden überlassen sein? Oder doch unter dem neuen Decknamen? Ich stelle mich sonach auf den Standpunkt, daß zwar in den höheren Stufen, vom Kreise ab, und auch in den größeren Städten die Polizei als eine staatliche eingerichtet, dagegen in der unteren Stufe die Ortspolizei für die Regel den Gemeinden überlassen werden soll, sei es nun als Auftragsangelegenheit oder auch als Selbstverwaltungsangelegenheit, die wie eine Auftragsangelegenheit behandelt wird mit der Möglichkeit, Weisungen allgemeiner Art oder im Einzelfalle im Dienstaufsichtswege zu erteilen. Es wird im übrigen auch aus finanziellen Gründen nicht angehen, in jede der vielen (z. T. über 50) Gemeinden eines Landkreises je einen staatlichen Polizeibeamten zu setzen, der gar nicht voll beschäftigt wäre.

Scupin-Münster: Ich möchte ergänzend zu dem Referat von Herrn Wolff einige Worte sprechen. Seine schöne scherzhafte Bemerkung mit den zwei halben Polizeitürken hat uns die Mängel einer überstürzten Entwicklung, die 1945 eintrat, sehr deutlich gezeigt und uns sehr einprägsam gemacht. Ich glaube aber, Sie haben beim Schlußteil des Vortrags schon gemerkt, daß in vielem dieser Entwicklung zugestimmt werden muß und wir mit ihr rechnen müssen, nicht deswegen, weil sie sich schlecht rückgängig machen läßt, sondern deswegen, weil irgendwo ein ernsthafter Kern steckt. Sie wissen, daß die sog. Entpolizeilichung, um dies nicht sehr schöne, aber gebräuchliche Wort einmal zu benutzen, eigentlich recht alt ist, wie die Entwicklung des Gewerbewesens, des Gesundheitswesens und anderer Gebiete zeigt.

Was ist nun eigentlich der Grund dafür? Die knappe Antwortformel ist, daß dies nichts anderes war als ein Ausdruck der allgemeinen Entwicklung, die wegführt vom Obrigkeitsstaat. Das steckt auch in dem, was wir heute sehen. Dabei wären verschiedene Wege zu begehen gewesen, der organisatorisch-institutionelle und der der materiellen sowie funktionalen Neuordnung. Letzteren zu beschreiten hat man gezögert, und dennoch ist er der wichtigere. Man soll, wenn schon einmal diese Entwicklung eingetreten ist, möglichst weit weggehen von der Gefahrenabwehr und hinein in die Vorsorge, wie jener Bereich der Fürsorge i. w. S. jüngst wieder von Forsthoff genannt worden ist. Wenn wir das wollen, dann kommen wir damit zugleich einen Schritt weiter in der Richtung, die zum sozialen Staat hinführt. Diese Seite des Problems muß künftig berücksichtigt werden, im Bauwesen, im Wegerecht und auf verschiedenen anderen Gebieten. Auf diese Weise, d. h. durch Intensivierung der Gesetzgebung in der Richtung der materiellen Spezialisierung des Ordnungsrechts kann dem Wirrwarr der Praxis und der Anschauungen ein Ende bereitet werden.

Aber ich möchte noch auf eines hinaus: Der soziale Staat hat eine Affinität zum Zwangsstaat, wo derjenige, dem es obliegt, Vorsorge oder gar Fürsorge zu treffen, im allgemeinen das, was er für segensreich hält, auch als das objektiv Gebotene ansieht und durchsetzt; jedenfalls wird er bestrebt sein, seinen Willen durchzusetzen.

Herr Peters brachte neulich an anderm Orte ein hübsches Beispiel für das vermeintlich segensreiche Wirken einer Ortspolizeibehörde auf einem heute dem Ordnungsrecht zugehörigen Gebiet.

Hat die vorsorgende Behörde Zwangsmittel gleich zur Hand, dann ist der Weg im einzelnen zum Zwangsstaat nicht weit. Man kann dem schon jetzt steuern. Sicher! Aber die Mittel des Rechtsstaates greifen nachträglich ein. Jedenfalls scheint es mir richtig, daß auch institutionell, um dem möglichen Zwang, der vielleicht nicht ruchbar wird, vorzubeugen, eine Trennung geschaffen ist. Wir müssen das, was geworden ist, aus diesem Grunde hinnehmen und vervollkommnen, und wir müssen sehen, daß wir ihm Dauer geben. Es bleibt dabei, daß dem, was hier Ordnungsverwaltung etwas unvollkommen genannt wird, das Moment der Gefahrenabwehr noch anhaftet. Man muß es jedoch möglichst weit einschränken. Ich gebe zu: Man kann nicht ganz davon absehen; sogar in der Baupolizei etwa steckt eben immer noch polizeiliche Gefahrenabwehr, die überall zur Aufrechterhaltung der spezialisierten Ordnung des jeweiligen Verwaltungsgebietes notwendig ist. Es bleibt der Ordnungsverwaltung also im Unterschied zur allgemeinen Verwaltung immer dieses Moment der Gefahrenabwehr.

Der Unterschied zur Polizei ist ebenfalls nicht zu verkennen. Es wurde vom Vortragenden erwähnt, daß ich darauf hinarbeite, man möge für die sog. Ordnungsverwaltung von spezialisierter Gefahrenabwehr sprechen. Was Verwaltungspolizei war, war von der ursprünglich einheitlichen Polizeiorganisation sozusagen wegspezialisiert; man nannte das technische Spezialisierung. Heute spricht man auch gelegentlich schon von politischer Spezialisierung einzelner Gebiete der Ordnungsverwaltung.

Ferner tritt als Unterscheidungsmoment zur eigentlichen Polizei, wie sie sich besonders in der britischen Zone, aber auch in der amerikanischen Zone entwickelt hat, das Moment der Vorsorge hinzu, worin, wie gesagt, der neue und entscheidende Unterschied zur Polizei gegeben ist.

Ich glaube, wenn man den Vergleich mit den halben Türken wieder aufnehmen will, so muß man die Schwierigkeiten in Kauf nehmen, die durch die Spaltung der alten Polizeiorganisation in eine solche mit Schwerthand und eine solche mit Schreibhand deutlich werden und wie sie durch die bloße Zusammenarbeit von Polizei und Ordnungsverwaltung sich ergeben. Wenn man das Rad der Entwicklung nicht einfach zurückdrehen will, sondern das lebendige Wirken des Schicksals in ihr erfassen will, so müssen wir die Ordnungsverwaltung institutionell und formell so unpolizeilich wie möglich gestalten und werden damit am ehesten der allgemeinen Grundlinie unserer Rechtsvorstellungen und der sozialen Vorstellungen auf diesem Gebiete gerecht werden.

Schack-Hamburg: Der Ausdruck Ordnungsverwaltung, Ordnungsbehörde und Ordnungsaufgabe ist meiner Ansicht nach zu bemängeln. Er ist in einem der Länder der britischen Zone hochgekommen und hat sich schnell auf die ganze britische Zone erweitert. Aber ich finde das äußerst unglücklich. Es entspricht einer festgefügten Begriffsbestimmung des Polizeirechts, daß „Ordnung“ im Gegensatz zur „Sicherheit“ alles umfaßt, was durch die Begriffe „Anstand“, „Moral“, „Sittlichkeit“

gekennzeichnet wird. In dieser Beziehung unterscheiden auch dementsprechend das PVG von 1931 und ebenso die neuen Polizeigesetze des britischen Gebiets deutlich Sicherheit „oder" Ordnung. Durch Einfügung des Wortes „oder" an Stelle von „und" wollte man diese zwei verschiedenen Kreise deutlich voneinander scheiden.

Nun aber die Verwaltungspolizei, die also hier als Ordnungsbehörde tituliert ist. Was hat diese überhaupt mit dem Begriff der Ordnung im überkommenen Sinne an sich zu tun? Eigentlich gar nichts. Neben ihrer pflegerischen Aufgabe haben die Verwaltungspolizei, Baupolizei, Gewerbepolizei usw. im wesentlichen die Aufgabe der öffentlichen Sicherheit zu erfüllen. Daher ist also die Bezeichnung Ordnungsbehörde nur geeignet, Verwirrung zu schaffen. Es wäre Aufgabe unserer Theoretiker, darauf hinzuweisen, daß eine bessere Bezeichnung gewählt werden müßte. Die Situation ist, wie aus dem Schaubild hervorgeht, die, daß sich keiner mehr zurechtfindet. Die Beziehungen zwischen Ordnungsbehörden und Polizeibehörden sind strittig untereinander geworden, das weiß man aus dem Schrifttum, und man hat in zunehmendem Maße die Polizei funktionsunfähig gemacht.

Ich will noch kurz berühren, was Herr Wolff gesagt hat bezüglich der Übertragung der Freiheitsentscheidung auf die Vormundschaftsgerichte in Hamburg. Herr Wolff hat das bemängelt. (Zuruf: Nie!) Was hat Hamburg getan? Es hat das Grundgesetz ausgeführt und hat also die Freiheitsentscheidung von der richterlichen Entscheidung abhängig gemacht. Das war sehr rechtsstaatlich. Hamburg ist schon immer sehr justizstaatlich gewesen. Aber auch der ordentliche Richter kann fehl gehen. Ich habe in der Monatszeitschrift für deutsches Recht Anfang dieses Jahres einen Fall besprochen, da hat der Hamburger Vormundschaftsrichter einfach auf Grund der Tatsache, daß die Sozialbehörde als frühere Verwaltungspolizeibehörde auf einen telephonischen Anruf der Ehefrau eines betrunkenen Mannes hin diesen zwecks Einweisung in eine Trinkerheilanstalt dem Vormundschaftsrichter vorführte, diese Unterbringung ausgesprochen.

Aber Hamburg ist nicht ein Rechtsstaat zweiter Ordnung; als Beschwerdeinstanz konnte das Landgericht angerufen werden, und dieses hob diese Entscheidung auf.

Wolff-Münster verzichtet auf das Schlußwort.

Gönnenwein-Heidelberg: Ich möchte gleichfalls verzichten. Herrn Merk möchte ich nur noch sagen: Es gibt keine naturrechtliche Begründung der Forderung nach Staatspolizei.

Angelegenheiten der nachbarschaftlichen Sicherheitsbewahrung auf den Dörfern, z. B. Feldpolizei usw., die sollen Selbstverwaltungsangelegenheiten der Gemeinde sein.

Ich habe humoristische Beispiele für die Notwendigkeit der staatlichen Polizei angeführt; hinter dem Humor steckt aber der bittere Ernst, und ich wollte gebeten haben, ihn nicht zu überhören. Ich glaube, so weit auseinander sind unsere Auffassungen gar nicht. Die Staatsaufgaben sind qualitativ und quantitativ gewachsen seit 1808, und auch eine veränderte Staatsauffassung steht hinter der Forderung nach einer staatlichen Polizei.

Ende der Tagung.

III. Verzeichnis der Redner

IV. Verzeichnis der Mitglieder der Vereinigung der Deutschen Staatsrechtslehrer

Wiedergegründet am 21. Oktober 1949.

Lebenslänglicher Ehrenpräsident

Thoma, Dr. Richard, Professor, Geh. Hofrat, Bonn, Zitelmannstr. 24.

Vorstand

1. Kaufmann, Dr. iur., Dr. phil. h. c. Erich, Professor, Bonn, Dahlmannstraße 5.
2. Jellinek, Dr. Walter, Professor, Heidelberg, Mozartstraße 15.
3. Weber, Dr. Werner, Pofessor, Göttingen, Am Goldgraben 10.

Mitglieder

1. Abendroth, Dr. Wolfgang, Professor, Marburg a.d.L., Georg-Voigt-Str. 7 a.
2. Adamovich, Dr. Ludwig, Professor, Präsident des Verfassungsgerichtshofes, Wien I, Wipplingerstr. 7.
3. Apelt, Dr. Willibalt, Professor, Geh. Regierungsrat, Staatsminister a. D., München 23, Monsalvatstr. 1.
4. Armbruster, Dr. Hubert, Professor, Mainz, Kaiserstraße 66.
5. Bachof, Dr. Otto, Privatdozent, OVG-Rat, Stuttgart 13, Anemonenweg 10.
6. Becker, Dr. iur., Dr. phil. Erich, Professor, Speyer, Stöberstr. 8.
7. Bilfinger, Dr. Karl, Professor, Heidelberg, Philosophenweg 13.
8. Böhmert, Dr. Viktor, Professor, Kiel, Feldstr. 91.
9. Brill, Dr. Hermann Louis, Professor, Staatssekretär a.D., M. d. B., Wiesbaden, Weinbergstr. 14.
10. Bühler, Dr. Ottmar, Professor, Bonn, Poppelsdorfer Allee 45.
11. Drath, Dr. Martin, Professor, Bundesverfassungsrichter, Berlin-Zehlendorf, Hüningerstr. 20.

12. Ebers, Dr. Godehard Josef, Professor, Innsbruck-Igls 47.
13. Erler, Dr. Georg, Professor, Göttingen, Calsowstr. 71.
14. Forsthoff, Dr. Ernst, Professor, Heidelberg-Schlierbach, Wolfsbrunnenweg 13.
15. Friesenhahn, Dr. Ernst, Professor, Bundesverfassungsrichter, Bonn, Koblenzer Str. 129.
16. Genzmer, Dr. iur., Dr. phil. h. c. Felix, Professor, Tübingen, Ob dem Viehweidle 8.
17. Gerber, Dr. Hans, Professor, Freiburg i. Br., Sonnhalde 93.
18. Giese, Dr. Friedrich, Professor, Falkenstein ü. Königstein i. T., Am Bornacker.
19. Glum, Dr. Friedrich, Professor, München, Äußere Prinzregentenstraße 10.
20. Gönnenwein, Dr. iur., Dr. phil. Otto, Professor, M.d.L., Heidelberg, Bergstraße 50.
21. Grewe, Dr. Wilhelm, Professor, Freiburg i. Br., Beethovenstraße 9.
22. Hamel, Dr. Walter, Professor, Marburg a. d. L., Rotenberg 1 a.
23. Heckel, D. Dr. Johannes, Professor, Feldkirchen b. München, Bahnhofstr. 4.
24. Held, Dr. Hermann, Professor, Malente, Lindenallee 35.
25. Helfritz, Dr. iur., Dr. phil. Hans, Professor, Geh. Regierungsrat, Erlangen, Hofmannstr. 62.
26. Henrich, Dr. iur., Dr. rer. pol., Dr. phil. Walter, Professor, Würzburg, Ottostraße 16.
27. Herrfahrdt, Dr. Heinrich, Professor, Marburg a. d. L., Am Weinberg 8.
28. Hettlage, Dr. Karl Maria, Professor, Hamburg-Gr. Flottbek, Ebertallee 1.
29. Freiherr von der Heydte, Dr. August, Professor, Bodenheim b. Mainz, Rheinstraße 2.
30. Heyer, Dr. Friedrich, Professor, Bonn, Humboldtstr. 35.
31. Heyland, Dr. Carl, Professor, Leihgestern bei Gießen, Waldstraße 10.
32. von Hippel, Dr. Ernst, Professor, Godesberg-Mehlem, Mainzer Str. 119.
33. Hoegner, Wilhelm, Professor, Staatsminister, München, Miesbacherplatz 15.
34. Hollós, Dr. Franz Tibor, Professor, Würzburg, Höchberger Straße 24.
35. Hugelmann, Dr. Karl, Professor, Göttingen, Herzberger Landstraße 52

36. Ipsen, Dr. Hans-Peter, Professor, Hamburg 13, Hallerstraße 79.
37. Jacobi, Dr. Erwin, Professor, Leipzig S 3, Meusdorfer Straße 5.
38. Jahrreiß, Dr. Hermann, Professor, Köln, Brüsseler Straße 85.
39. Jellinek, Dr. Walter, Professor, Heidelberg, Mozartstraße 15.
40. Jerusalem, Dr. Franz, Professor, Frankfurt a. M., Friedrichstraße 59.
41. Kaufmann, Dr. iur., Dr. phil. h. c. Erich, Professor, Bonn, Dahlmannstraße 5.
42. Klein, Dr. Friedrich, Professor, Münster i. W., Prozessionsweg 409.
43. von Köhler, Dr. rer. pol., Dr. iur. h. c., Professor, Staatsminister a. D., Ludwigsburg, Moserstr. 5.
44. Kordt, Dr. Erich, Privatdozent, München 19, Walter-Flex-Straße 10.
45. Köttgen, Dr. Arnold, Professor, Köln, Eupener Str. 37.
46. Kraus, Dr. Herbert, Professor, Göttingen, Calsowstr. 18.
47. Krüger, Dr. Herbert, Professor, Hamburg-Gr. Flottbek, Elbchaussee 184.
48. Küchenhoff, Dr. Günther, Professor, Werl i. W., Grafenstr. 11.
49. Laforet, Dr. Wilhelm, Professor, Geh. Justizrat, M.d.B., Würzburg, Frauenlandstr. 12.
50. Laun, Dr. Rudolf, Professor, Hamburg 20, Woldsenweg 11.
51. Leibholz, Dr. Gerhard, Professor, Bundesverfassungsrichter, Göttingen, Dahlmannstr. 6.
52. Liermann, Dr. Hans, Professor, Erlangen, Loewenichstraße 21.
53. von Mangoldt, Dr. Hermann, Professor, Minister a. D., Kiel, Graf-Spee-Str. 9.
54. Maunz, Dr. Theodor, Professor, Freiburg i. Br., Lugostraße 10.
55. Meder, Dr. Walter, Privatdozent, Marburg, Calvinstr. 12.
56. Meinzolt, Dr. Hans, Professor, Staatsrat, München, Karl-Freytag-Str. 29.
57. Menzel, Dr. Eberhard, Privatdozent, Hamburg-Gr. Bostel, Jahnstr. 7.
58. Merk, Dr. Wilhelm, Professor, Tübingen, Wildermuthstraße 6.
59. Merkl, Dr. Adolf Julius, Professor, Wien XIX, Pfarrplatz 1.

60. Meyer, Dr. Ernst Wilhelm, Professor, Frankfurt a. M., Gustav-Freytag-Str. 48.
61. Mirbt, Dr. Hermann, Professor, Göttingen, Wilhelm-Weber-Str. 20.
62. Mosler, Dr. Hermann, Professor, Bonn, Lessingstr. 26.
63. Naumann, Dr. Richard, Professor, Senatspräsident, Hamburg 39, Leinpfad 73.
64. Nawiasky, Dr. Hans, Professor an der Universität München, St. Gallen, Hebelstr. 12.
65. Peters, Dr. Hans, Professor, Köln-Lindenthal, Bitburgerstraße 6.
66. Ridder, Dr. Helmut, Privatdozent, Frankfurt a. M., Eckenheimer Landstr. 11 II.
67. Rühland, Dr. Curt, Professor, Bad Harzburg, Herzog-Wilhelm-Str. 82.
68. Schack, Dr. Friedrich, Professor, Hamburg 13, Alte Rabenstraße 21.
69. Schätzel, Dr. Walter, Professor, Bonn, Fürstenstr. 1.
70. Scheuner, Dr. Ulrich, Professor, Bad Godesberg, Beethovenstraße 77.
71. Schlochauer, Dr. Hans-Jürgen, Professor, Köln-Braunsfeld, Friedrich-Schmidt-Straße 60 a.
72. Schmid, Dr. Karl, Professor, Staatsrat, M. d. B., Tübingen, Goethestr. 17.
73. Schneider, Dr. Hans, Professor, Tübingen, Autenriethstr. 16.
74. Schoenborn, Dr. Walther, Professor, Kiel, Düppelstraße 73.
75. Schranil, Dr. Rudolf, Professor, Dudweiler/Saar, Trierer Straße 16.
76. Schüle, Dr. Adolf, Professor, Heidelberg, Mozartstr. 22.
77. Schwinge, Dr. Erich, Professor, Marburg a. d. L., Gutenbergstraße 18.
78. Scupin, Dr. Hans Ulrich, Professor, Roxel i. W.
79. Smend, D. Dr. Rudolf, Professor, Göttingen, Am Goldgraben 13.
80. Spanner, Dr. Hans, Professor, Graz, Mandellstr. 22.
81. Stanka, Dr. iur., Dr. phil. Rudolf, Professor, Wien IV, Goldegg 32.
82. Stödter, Dr. Rolf, Professor, Hamburg 21, Adolphstr. 29.
83. Thoma, Dr. Richard, Professor, Geh. Hofrat, Bonn, Zitelmannstr. 24.
84. Ule, Dr. Carl-Hermann, Professor, Vizepräsident, Lüneburg, Uelzener Straße 40.

85. Voigt, Dr. Alfred, Professor, Erlangen.
86. Wacke, Dr. Gerhard, Professor, Marburg a. d. L., Gutenbergstraße 18.
87. Warncke, Dr. Friedrich, Privatdozent, Rechtsanwalt, Köln-Nippes, Mauenheimer Str. 45.
88. Weber, Dr. Werner, Professor, Göttingen, Am Goldgraben 10.
89. Wengler, Dr. iur., Dr. rer. pol. Wilhelm, Professor, Berlin-Hermsdorf, Ringstraße 32.
90. Wenzel, Dr. Max, Professor, Erlangen, Rathsbergerstraße 11.
91. Wolff, Dr. Hans Julius, Professor, Münster i. W., Wichernstraße 13.
92. Wolgast, Dr. Ernst, Professor, Nürnberg, Chamerstr. 13.

V. Satzung

(Nach den Beschlüssen vom 21. Oktober 1949 und 19. Oktober 1951)

§ 1.

Die Vereinigung der Deutschen Staatsrechtslehrer stellt sich die Aufgabe:

1. wissenschaftliche und Gesetzgebungsfragen aus dem Gebiete des öffentlichen Rechts durch Aussprache in Versammlungen der Mitglieder zu klären;
2. auf die ausreichende Berücksichtigung des öffentlichen Rechts im Hochschulunterricht und bei staatlichen und akademischen Prüfungen hinzuwirken;
3. in wichtigen Fällen zu Fragen des öffentlichen Rechts durch Eingaben an Regierungen oder Volksvertretungen oder durch öffentliche Kundgebungen Stellung zu nehmen.

§ 2.

Mitglied der Vereinigung kann werden, wer an einer deutschen Universität oder sonstigen Hochschule als Lehrer des Staats- und Verwaltungsrechts tätig ist oder gewesen ist und sich der wissenschaftlichen Forschung auf dem Gesamtgebiete dieser Wissenschaften gewidmet hat.

Die zur Heidelberger Tagung eingeladenen Staatsrechtslehrer werden ohne weiteres als Mitglieder geführt, es sei denn, daß sie ihre Streichung verlangen. Über die Aufnahme neuer Mitglieder beschließt die Mitgliederversammlung. Eines Beschlusses bedarf es nicht, wenn der Vorstand in einem Rundschreiben die Mitglieder von seiner Absicht, einem Staatsrechtslehrer die Mitgliedschaft anzutragen, verständigt und nicht mindestens fünf Mitglieder binnen Monatsfrist gegen die Aufnahme des Vorgeschlagenen Einspruch erheben oder mündliche Erörterung beantragen. Von jeder außerhalb einer Mitgliederversammlung erfolgten Neuaufnahme sind die Mitglieder zu unterrichten.

Gegenwärtige oder frühere deutschsprachige Staatsrechtslehrer an ausländischen Universitäten oder Hochschulen können auf ihren Antrag als Mitglieder aufgenommen werden.

§ 3.

Eine Mitgliederversammlung soll regelmäßig einmal in jedem Jahre an einem vom Vorstande zu bestimmenden Orte stattfinden. In dringenden Fällen können außerordentliche Versammlungen einberufen werden. Die Tagesordnung wird durch den Vorstand bestimmt.

Auf jeder ordentlichen Mitgliederversammlung muß mindestens ein wissenschaftlicher Vortrag mit anschließender Aussprache gehalten werden.

§ 4.

Der Vorstand der Vereinigung besteht aus einem Vorsitzenden, seinem Stellvertreter und einem Schriftführer, der auch die Kasse führt. Der Vorstand wird am Schlusse jeder ordentlichen Mitgliederversammlung neu gewählt.

Zur Vorbereitung der Mitgliederversammlung kann sich der Vorstand durch Zuwahl anderer Mitglieder verstärken. Auch ist Selbstergänzung zulässig, wenn ein Mitglied des Vorstandes in der Zeit zwischen zwei Mitgliederversammlungen ausscheidet.

§ 5.

Zur Vorbereitung ihrer Beratungen kann die Mitgliederversammlung, in eiligen Fällen auch der Vorstand, besondere Ausschüsse bestellen.

§ 6.

Über Eingaben in den Fällen des § 1 Ziffer 2 und 3 und über öffentliche Kundgebungen kann nach Vorbereitung durch den Vorstand oder einen Ausschuß im Wege schriftlicher Abstimmung der Mitglieder beschlossen werden. Ein solcher Beschluß bedarf der Zustimmung von zwei Dritteln der Mitgliederzahl; die Namen der Zustimmenden müssen unter das Schriftstück gesetzt werden.

§ 7.

Der Mitgliedsbeitrag beträgt fünf Deutsche Mark für das Kalenderjahr. Der Vorstand kann den Beitrag aus Billigkeitsgründen erlassen.

Bei Fragen zur Produktsicherheit wenden Sie sich bitte an:
If you have any questions regarding product safety,
please contact:

Walter de Gruyter GmbH
Genthiner Straße 13
10785 Berlin
productsafety@degruyterbrill.com